历代名后系列

凶残 主篇

祸国妖后

贾皇后 胡太后

黄云鹤 著

辽宁人民出版社

© 黄云鹤　2025

图书在版编目（CIP）数据

祸国妖后：贾皇后　胡太后 / 黄云鹤著. -- 沈阳：
辽宁人民出版社，2025．4． -- （历代名后系列 / 赵毅主
编）． -- ISBN 978-7-205-11401-5

Ⅰ．K827=371；K827=392

中国国家版本馆 CIP 数据核字第 2024FQ3823 号

出版发行：辽宁人民出版社
　　　　　地址：沈阳市和平区十一纬路 25 号　邮编：110003
　　　　　电话：024-23284191（发行部）　024-23284304（办公室）
　　　　　http://www.lnpph.com.cn
印　　刷：嘉业印刷（天津）有限公司
幅面尺寸：165mm×235mm
印　　张：20
字　　数：315 千字
出版时间：2025 年 4 月第 1 版
印刷时间：2025 年 4 月第 1 次印刷
责任编辑：贾妙笙
封面设计：乐　翁
版式设计：一诺设计
责任校对：耿　珺
书　　号：ISBN 978-7-205-11401-5
定　　价：68.00 元

"历代名后系列"序

    "历代名后系列"是一套上起先秦下迄晚清，包含12位王后、皇后（包含皇太后、太皇太后）的传记史学作品，分别是：夏桀王后妹喜，商纣王后妲己，周幽王王后褒姒，汉高祖皇后、汉惠帝皇太后吕雉，汉成帝皇后、汉哀帝皇太后赵飞燕，晋惠帝皇后贾南风，北魏文成帝皇后、献文帝皇太后、孝文帝太皇太后冯氏，北魏孝明帝皇太后胡氏，唐中宗皇后韦氏，辽景宗皇后、辽圣宗皇太后萧绰，清世祖皇太后、清圣祖太皇太后博尔济吉特氏（即孝庄文皇后），清穆宗、清德宗皇太后叶赫那拉氏（即慈禧太后），编为9册。这是一套史学专家撰写的通俗性历史读物。

    夏商周三代尚无皇帝尊称，是分藩裂土的王政时代，因此，妹喜、妲己、褒姒被称为王后。秦汉以降才是帝制的开端，最高统治者称皇帝，其配偶称才人、女御、嫔妃、贵人、贵妃、皇后等，等级分明，地位天壤，皇后执掌中宫，是内廷宫闱的高层级支配者。皇后原则上只册封一人，但在帝制时代，两后并立亦不鲜见。当朝皇帝的正妻或其最喜欢的妃嫔往往被册封为皇后。当朝皇帝驾崩，子侄辈即位为新皇帝时，皇后往往被尊为皇太后，待孙辈登基为新皇帝时，皇太后则被尊为太皇太后。没有皇后履历的皇帝妃嫔，母以子贵，在其子加冕称帝时，被追尊为皇太后是常例。

严格说来，社会只由两种人构成，即男人和女人。历史本应由这两种人不分伯仲共同创造与书写，然而，实际的情形并非如此。

自先秦至晚清数千年间，朝代更替频繁发生，占据历史舞台中心的帝王将相、达官显贵、英雄豪杰，几乎清一色是男子，女人仅是男人的附庸，全无展示自己的平台，无法成就轰轰烈烈的伟业。通观中国古代历史，唯有武曌一位女皇，对其评价尚褒贬不一，罕见女性有位极人臣、出将入相者。中国古代的正史——"二十五史"、历朝政书的书写者均为博学多识的男性官僚学者，除班昭参与了《后汉书》的部分编纂工作外，再无任何女性参与正史、政书书写。历史的书写者基本为男人。书入正史的帝王将相、达官显贵占去了史书绝大部分篇幅，而约占人口总数50%的女性，仅占有《后妃传》《列女传》等少得可怜的篇幅。

中国古代是男人的社会，中国古代正史由男人书写，中国古代，尤其两汉以后，儒家思想成为社会主流意识形态，宋代以后理学存天理、灭人欲的礼教观念广行流布，女子无才便是德、男主外女主内、节烈贞洁等种种礼教戒律严重束缚女性，在政坛上叱咤风云的女性更难得一见。

本书的12位传主，夏后、商后、周后、吕太后、赵皇后、贾皇后、韦皇后等7人系汉族女性（夏后、商后、周后可视作华夏族），而胡太后、萧太后、孝庄文皇后、慈禧太后等4人为少数民族女性，冯太后为少数民族化的汉族女性。为什么少数民族女性所占比例如此之高呢？这与少数民族对女性礼教戒律束缚较少、少数民族女性的社会地位相对较高密切相关。尽管在古代中国历史上出现很多炙手可热的名后，有的在政坛上翻云覆雨，甚至临朝称制，掀起巨澜，但实质上她们仍是男性的附属。

古代社会，从太学、国子学到府州县学，各级官学不录取女性学员，妇女受教育的权利被剥夺；古代社会，从乡举、里选、征辟、察举、九品中正到科举取士，各种官吏选拔均不把女性划入考查范围，妇女参与国家政治的权利又被剥夺。只因皇帝有一套严格而完整的后妃制度，服务于皇权，才有了这样一个皇后、皇妃群体。首先，皇后必须由皇帝册封，皇后的名分是从皇帝那取得的；其次，皇后在家庭中必须服从夫君——皇帝的权威，皇后的权力是皇权的外延，是皇帝给予的。在帝制时代，专制皇权不断强化，为防止后妃干政、外戚坐大，形成后党，在政治设计上约束限制后妃、外戚权力膨胀的规则日益严密，个别朝代甚至推出并实行册封皇太子后处死皇太子生母的冷酷政策。

这套"历代名后系列"的12位传主，生活在不同朝代，政治履历、知识素养、性情禀赋、胆识谋略及最终结局各不相同。作者对她们生平际遇、历史功罪等诸多方面，在尊重史实、参酌同行研究的前提下，做了尽可能详细的陈述与评说，不仅为了再现她们多姿多彩的人生，更是想让读者透视她们生活年代变幻莫测的政治风云。汉高祖皇后吕雉，辅佐刘邦成就霸业，与萧何谋划除掉韩信，巩固统治。高祖病逝后，惠帝软弱，由吕后实际掌权，她继续无为而治的黄老政治，使汉朝国力不断增强。她又擢拔吕氏族人，形成诸吕集团，操控朝政，最终陈平、周勃铲除诸吕，迎立汉文帝，酿成汉初一场政治大震荡。夏桀王后妹喜、商纣王后妲己、周幽王王后褒姒、汉成帝皇后赵飞燕，皆为倾城倾国的绝代美人，以姿色取悦君王，虽行止乖张，恣肆任情，颇受后人非议，但把夏、商、西周败亡，汉朝衰败的历史责任加到她们头上恐未必公允。北魏献文帝冯太后，有度量有胆识，激赏汉文化和中原王朝成熟的典章制度，促成孝文帝实行改革，接受中原文化，推动了鲜卑族社会发展进步和与汉族的民族融合。辽圣宗皇太后萧绰，是有影响有担当有作为的政治家，她能在朝堂上决断大政，亦能统率百万大军攻城略地，与敌人对垒。在辽宋对战势均力敌的情势下，审时度势，促成"澶渊之盟"，使辽宋之间实现数十年之和平。孝庄文皇后博尔济吉特氏是位聪明睿智的女人，她的成功在于在清初复杂的皇位争夺中施展手段，辅保年幼的儿子福临、孙子玄烨登上皇帝宝座，摆平满洲贵族各派政治势力。即或有下嫁摄政王多尔衮之韵事，也毫不影响其历史地位。晋惠帝皇后贾南风、北魏孝明帝皇太后胡氏、唐中宗皇后韦氏 3 位传主有许多共性，凶悍、妒忌、残忍而又野心极大，是史上公认的"女祸"。贾皇后的丈夫惠帝司马衷是低智商，不能亲理朝政，贾皇后操控大权，在朝臣和宗王间拉帮结派，拨弄是非，引发司马氏自相残杀的"八王之乱"，使晋朝走向衰亡，贾皇后也在乱世中被杀。北魏胡太后，心狠手辣，两度临朝称制十余载，挟持皇帝、势压宫妃，威福自专，天怒人怨，最终被尔朱荣沉于黄河。唐中宗皇后韦氏是位心机颇深、手段高妙、野心勃勃的女人。在武周和中宗时期，她巧妙周旋，地位虽有浮沉，但终究保住了权位，膨胀了势力，与上官婉儿等结成势力集团，顺昌逆亡，甚至密谋政变，弑君自立，效法则天武后。在唐前期朝政大变局关键时刻，睿宗之子李隆基果断发动兵变，杀死韦皇后，化解了一场政治危机。慈禧太后是清文宗之懿贵人，没有皇后名分，文宗死，穆宗立，径封皇太后，历同治、光绪两朝四十余年，垂帘听政，独断朝纲，地位从未动摇。她思想保守、观念陈腐，在西学东渐，世界格局大变演中，无能应对，锁国闭关，为保住其独尊地位，血腥镇压维新人士；在对西方列强的斗争中，屈膝投降，签订了一系列割地赔款、丧权辱国的条约，使偌大中华沦为半殖民地社会；她个人生活厚自奉养、奢侈挥霍，为庆六十大寿，竟公然连续数年挪用海军经费近200万两，这也是导致甲午战争中北洋水师全军覆没的一个重要原因。

这套名后传记史学读本，成于众人之手，风格不同，学识也有差异，相信读者慧眼识珠能够发现其精到和舛误。此套书曾刊行于20年前，此次应邀修订，主要是打磨文字，订正史实错误。限于作者水平，肯定还有其他问题没能发现更改，欢迎读者教正。

辽宁师范大学　赵毅

2023 年 5 月 15 日

目　录

乱世揭幕人——贾皇后

北魏王朝掘墓人——胡太后

乱世揭幕人
贾皇后

第一章

家事国事天下事
丑女悍妇入庭堂

一、助司马篡夺天下

西晋永康元年（300 年）四月，在晋都洛阳金墉城的一个院落里，一个身材矮小、面目青黑的中年妇女，如同一只被困的母狮子，焦躁不安地在庭院里打着转，不时地发出哀叹声或怒吼声。自从被囚在这里，她彻夜不眠，只要一闭上眼睛，眼前就会出现披头散发、脸色苍白的皇太后；满脸是血，大喊冤枉的太子，这些冤死的鬼魂折磨着她，向她索命，使她难以入眠，她只好在庭院里转来转去，不敢睡下，本来就青黑的脸，现在更没有人色了。忽然，被锁已久的大门打开了，走进一位官员，后面跟着手捧食盒的太监和护卫。

一行人走到中年妇女面前，为首的官员说："这是皇帝陛下赐给你的酒食，吃了它，上路去吧！"

这个中年妇女脸色变得死灰，她明白了其中的含义，用颤抖的双手接过酒，仰对苍天，悲哀地喊道："天哪，这真是报应啊！陛下，我的夫君，你怎么不救救我啊！为妻只好先走了。"

说罢，将酒一饮而尽，便永远地闭上了眼睛。这个中年妇女不是别人，正是以悍妒凶狠著称于历史的西晋惠帝的皇后——贾南风。

贾皇后，名南风，小名旹，平阳襄陵（今山西襄汾）人。父贾充，字公闾，乃西晋的勋臣，他为司马氏得天下立下了汗马功劳。在西晋初，社会上曾流行一句话："贾、裴、王，乱纪纲。王、裴、贾，济天下。"王指王沈，裴指裴秀，贾即指贾充。王沈、裴秀、贾充灭亡了曹魏的基业，成就了司马氏的天下，是西晋的元勋。尤其贾充，更是令晋武帝不能忘怀。贾充出身于世族大家，父逵，曹魏之豫州刺史，封阳里亭侯。充少孤，袭父爵，为阳里亭侯。从入仕之日起，他便投在司马氏门下。到司马昭为大将军时，贾充为中护军，是司马昭的心腹爪牙。此时的曹魏政权已名存实亡，司马昭已掌握全面政权，小皇帝曹髦只是傀儡而已。司马昭之心，路人皆知，作为心腹，贾充更是积极地为司马昭创造机遇，使其主子成为九五至尊。

甘露五年（260年）四月，有人报告说，宁陵井中出现黄龙，满朝文武大臣以为是吉兆，纷纷上表向皇帝道贺。小皇帝曹髦面无喜色，手扶着皇帝的宝座，长叹道："这哪里是什么祥瑞啊。龙者，象征着君主，它上不在天，下不在田，而屈居在井中，这是被幽困的征兆啊！"

曹髦感慨万分，看看自己的处境，真如龙困井中一般，他奋笔疾书，写下一首《潜龙诗》：

> 伤哉龙受困，不能跃深渊。
>
> 上不飞天汉，下不见于田。
>
> 蟠居于井底，鳅鳝舞其前。
>
> 藏牙伏爪甲，嗟我亦同然！

贾充闻听此事，便急急忙忙地奔向大将军府，向司马昭报告。司马昭在府中正考虑伐蜀之事，刚要派人去叫贾充来商量此事，见贾充急忙而来，高兴地说道："我正要派人去找你。中护军，你看我现在伐蜀如何？"

贾充连摇头带摆手地说道："主公，这万万使不得。您千万不能带兵西伐，现在天子正在怀疑您，您如果轻率出征，京都内必出大乱。"

于是把刚才所听一切一五一十地告诉了司马昭。最后，他还阴毒地挑拨道："主公，天子所作的《潜龙诗》，诗中之意，明明不是对着主公您吗，望主公三思啊！"

司马昭听罢，勃然大怒，对贾充说："这人不是曹芳吗？自找死路。我若不早点除掉他，他一定会害我的。"

贾充随声附和道："愿主公早做打算，我愿随时为主公效力，早早除掉他。"

曹芳即曹魏之废帝，在位期间，朝廷所有权力都由司马昭之兄司马师掌管，皇帝只是个牌位，无任何权力。曹芳20岁时，不甘心做有名无实的皇帝，决定对司马师发动反击。他召集光禄大夫张缉、中书令李丰、太常夏侯玄进行密议，决定除掉司马师，结果计谋未等实施，李丰等人便被司马师捕获，全都杀掉，并灭三族。一场宫廷政变流产了，曹芳被废，司马氏另立傀儡，这就是曹髦。

曹髦要走曹芳的路，司马昭决定先给他点颜色看看。

次日，司马昭身带宝剑，气势汹汹地上朝。曹髦一见，赶紧站起身来，满脸赔笑地迎了上去，把司马昭让到座位上。这时，司马昭的心腹爪牙跪奏说："大将军功德无量，应为晋公，加九锡。"

曹髦闻听，心想，这下一步不就是当皇帝了吗？便低头默不作声。司马昭见状，厉声怒吼道："我父子兄弟三人有大功于魏，今升为晋公，难道不应该吗？"

曹髦急忙说："我怎么能不同意呢？"

司马昭站起来，走到曹髦面前，大声说道："听说你作了一首《潜龙诗》，把我比作鳅鳝，这是什么礼法？"

曹髦吓得脸色苍白，支吾着不能回答。司马昭冷笑一声，头也不回地下殿而去。众官员吓得呆若木鸡，木然地散去。

魏主曹髦一看事已至此，与其坐而待毙，不如铤而走险，还有一线希望，灭掉司马氏，掌握朝政。曹髦回到后宫，立即召见侍中王沈、尚书王经、散骑常侍王业三人，入内商量对策。

曹髦泪流满面，哭泣着对三人说道："司马昭怀篡逆之心，人所共知！朕不能坐等他废黜污辱，众爱卿可得帮助朕讨伐司马昭啊！"

三个人听完这番话，不觉大吃一惊，个个面面相觑，无言以对。这可不是儿戏，弄不好不仅要杀头，还要灭族的。沉默片刻，尚书王经站起来，跪到曹髦面前，哀求道："陛下，这千万不可。《春秋》载鲁昭公忍受不下季氏揽权，败走失国。现在，朝权都已归司马氏久矣，内外公卿、文武百官不顾顺逆之理，阿附于司马氏，唯司马氏颜色是瞻，而陛下的护卫势力单薄，没有可担此重任的将帅。陛下若不忍下这口气，后果将不堪设想。望陛下三思，从长计议，不可造次啊！"

曹髦愤然而起，怒吼道："是可忍，孰不可忍也！朕意已决，死又何惧！"

说罢，拂袖直入永宁宫，向太后报告去了。

剩下的三个大臣急得团团乱转，如同热锅上的蚂蚁，不知如何是好。王沈对王经说："事出意外，棘手难办，我们去对付司马昭，无异于鸡蛋碰石头，自取灭亡。我们应快去报告司马公，这样才能免于一死。"

王经大怒，愤愤地说："主忧臣辱，主辱臣死，怎么能心怀二志呢？简直是罪过！"

王业赞同王沈的观点，二人急忙奔向司马府，向司马昭告密去了。

司马昭得到消息，急令中护军贾充召集队伍，准备迎战。过了片刻，魏主曹髦从宫内出来，命令护卫焦伯，召集殿中宿卫侍从等三百多人，大喊大叫地从宫内杀出来。曹髦手拿宝剑，坐着龙辇，指挥着这支杂牌军队直出南宫门。这时，尚书王经跪在辇前，大哭而谏曰："现在陛下领数百人去讨司马昭，这不是驱羊而入虎口吗？徒死无益，望陛下快快返回。臣并不是怕死，实在是这事行不通啊！"

曹髦大声道："我的队伍已出发了，爱卿就不要再阻拦了，大不了和他拼个鱼死网破。"

说罢，直奔司马府。

行至云龙门，只见贾充身穿战服，骑着战马，左边是成傅，右边是成济，带领数千名铁甲禁兵，呐喊着，杀将过来。曹髦高举宝剑，大声喝道："胆大的狂徒，我乃是天子，你们冲进宫廷，难道想弑君，犯上作乱吗？"

众官兵一见天子在此，都吓得不敢动，贾充对成济大喝道："司马公养你有何用？不就正为今日之事吗！"

成济手执大戟直奔曹髦杀去，边跑边回头问贾充："是杀了他，还是生擒活捉？"

贾充高声喊道："司马公有令，只要死的，不要活的。"

成济来到辇前，曹髦大喝道："胆大的匹夫，怎敢对天子无礼！"

话还没说完，被成济一戟刺中前胸，挑下辇来，反手又一戟，曹髦的灵魂便奔向西南大路了。皇帝一死，宫廷卫队便一哄而散，各自逃命去了。

司马昭听说皇帝已死，心中十分高兴，脸上却装出痛不欲生的样子，用头撞着龙辇，扯着嗓子干嚎。文武百官心如明镜，当然知道这是怎么回事，但畏惧司马昭的权势，也都敢怒而不敢言。只有尚书仆射陈泰不惧他，披麻戴孝在灵前痛哭着。司马昭问陈泰道："你看今天的事，应该如何处理是好？"

陈泰愤然道："只有杀了贾充，才能对天下多少有个交代。"

贾充是司马昭的心腹，怎能忍心杀他？司马昭沉吟良久，小声说道："要杀就杀个小点儿的吧！"

陈泰大声喊道："只有再大点儿的，不能是再小点儿的。"

司马昭无奈，只好装聋作哑，不回答了。

为了稳定局势，收服人心，司马昭决定丢卒保车，杀成济以谢天下。他下令说，成济大逆不道，弑君犯上，应处以剐刑，灭其三族。成济大骂司马昭道："杀皇帝，这不是我的罪过，是贾充传达你的命令，让我这么干的，岂能怪罪于我？"

司马昭一听，恼羞成怒，下令先割下成济的舌头，然后处死，尽灭三族，后来有人作诗道：

> 司马当年命贾充，弑君南阙赭袍红。
> 却将成济诛三族，只道军民尽耳聋。

贾充为司马昭除去曹髦，司马昭便向皇帝的宝座又迈近一步。事后，贾充劝司马昭取代曹氏，即天子位，司马昭认为时机还不成熟，便对贾充说道："昔周文王有三分之二的天下，还服事殷商，故圣人称其至德。魏武帝曹操不肯受禅于汉，就如我不能受禅于魏一样。"

贾充听罢，心里便明白了，原来司马昭是想让儿子做皇帝，也就不再劝了，却把这话深记在心中了。

曹髦死后，司马昭另立傀儡小皇帝曹奂，司马昭为晋王。司马昭有二子，即司马炎和司马攸，司马炎长得一表人才，身材魁伟，双手过膝，站着头发垂地，并且非常聪明果敢，有超人的胆识。司马攸情性比较温顺，温文尔雅，恭俭孝悌。因司马师无子，将司马攸过继给司马师为子。司马昭升为晋王，立谁为世子，来完成自己未竟的事业呢？

司马昭常说："天下者，乃吾兄之天下也。"

所以，他有意立司马攸为世子。贾充劝谏说："长子司马炎聪明神武，有超世之才，人心归向于他，并有一副天子相，应立为世子，只有他才能完成您的心愿。"

司马昭遂立长子司马炎为世子，贾充为司马炎争来了王位继承权，为其通向皇位铺平了道路。

不幸的是，正当此时，司马昭中风病危，临死前，拉着司马炎的手说："知我者，贾公闾也。"

不久，司马昭就故去了。司马昭死后，司马炎即晋王位，封贾充为晋国卫将军、仪同三司、给事中，改封临颍侯。司马炎可没有其父的耐性，一登王位，便立即向皇位伸下手去。他不想做周文王、曹操，他要做皇帝，做周武王和曹丕。他匆忙安葬了司马昭，将贾充、裴秀召入宫内，问道："曹操曾说：'若天命在我，我将做周文王。'果真有此事吗？"

贾充一听，马上领会了新主子的意图，遂说："曹操世代享受汉家厚禄，恐怕别人说他篡逆，故说出这番话，这是明教他儿子曹丕为天子啊！"

司马炎又问道："我父王与曹操相比如何？"

贾充忙说："曹操怎么能与司马公比？曹操虽功盖华夏，可百姓畏其威严而不感念他的恩德。其子曹丕即位，差役繁重，东杀西征，没有宁日，百姓怨怒。而我宣王（司马懿）、景王（司马师），累建大功，广施恩德，天下归心久矣。文王（司马昭）西并蜀汉，功高无量，又岂是曹操所能比的？"

司马炎闻听，喜上眉梢，站起身来，大声说道："曹丕能继承汉统，难道我就不能继承魏统吗？"

贾充、裴秀二人闻言，马上跪拜，说："殿下正应该效法曹丕继汉的故事，建受禅台，布告天下，登即皇位，建立伟业。"

司马炎闻听贾充、裴秀之言，心中大喜，认为时机已成熟，决定马上动手。

第二天，司马炎身佩宝剑直闯后宫，当时，曹奂有病躺在床上，已有几日不能上朝了，这几天，他总是心神恍惚，举止失措，眼皮也不停乱颤，不知道要有何祸事降临。忽然，他见司马炎带着宝剑闯进来，吓得脸色苍白，手脚冰凉，慌慌张张地下了龙床，满脸赔笑地迎了上去，让司马炎坐在上座。司马炎满脸严肃，郑重地问曹奂："你说说，魏家的天下是靠谁的力量才得到的。"

曹奂不知道发生了什么事，急忙答道："那当然都是晋王您的祖父和父亲所赐的了。"

司马炎仰天大笑，朗声说道："我看陛下乃是个庸才，文不能论道，武不能经邦，为什么不让位于有才德的人呢？"

曹奂大惊失色，吓得目瞪口呆，不知如何是好。虽然自己做皇帝做得比较窝囊，有名无实，可毕竟还是皇上，至高无上啊，天下也毕竟是曹家的而不姓司马啊！

这时，旁边站立的黄门侍郎张节说了话："晋王，您说这话就不对了！昔日魏武皇帝南征北战，东征西讨，才得此天下，难道容易吗？况且，现今天子有德而无罪，为什么要让位给别人呢？"

司马炎大怒，说："此社稷乃汉朝之社稷，曹操挟天子以令诸侯，自立为魏王，篡夺汉之天下。我祖父三代辅佐魏室，曹家能得天下，不是曹氏的能力所至，实际是我司马氏的功劳，这是天下皆知之事，他曹丕能继汉统，我为什么就不能继魏之天下呢？"

张节愤愤地说："您要是那么做，就是篡国之贼！"

司马炎怒吼道："我这是给汉家报仇，有何不可？哪里有你多嘴，来人哪，给我乱棍打死！"

一群武士蜂拥而上，一顿乱棍，将张节打死在殿下，曹奂一见，吓得嚎啕大哭，跪在司马炎面前苦苦地哀求，希望司马炎能够回心转意。司马炎大怒，转身拂袖而去。

曹奂急忙唤贾充、裴秀进殿商议，真是慌不择路。他问二人道："事已至此，你们说如何是好？"

贾充说："魏室天数已尽，陛下还是顺从天意，学仿汉献帝禅让的故事，重修受禅坛，准备好大礼，禅位于晋王吧。这样，上合天意，下顺民心，陛下您也可高枕无忧，逍遥度日了，这不是两全其美吗？"

曹奂被逼无奈，只好同意让位。他令贾充建受禅坛，于咸熙二年（265年）十二月甲子日，正式让位于司马炎。

禅让那天，司马炎趾高气扬地登上禅坛，接受大礼，曹奂灰溜溜地下坛，站在坛下。司马炎端坐于坛上，贾充、裴秀身带宝剑，站在司马炎左右，俨然如保护神。贾充下令曹奂跪下听命，高声说道："自从汉建安二十五年（220年），曹魏受禅于汉，已经45年了。今天气数已尽，天命归晋。司马氏功德远大，可即皇帝之位，继承魏统。封你为陈留王，出居金墉城，立即起程，没有皇帝的宣诏，不得入宫。"

这样，司马炎在贾充等一班大臣的扶持拥护下，终于登上了皇帝的宝座，建立了晋朝。司马炎当上皇帝，然而他并没有忘记贾充的功绩，封他为鲁郡公，拜车骑将军、散骑常侍、尚书仆射、权倾朝野，令众大臣侧目。

二、巧设计丑女入宫

贾充为人善于谄媚，能言善辩，巧舌如簧，深得晋武帝司马炎的喜欢。武帝以之为心腹，无论军国大事还是朝廷机密，都要找贾充、王沈及荀勖等商量，一时权倾朝野。一些大臣为了向上爬，纷纷投到他的门下，成为他的党羽。当时，贾充与太尉、行太子太傅荀顗、侍中、中书监荀勖、越骑校尉安平冯纨相结为党友，朋比为奸，他们党同伐异，大有垄断朝政之势，引起其他大臣的不满。

一天，武帝召侍中裴楷入宫，询问自己为政之得失，武帝问："裴爱卿，自朕登基以来，为了朝政，寝不安席，食不甘味，不知所做有何不当之处，望爱卿能直言以对，不必遮掩，朕好改正。"

裴楷见皇帝如此问他，便仗着胆直言道："承蒙陛下厚爱，为臣就斗胆直言了。自从陛下登基以来，四海承宁，天下太平，您的功德不亚于尧、舜。可是，有一件事，为臣不得不提醒陛下，不应该让像贾充那样的奸佞小人横行朝野，陛下应亲贤臣，远小人，广集天下贤材，辅佐朝政，不应重用贾充之徒，示天下以私心啊！"

武帝听罢，脸色阴沉，默不作声。裴楷一见，自己触及皇帝的心肺了，皇帝有些不快，便识趣地退下去了。

在朝中，一些刚直不阿、不肯屈服于贾充的大臣，如侍中任恺、中书令庾纯等，看到贾充权势日益加重，恐怕他危及朝政，都想伺机损抑他，减少他的权限。贾充对他们的所作所为，看在眼里，记在心上，也伺机报复他们。

一次，皇帝要为太子选一少傅，辅佐东官。贾充一见，这正是把任恺从皇帝身边挤走的好机会，便趁机对武帝说："陛下，侍中任恺对朝廷忠心耿耿，为人也正直，富有才华，正堪做太子少傅，来辅佐太子。"

太子少傅是个闲职，职位虽高，却没有实权，而侍中则是实权之职。贾充希望武帝能解除任恺的侍中之职，改授太子少傅。可是武帝非比常人，他绝顶聪明，一眼便看透了贾充的用心，他想，不能让贾充如此专权，让任恺继续任侍中，牵制贾充。想到这里，便对贾充说："贾爱卿所言极是，任恺正直忠贞，非常适合为太子少傅，朕任其为太子少傅，但侍中如故。"

贾充一听，心里凉了半截，自己的如意算盘被皇帝打乱，但自己又无可奈何，只好怏怏地说："陛下圣明，任人得当，社稷之福也。"

正当双方明争暗斗之时，发生了一件意外事件，这一偶然事件，一定程度上改变了西晋王朝的命运，加速了西晋王朝的灭亡。那就是秃发鲜卑树机能的起兵。

武帝泰始六年（270 年），凉州的鲜卑族秃发树机能起兵造反。据说，树机能的曾祖母相掖氏，怀孕足月，忽然要分娩，没有来得及起床，便将他的祖父生在被窝里。鲜卑人被称为秃发，故以秃发为姓氏。实际上，秃发与拓跋，只是同音异译而已，秃发鲜卑不过是拓跋鲜卑的一支。到了树机能时期，部众数万，居住在雍州、凉州（今甘肃境内）。邓艾灭蜀时，树机能归降，邓艾将他们与汉人杂居在凉、雍等州。晋武帝怕杂居易乱，便将他们从凉、雍二州分离出来，另置于秦州（今甘肃），以胡烈为刺史，牵弘为凉州刺史，来防御鲜卑的反抗。

大司马陈骞强烈反对用此二人抚边，对武帝说："胡烈、牵弘皆勇而无谋，刚愎自用，不适合安抚边患，如用此二人抚边，一定会给朝廷带来灾难和耻辱。"

武帝淡然一笑，没有接纳。因为陈骞与牵弘素不相善，武帝以为陈骞是有意诋毁牵弘，故不采纳他的建议。谁知二人到任不到一年，不但没有安抚好众胡族，反而由于他们的高压政策，引起了众胡族的反抗。树机能率众揭竿而起。胡烈率领军队，前往镇压，双方在万斛堆相遇，进行了一场大战。

树机能英勇善战，而且懂得战略战术，他一见胡烈率军来讨，朝廷的军队设备精良，将士久经战场，经验丰富。而自己所率军队都是老百姓，没有经过训练，没有作战经验，所以不能和他们硬拼，只能计取。他将大部分兵马埋伏在万斛堆山上，派一些老弱病残的士兵前去挑战。这些人见胡烈派兵追来，便马上逃跑，胡烈的军队不追，他们又继续挑战，几次三番，胡烈认为树机能怕自己，便开始轻敌，他亲率大军向前追赶。树机能一看胡烈上钩，为了防止他逃跑，便亲自上阵诱敌。他大骂胡烈，胡烈率军追赶，他便打马逃走。胡烈怕上当，想收军回来，树机能又来挑战，性格暴烈的胡烈大为恼怒，一时性起，向前追去。行约数十里，来到一座深山前，地势险恶，杂树丛生。胡烈勒马一看，心里一惊，这里是什么地方？好险哪！这时，树机能率领部下在山坡上大骂胡烈，胡烈实在无法忍受，率领军队，不顾一切地冲进山谷，只听一阵锣鼓号角声，树机能的军队从四面八方冲了下来，把胡烈的军队截成数段。胡烈的军队不辨方向，乱成一团，死伤过半，胡烈也身受重伤，最后被树机能当胸一枪，挑下马来，死在山上。

战报传到朝廷，武帝大为震惊。扶风王司马亮负责都督雍凉军事，急忙派将军刘旗前往凉州。刘旗听到胡烈兵败战死的消息，吓得不敢前往，在中途停留不前。雍凉地区的民变日甚一日，急报屡屡传来，武帝大为恼怒，罢免了司马亮的官职，另派尚书石鉴为安西将军，前去讨伐，石鉴几次作战，都被树机能打败，日久无功。到了泰始七年（271年），树机能发动雍凉地区所有胡族，联合围攻金城（今甘肃兰州），杀死凉州刺史牵弘，声势日益壮大。

消息传来，武帝深感不安，他决定另派大将，前往镇压。派谁前去更为合适呢？这时侍中任恺看透了皇帝的心思，一想这正是排挤贾充的好机会，便对武帝说："陛下，雍凉边患日益严重，臣以为应派一名有威望、有智谋的重臣前去镇抚，才可解除边患。"

武帝忙问道："任爱卿，你看谁可担当此任呢？"

任恺假装思考了一会儿，说："以臣之见，鲁郡公贾大人智勇双全，威镇朝野，担当此任比较合适。"

站在一旁的中书令庾纯闻听任恺之言，心里明白任恺之意，也向武帝说："贾尚书位极人臣，善于安民，深得人心，若派其前往抚边，那些不法之徒将不攻自破。"

武帝听完二人的举荐，知道他们的意图，他也想借此机会来挫挫贾充的锐气，遂下诏命贾充都督秦、凉二州诸军事，仍为侍中、车骑将军，立刻准备兵马粮草，征讨秦、凉叛民。

诏书一下，如同一声惊雷，把贾充吓得目瞪口呆。领兵打仗实在是强其所难，在他的大半生中，他之所以取悦于皇上，一是因为为司马氏杀了曹髦皇帝；二是为当今圣上争得世子之位，并助其登上帝位。再加上他善于谄媚，投机钻营，巧言善辩，才得到今天的位置。他哪里有什么韬略，也从来没有带过兵，打过仗，现在西北边患如此严重，派他前往，这不是让他去送死吗？贾充茫然不知所措，整日茶不思、饭不想，彷徨不安。是谁出此坏主意？皇上是何意图同意这种意见了呢？他思谋良久，也想不出个头绪，派人四处打探消息，是谁想借机陷害他？后来，一个家人打听到，这是侍中任恺和中书令庾纯所荐。贾充一听，简直要气炸了肺，对二人恨之入骨，恨不得食其肉、寝其皮。但皇上既然采纳了二人意见，一定是对自己有些看法，自己不便推辞，看来只好硬着头皮去做了。

贾充以招募军队为名，一天天拖延着，不肯离京起程，一直到冬季，天已寒冷，粮草兵马已经准备完毕，从皇帝诏书下来已数月过去，此时又正是出兵作战的好季节，实在没有理由再赖在京城不走了，只好上朝，向皇上辞行。

临行前，文武百官都到夕阳亭为贾充饯行，贾充大摆酒席，招待前来送行的文武群臣。大家都说着希望鲁公早日得胜还朝的吉利话，而贾充则默默不语，眉头紧锁，仿佛这不是去打仗，而是生离死别一样。酒过三巡，菜过五味，贾充起身离座去上厕所，只见荀勖也赶紧起身跟去，两人在厕所里小声地说起话来。

贾充对荀勖说："你我知交多年，我跟你说实话吧，我实在不愿意远征，又没有别的办法，不知你有无良策，能替我解除此难。"

荀勖看着贾充愁眉苦脸的样，慢慢地说："听到令您出征的消息我也很气愤，公身为朝廷宰相，德高望重，怎么能受制于一个卑鄙小人呢？我为您筹划很久了，仍无计可施。既然此行是皇帝亲自点将，您也就无法推辞了。"

贾充听完荀勖的话，重重地叹口气，摇摇头想转身返回席上。荀勖一把拉住贾充的手，轻声说道："鲁公您先别急，我话还没说完呢。"

贾充停下脚步，看着荀勖说："唉，事已至此，还有什么好说的？"

荀勖满脸神秘地说："我想，事情可能有一线转机。"

贾充一听有希望，眼睛马上闪出亮光，急问道："有何希望？"

荀勖说："最近从宫中传出消息，陛下要为太子纳妃。鲁公您不是还有两个女儿待字闺阁吗？若能将一个嫁与太子，这样您不用推辞，陛下也会将您留下的。"

贾充听说是这个消息，马上像泄了气的皮球，瘪了。

贾充共有四个女儿，长女名荃，嫁与齐王攸为妃；次女名濬，亦嫁名门，这两女为前妻李氏所生。三女名南风，长得奇丑无比，又矮又胖，脸色青黑，眉不清，目不秀，年已十四，尚无人来提亲。小女名午，长得还有几分姿色，年方十一，长得又瘦又小。这两个待嫁之女哪个能嫁给太子呢？

故此，贾充苦苦一笑，说道："我恐怕今生无此厚福了。"

荀勖明白贾充的苦处，说道："鲁公您不要泄气，事在人为嘛。"

说完，便凑到贾充耳边，说我们就这么这么办，贾充听罢，脸上露出笑容，赶紧向荀勖施礼道谢，恨不得跪下给荀勖磕几个响头。

两个人又嘀嘀咕咕地商量一会儿，便手拉手地一同回到宴席上。此时的贾充如同换了个人，满脸笑容，神采飞扬，时而开怀大笑，时而谈笑风生，频频举杯痛饮，心情好得无法形容。宴会一直进行到半夜，众官才酒足饭饱地告别，贾充也是酩酊大醉，回房做美梦去了。

过了两天，贾充将家中事情安排好，便领兵上路了。一路上，他率领军队日上三竿才起程，不及落日便早早扎营，每天只走几里路，就这样停停走走，磨磨蹭蹭地等待家中的消息。

贾充一走，家中可忙乱套了，他们兵分两路，向皇帝"进攻"。贾充的妻子广城君郭槐做梦都想把女儿嫁给太子，将来好做皇帝的丈母娘。她一见自己的丈夫陷入困境，只有嫁女于太子才能替丈夫解围，便使出浑身解数，四处活动。她知道武帝很宠爱杨皇后，而杨皇后又是太子的母亲，对选妃有很大的权力，她决定走妇人外交，借枕边风来使武帝同意娶自己的女儿。她不惜金钱及金银首饰，贿赂杨皇后身边的宫女及太监，让她们向杨皇后吹嘘贾家女儿如何有德，如何有才，如何贤淑。又向那些能够入宫与杨皇后说上话的命妇们行贿，让她们也替自己的女儿吹捧。这些人围着杨皇后不停地提起贾家之女，杨皇后耳朵较软，见众人都说贾家之女人好，便也动了心，想娶为儿媳妇。

另一方面，荀勖为保住贾充这个后台，也四处活动，劝说一些大臣向皇帝请纳贾家之女为太子妃。他首先劝太子太傅荀颉和越骑校尉冯纨，他说："贾公率军远征了，若要成行，我们就没有靠山可依了，就会失宠，前途莫测。现在陛下正欲为太子纳妃，我们为什么不说服陛下娶贾公之女？如若成功，我们就无后顾之忧了。”

荀颉和冯纨听完荀勖一番话，觉得很有道理，便同意与荀勖一起游说皇帝，极言贾女之才德，以达到自己的目的。

一天，武帝罢朝回宫，与杨皇后坐谈。武帝说：“衷儿年已十二了，应给他选一妃子了。”

杨皇后一看时机已到，便轻启樱唇，柔声说道：“妾身听说贾充的女儿比较贤惠，有才德，又是勋门之女，纳为太子妃比较合适。”

武帝听罢，忙摇头说：“不行，不行。”

杨皇后心里一惊，问道：“陛下，为何不行？”

武帝说：“我想聘卫瓘女为太子妃，不愿聘贾充之女为太子妃。”

杨皇后听罢，忙说：“那为什么？”

武帝说：“卫家为名门世族，闺风淳朴，卫家妇女都比较贤淑，而且长得端庄秀美，身材高而苗条，皮肤白而细腻，生殖力强，多子多孙。而贾家则不然，世代妒忌成性，个个长得相貌丑陋，又矮又胖，皮肤又黑又粗，简直无法与卫家相比。而且，贾家人丁不旺，子孙稀少。如此优劣不同，难道我们能舍好而取坏，舍美而取丑吗？”

杨皇后不死心，一面向武帝撒着娇，一面噘起小嘴说：“反正我喜欢贾家的女儿，陛下不应以貌取人，坐失佳妇。不信，你明天问问群臣，看他们怎么说。”

武帝点点头，同意了杨皇后的意见。

第二天，武帝设宴招待群臣。酒至半酣，武帝说：“今天宴请大家，有一件事想征求大家的意见，那就是为太子纳妃的问题，众爱卿看看，哪位大臣之女才堪入选。”

荀勖正好在座，一听武帝询问，忙说：“陛下，为臣觉得有一人较合适，那就是贾公之女。贾公之女端庄贤淑，德才并举，正堪匹配太子。”

荀勖话音刚落，荀颉、冯纨先后说话，极力称赞贾充之女，说得天花乱坠，娓娓动听。那个时代，大家闺秀都是大门不出，二门不迈，贾充之女究竟长得如何，连武帝在内，谁也不大清楚，武帝所知情况也都是道听途说，以及根据父母情况进行的猜测。现在，杨皇后所说在先，众臣所说在后，都说贾充之女如何如何好，不觉有些动心，便问："贾充共有几个女儿？"

荀勖答道："贾公前妻李氏生二女，已经出嫁，后妻生二女，尚未定亲。"

武帝又问："没有出嫁的两个女儿多大年纪？"

荀勖说："臣听说他家最小的女儿貌若天仙，年方十一，正好入配太子。"

武帝说："11 岁太小了，恐怕不太懂事。"

荀勖忙说："贾家三女儿，已经 14 岁，才德过人，貌虽不及小女，但为太子娶妃应尚德不尚色，将来能更好辅佐太子，望陛下圣裁！"

武帝见众臣如此之说，便说道："既然大家这么说，那么就聘贾氏三女，入配太子。"

荀勖听罢，急忙起身离座，向武帝祝贺，群臣也纷纷向武帝道喜，武帝也十分高兴，一个相貌奇丑又悍妒无比的贾南风就这样被纳入后宫。从此这个黑旋风把后宫搅得天翻地覆，没有片刻安宁。荀勖等奸佞之徒，为了个人私利，置朝廷于不顾，连欺带骗地硬将这个阴险恶毒的女人塞给太子，武帝也偏听偏信地接纳了这个悍妇，这一偶然之事，改写了西晋王朝后期的历史。

荀勖等宴席撤散，便欢天喜地跑往贾府，向刚刚返回京城的贾充报喜祝贺去了。

贾充带兵西征，怎么这么快就返京了呢？原来，贾充与荀勖商量好计策之后，就慢腾腾地西行，偏天公作美，未行几日，天下起了鹅毛大雪，连降几日，大雪封住了道路，连鸟都难飞，何况是行军呢？贾充正好不愿走，就此停下扎营，派人回京报信，说大雪封路，无法前行，只好等待天晴再起程。武帝得信后，也知道贾充不愿去，如此拖延，还不如令其返京，便下令贾充返回京城。贾充闻讯，也忘了大雪封道，昼夜兼程，快马加鞭地赶回京城。刚刚回府，便见荀勖来报喜，贾府上下一片欢呼，贾充真如所愿，将自己的丑女嫁给了太子，不久的将来，自己就成国丈了。

三、惧悍妇抛弃原配

泰始八年（272年）二月，是太子与贾南风的佳期。婚期临近，贾府上下一片忙乱，都在为小姐筹办婚事，准备嫁妆。大臣们也两边忙碌着，既要两边贺喜，又要两边送礼，太子的婚礼成为满朝头等大事。满朝上下足足忙了一个月，才算忙完此事。

新婚之夜，太子揭下新娘盖头，把本来就有些痴呆的太子吓了一跳，这哪里是新娘，在烛光映照之下，新娘原本青黑的脸更黑，真如同青面獠牙的母夜叉，他急忙躲在一边，不敢与新娘亲昵。新娘贾南风见此，又气又恼，她渴望得到太子的爱抚，看见太子躲着自己，想必是自己的容貌吓着了太子，便站了起来，忘记了少女的羞怯，走到太子身边，又是哄，又是吓，把这位年仅13岁的太子拉上床，过完了洞房花烛之夜。

第二天早晨，新婚夫妇拜见公婆。武帝看见儿媳容貌如此丑陋，心中又气又恨，再看看自己的傻儿子，重重地叹了口气，也就罢了。

相貌丑陋的贾南风继承了父母的所有短处，她像她父亲一样能言善辩，善弄权术，阴险狡诈，又继承了她母亲的凶悍奇妒的本性，她母亲的妒忌闻名天下，几乎达到了神经质的地步。贾充虽然权倾朝野，但在这位河东狮吼面前，也得俯首帖耳，唯妇命是从，比皇帝的圣旨还敬从。

贾充的原配夫人是曹魏中书令李丰的女儿，出自名门，端庄贤淑，很有大家风度。人长得漂亮，又很温柔，与贾充恩恩爱爱，感情甚笃。二人生有两个女儿，长女名荃，嫁与齐王司马攸为妃，长得如花似玉，深受恩宠。次女名濬，长得也是眉清目秀，也已嫁与名门，生活得很美满，男恩女爱，如胶似漆。夫妻二人见女儿如此幸福，也就心满意足了。不想晴天霹雳，一次偶然事件拆散了这对恩爱的鸳鸯。

嘉平六年（254年），魏帝曹芳年轻气盛，不甘忍受大将军司马师的专横，决定奋起反击。一天退朝后，他将中书令李丰、太常夏侯玄、光禄大夫张缉召到密室，商量对付司马师的对策。曹芳拉着张缉的手，哭着说道："你们快想想办法救救朕吧，司马师把朕看成小孩，把大臣看作草芥，横行霸道，这皇帝的宝座恐怕早晚是他司马师的了。"

说完，便嚎啕大哭起来。三位大臣也纷纷落泪。这时，李丰说："陛下，您不必过分担忧，为臣虽不才，但愿为陛下肝脑涂地。您下个诏书，我去为您召集四方豪杰，共同兴兵，来剿灭这个乱臣贼子。"

夏侯玄说："当年臣的叔父夏侯霸投降蜀汉，就是害怕司马兄弟的迫害。现在若能兴兵讨伐司马兄弟，我的叔父也一定能回来，帮助陛下。我身为国家的皇亲国戚，实在不忍心看司马氏兴风作浪，所以愿奉诏讨贼。"

曹芳又犹犹豫豫地说："恐怕这事不行吧。"

三位大臣见皇帝犹豫不决，便跪倒在皇帝面前，痛哭流涕地说："陛下，您就下决心吧，臣等誓死剿灭此贼，否则绝不生还。"

大臣的情绪感染了这位勇而无谋的年轻皇帝，他脱下自己身上的龙凤汗衫，咬破手指，慷慨地写下血诏。他双手捧着鲜红的血诏，交给张缉，语重心长地说："爱卿，朕可把性命交与你们了，你们可千万要谨慎行事，不能出半点差错。记得当年朕的祖先武皇帝（曹操）杀为汉帝带密诏的董承，不就是因为做事不够机密所致吗。"

李丰说："陛下怎能说如此不吉利的话？臣等不是董承，况且司马师怎能与武皇帝相比，陛下您就放宽心，静候佳音吧。"

三人拿着曹芳的密诏，辞别了皇帝，刚走到东华门的左侧，迎面看见司马师身佩宝剑，带着数百名全副武装的士兵奔皇宫而来。李丰三人站在路旁，行礼让路。司马师走到三人面前，见三人神色慌张，脸有泪痕，觉得其中有事，便厉声问道："你们三人为何这么晚才退朝？"

三人一见司马师问及此事，有些惊慌失措，面面相觑。李丰还比较沉稳，答道："我们陪皇帝在御书房看书，才退朝晚了。"

司马师知道李丰在撒谎，追问道："你们陪皇帝看了哪些书？"

李丰故作轻松地说："只不过看了些夏、商、周三代的史书。"

司马师问道："皇上看过这些书，问了些什么典故？说了些什么话？"

李丰说："皇上不过问了些伊尹扶商、周公摄政之事。我们都说，现在的司马大将军，就是大魏的伊尹和周公。"

司马师听罢，冷笑几声，说道："你们不是把我比作伊尹和周公，恐怕是把我比作王莽、董卓了吧！"

李丰三人赔笑说道："下官都是大将军手下之人，怎敢如此放肆？"

司马师脸色突变，满脸怒容，大喝道："你们这些大胆狂徒，你们和皇上在密室里商量什么事了？为何而哭？"

李丰等还想遮掩，忙说："大将军息怒，实在没商量什么事。"

司马师大吼道："你们还想抵赖，看看你们的眼睛，个个哭得红红的，还想欺骗本大将军？来人啊，给我搜！"

一群士兵七手八脚地上来搜身，在张缉身上搜出一件龙凤汗衫，上面写着密诏，诏书上写："司马师弟兄，专持朝政，横行霸道，将要篡夺天下。先前所下诏书，都不是朕的意图。希望各部官兵将士，看此诏书，能忠心保国，兴兵灭贼，匡扶社稷，成功之日，朕一定重重有赏。"

司马师看完密诏，勃然大怒，指着三人说："好啊，你们竟胆敢谋害我们兄弟，我非让你们尝尝我的厉害。来人啊，把他们给我斩了！"

武士们将李丰三人当即腰斩处死。司马师还下令灭其三族，并将曹芳废掉，立曹髦为帝。

李氏作为李丰之女本应处死，但由于她是贾充之妻，贾充又是司马师的心腹宠臣，贾充苦苦哀求司马师，司马师才下令赦免，免去死刑，却要发配边疆。

消息传来，夫妻二人抱头痛哭。临别前夕，夫妻俩信誓旦旦，缠绵悱恻，贾充对李氏说道："夫人，你放心去吧，不要太悲伤，要自己保重。孩子都已长大嫁人，你也不必牵挂，我也会照顾好自己，今生今世都等着你回来。"

李氏轻轻抚摸着贾充的头，柔声说道："我生是贾家的人，死是贾家的鬼，我会好好地活下来，等圣上赦免我，我就回到您的身边，终生服侍您，报答夫君对我的恩德。"

第二天，李氏在武士的押护下，孤单一人上路了，她把无限的寂寞留给了贾充。贾充身单影孤，独守空房，寂寞难耐。望着冷衾青灯，他苦熬着漫漫长夜，没有几日，便支持不住。这时，有人将城阳太守郭配的女儿郭槐介绍与他，他忘记了李氏的誓言，匆匆地与这位身材矮胖、长相一般的姑娘成了亲。再婚的欢愉使贾充早把李氏抛到九霄云外去了，夫妻二人缱绻缠绵，彻夜交欢，快乐无比。甘露元年（256年），郭氏便开花结果，生下了女儿贾南风。夫妻俩视女儿若掌上明珠，娇宠溺惯，将女儿惯成一个骄横霸道、任性刁蛮的小公主。

郭槐自从嫁给贾充，见贾充对自己十分宠爱，便越来越放纵骄横起来，自己又为贾充生了女儿，就更一手遮天了。这个性格泼辣的女人非常善妒，她恨一切长得比自己漂亮的女人，不许贾充和任何女人来往，生怕失去这位权高望重的郎君，所以看起贾充来，比看贼还严。贾充无可奈何，做什么都小心翼翼，生怕惹怒这头母狮子，把家搅得天翻地覆。天长日久，贾充便作成惧内之病，不敢对郭氏有一丝一毫的反抗。

武帝司马炎登基后，大赦天下，贾充前妻李氏被赦，回到娘家，这回麻烦事可就来了。一天散朝后，武帝把贾充召到身边，拉着贾充的手说："贾爱卿，朕能有今天，全是你的功劳，朕深表感激。但有一件事我觉得有些歉疚，那就是先父将你的前妻李氏流放，拆散了你们结发夫妻之事。现在，朕已赦免了李氏，爱卿你就将李氏接回家，与郭氏为左右夫人，成全朕的心意，这不是两全其美的好事吗？"

贾充听完此话，又喜又怕，喜的是若能将李氏接回，重叙旧情，也不枉曾夫妻一场，在良心上也能得到些安慰。怕的是妻子郭槐能让吗？若是她不同意，此事就难办了，他思前想后，犹犹豫豫地对武帝说："多谢陛下美意，此事让臣子考虑考虑。"

贾充辞别圣上，满腹心事地回府了。他回府后，径直奔向母亲柳氏的房间。母亲见儿子心事重重，便问："充儿，不知有何心事令我儿如此不开心？"

贾充见母亲追问，便重重叹口气，说道："母亲，今天皇上召见孩儿，让孩儿接回李氏，设左右夫人，儿子正为此事发愁，不知如何是好。"

柳氏一听，眼里充满泪水，对贾充说："唉，我那苦命的儿媳呀，这些年受了多少苦，遭了多少罪，真是作孽呀。现在皇上开恩，赦免于她，她苦熬苦等这么多年，你实在应该把她接回家来，享几年福。再说，她贤惠孝顺，我们娘儿俩也合得来，有她侍奉娘，娘死也就瞑目了。"

贾充见母亲如此，鼻子一酸，眼泪掉了下来，说："娘，孩儿也有心把李氏接回来。可是，唉，我怕不行啊！要是郭氏不容，闹得天翻地覆，鸡犬不宁，那可如何是好啊！"

正说着，只见门"咣"的一声被撞开，郭槐满脸怒容地站在门口，双眉倒立，两眼冒着怒火，直盯着贾充，原本有些青黑的脸变成猪肝色，一副夜叉相。她一进门，也不管婆母在面前，怒吼道："好啊，你要是敢把那个罪妇贱人接回来，我就不活了！"

说着，一屁股坐在地上，哭天抢地地干嚎起来，一边哭一边说着："你这没良心的东西，你能有今天还不多亏了我呀，我给你操持家务，抚养女儿，照顾老人，享着什么福了，哪一点对不起你？你现在发迹高升了，就嫌弃我了，要找你就找个好的，还想把那个有罪的贱人接回来，我可不与那种人在同一屋檐下生活，你要把她接回来，我就死给你看。"

说罢，又是捶胸、又是踢脚地坐在那里大哭起来。

原来这天下午，郭槐正坐在堂屋的窗前向外望天，看见贾充耷拉着脑袋心事重重地从外边回来，她刚要起身到外面去迎接，却见贾充直奔婆婆的屋里而去。她想，这肯定是有事背着我，便蹑手蹑脚地跟在贾充后面，站在门外偷听。听到娘儿俩商量要把李氏接回来，与她平起平坐，她怒不可遏，心想：你们娘儿俩想得倒美，想让那个贱人代替我，和我抢食吃，做梦！我若不把这事搅黄，我就不是郭槐。想到这里，便挽起袖子，掐着腰，闯了进去。

郭槐这么一闹，贾充吓得慌了手脚，赶紧给郭槐认错，嘴里说："夫人，快起来，别哭了，我只不过与母亲商量商量，最后还得你同意才行，我本想马上去征求你的意见，现在你都听到了，你要是不同意，也就罢了。"

郭槐还是不依不饶地哭闹着，贾充无可奈何，一边用手搂郭槐，一边说："我对天发誓，对你绝没有二心，是圣上让我接李氏的，我当场没有答应，等与你商量再说，我和她虽曾是夫妻，时过境迁，已恩断情绝，况且，她哪里有夫人你好啊！"

郭槐见贾充如此说，便破涕为笑，从地上站了起来，拉着贾充回房去了。贾充的老母柳氏看着又悍又妒的儿媳妇和自己那怕老婆不争气的儿子，一行浑浊的老泪顺着满是皱纹的脸淌了下来，她悲哀而又痛苦地闭上了眼睛。

第二天上朝，武帝又问起贾充这件事来，武帝问道："贾爱卿，昨天朕与你说的事考虑得如何了，何时迎回李氏？"

贾充见武帝又问起这件事，满脸通红，笑了笑说："多谢陛下的美意，臣有何功德能受起设左右夫人之宠？况臣子精力有限，实在无法享受此礼，望陛下原谅微臣没有完成您的命令。"

武帝听罢，以为贾充在谦虚，便说："贾爱卿不必谦虚，李氏原本就是你的夫人，只需举行个简单仪式，接回便是，有何难办的呢？"

贾充支支吾吾，无法说出"郭槐不让"这一真实理由，叹口气说："陛下，一个郭氏就已够为臣消受的了，实在不敢娶第二个了。"

武帝一听，哈哈大笑，他明白了怎么回事，也理解了贾充的苦处，便不再追问了，说道："既然贾爱卿无意迎回李氏，也就罢了，这是你家的私事，朕也就不管了。"

贾充听武帝如此说，如释重负，急忙退下了。

不料，这件事被李氏的长女贾荃听到。贾荃嫁与武帝的亲弟弟齐王司马攸，是武帝的弟媳妇，身为齐王妃，见到自己的母亲流放返回后，仍独对青灯，寂寞孤独地打发着时光，非常痛苦，她知道继母悍妒刁钻，父亲惧内成病，无法劝说父亲。现在听说皇帝下令，让父亲迎回母亲，心里十分高兴，第二天，便坐轿前往贾府，去替母亲说情。

一进贾府，贾荃就觉得气氛不对，继母郭槐铁青着脸，一声不吭，父亲也耷拉着脑袋不冷不热，贾荃觉得非常尴尬，不知出了什么事。原来，郭槐一听齐王妃要回府，心里就明白是怎么回事，她威胁贾充说："你要是答应她，我就和她拼命。"

贾充一见郭槐怒吼，只好息事宁人地说："罢了，罢了，我谁都不答应。"

所以郭槐就摆好架势来对付贾荃。

贾荃见此状，觉得事情难办，想到自己饱经风霜的母亲，眼泪掉了下来，她轻轻地走到父亲面前，双膝跪下，拉着贾充的手，哽咽着说："父亲，我母亲能活到今天，就盼着能有朝一日与您团聚，幸福地走完人生的旅程。为了这一天，她孤单一人在边疆苦苦挣扎，受尽了折磨，无怨无悔。现在，圣上赦免了她，她认为有希望能回到您身边了，她那张憔悴忧愁的脸有了笑容。父亲，您难道忍心伤害我母亲那颗满是伤痕的心吗？您难道忍心打碎我母亲多年来赖以生存的梦吗？父亲，不管我母亲是否有过错，您看在以往夫妻一场的情面上，看在您女儿的面子上，您就把我母亲接回来吧，女儿给您叩头了。"

说罢，趴在地上磕起头来。贾充听完女儿的一番话，心里很不是滋味，抬头望望郭槐，见郭槐横眉冷对的样子，也不敢说什么，急忙搀起女儿，嘴里支支吾吾地应付着说："快起来，女儿，容父亲想想。"

这时，坐在一边的郭槐说了话："王妃如此，我们家可不敢当。至于接你母亲回府，我觉得不大妥当，堂堂一个宰相府，怎能随便让有罪的人出入呢？这不让别人说闲话吗。"

贾荃一听，便明白为什么父亲不答应接回母亲了，看到父亲怯懦的样子，真有点哀其不幸，怒其不争，再看看骄横跋扈的继母，觉得事情没有希望了，便悲伤地坐轿回府了。

贾充因惧怕悍妻郭槐而抛弃了结发之妻李氏，内心觉得有些惭愧。回想昔日两人相敬如宾、恩恩爱爱的日子，总有一种惆怅失落之感，整日闷闷不乐，却又无可奈何。为了减轻良心上的歉疚，又不惹怒母夜叉，他想了一个折中的办法，在洛阳永年里为李氏建筑一幢房子，派下人将李氏接到那里居住。

李氏自从与丈夫分手后，十多年来，朝思暮想，盼望有一天能破镜重圆，再续前缘。皇上特赦回到洛阳后，她住在娘家，朝也盼，暮也盼，盼望自己的郎君能快点来接自己。当年夫妻二人的誓言一直萦绕在耳畔，它鼓励着自己在艰难困苦中活过来，才有今天。每次女儿们回来看她，她总是不停地问贾充的情况和什么时候能来接她。女儿们就用各种借口搪塞她，不忍心打破母亲心中的美梦。

一天，她见女儿贾荃满脸泪痕、脸色苍白地回来，不知什么原因，还以为小夫妻俩吵架了呢，便问："女儿，你怎么了？什么事这么伤心？"

贾荃一听母亲问起，再也忍不住了，一头扑在母亲的怀里痛哭起来。李氏一边擦着女儿脸上的泪，一边安慰着说："别哭了，有什么委屈跟妈妈说说，说出来就好了。"

贾荃好不容易忍住哭声，哽咽着跟母亲学说了今天去贾府，如何劝说父亲来接母亲，如何跪求父亲，以及郭槐的态度。贾荃还在说着，只见母亲突然昏厥过去，不省人事。贾荃连哭带喊，又是呼又是唤，半天才把李氏唤醒。李氏脸色死灰，慢慢睁开眼睛，静静地看着女儿，一言不发。贾荃劝道："妈妈，您不要太伤心，对如此负心之人，伤心是没用的。您还有女儿，我将来会好好照顾您的。"

无论女儿怎样劝说，李氏只是欲哭无泪，满脸哀伤地坐着，一句话也不说。贾荃见母亲这样，心里十分难过，决定再去贾府一趟，恳求父亲来见见母亲。

贾荃第二次来到贾府，跪在地上苦苦哀求贾充能去看看母亲，可贾充不为女儿的哀求所动，不去探望李氏。

后来，贾充为李氏所建的房屋落成，贾充派手下人去接李氏。李氏已心灰意冷，但不能永远地住在娘家，便搬到了新宅。贾荃看母亲一天天憔悴下去，心里很着急，她决定和妹妹贾濬一起去求父亲。

正巧，皇上派贾充西征树机能，贾荃姐妹俩以为父亲送行的名义来到了贾府。她们俩走到贾充面前跪下，贾荃说道："父亲，听说您要带兵西征了，女儿前来为您送行。不过，临行之前，女儿恳求您能去看看我母亲。我母亲盼您已盼十多年了，为了这一天，她望穿双眼，苦熬苦等着，您不能做得太绝情，既然您不想把我母亲接回府，您就应该亲自去一次，给我母亲个交代，也不枉夫妻一场。况且，我母亲现在已无意再回到您的府上，只是她的身体越来越弱，做女儿的很心痛，求父亲看在昔日情分上去一次吧。"

贾濬附和着说："父亲，今天您若不答应，女儿就不起来。"

说完，姐妹俩跪在地上给父亲叩头，一直叩得前额出血，贾充也没有应允。姐妹俩伤心极了，痛哭着离开了贾府。

贾荃几次三番地来贾府求情，郭槐大为恼怒，但碍于贾荃的王妃身份，也只好恼在心里，无法发作，只能说些尖酸刻薄的话，发泄心中的不满。她见贾荃不仅人长得美，而且嫁给齐王为妃，又体面，又有地位，内心很忌妒，盼望有朝一日，能将自己的女儿也嫁入皇宫，来光耀门楣，抬高自己的身份地位。皇天不负苦心人，郭槐和贾充机关算尽，通过行贿，终于将自己的丑姑娘嫁给了太子。

姑娘嫁给太子，自己就成了皇亲国戚，太子的岳母，皇帝的亲家母，郭槐别提有多高兴了。如今自己变得高贵体面，无人能比，她高兴得不知如何炫耀，她觉得自己的女儿贾南风现今地位远远高于贾荃，自己应该会会李氏，让她死了对贾充的心，也给她点威风看看。晚上，她和贾充躺在床上闲谈，郭槐说："夫君，你看我比李氏如何？"

贾充听罢，心里一怔，不知郭槐为什么突然问起这句话，想了想，笑着说："你怎么突然问这话，那还用说吗，当然是夫人你好了。"

郭槐缠着问道："李氏长得漂亮吗？"

贾充敷衍说："长得一般，没有夫人你漂亮。"

郭槐听贾充如此说，心里非常高兴，接着说道："明天我想会会李氏，你看如何？"

贾充一听，吓了一跳，急忙劝阻说："夫人，你何必自寻烦恼呢？我已答应你不接她回府，也不去看她，你又何必再挑事端呢。况且，你身为皇亲国戚，身份如此高贵，怎么能出入罪人之家呢？"

贾充越不让她去，郭槐就越觉得其中有鬼，就越想去看看李氏。她说："你就别阻拦了，我只是看看她，又不能吃了她，你有何不放心呢？"

贾充说："我不是这个意思，我怕你到那里，李氏言语不周，顶撞了夫人，无故惹你生气，多不值得。"

郭槐说："哼，我现在是太子的岳母，一个小小罪妇借她一百个胆，她也不敢惹我。"

贾充见劝说无效，只好由她胡作非为了。

第二天，郭槐刻意地进行打扮，将发髻高高挽起，又是涂脂抹粉，又是描眉画眼、披金戴银、穿红挂绿，四十多岁半老徐娘，满身脂粉和妖冶之气，俗不可耐。为了显示自己的威风，令左右备了全副仪仗，带着用人和丫鬟，坐着华丽的凤舆，前呼后拥，众星捧月般地向李氏的住处而去。

到了李氏新宅，郭槐刚刚下轿，门内走出一位中年妇女，瘦弱的身材有些弱不禁风，但端庄大方，不慌不忙地迎了出来。只见那李氏身穿便服，白净的脸庞没进行任何修饰，发如漆墨，随意地挽着，看上去是那么自然娴静。李氏轻启朱唇，轻柔地说道："不知夫人驾到，有失远迎，望夫人恕罪。"

郭槐见此，慌了手脚，急忙屈膝下拜，说道："贱妾拜见姐姐。"

不知为什么，见到李氏如此端庄贤淑、文静优雅之态，郭槐的高傲之气荡然无存，从内心深处油然而生敬意和畏惧，感到自己的容貌和气质与李氏实在相差甚远，如隔云泥。

李氏挽起郭槐，从容答礼，并将郭槐请到正厅，让于上座。郭槐满身不自在，如坐针毡，而李氏则落落大方地与之谈话，言语不卑不亢，毫无自卑之感。郭槐来时的如意算盘落空了，甚觉尴尬，勉强坐了片刻，便起身告辞。李氏亦不挽留，郭槐灰溜溜地回府去了。

回府后，郭槐越想越不是滋味，眼前总出现李氏的形象。她想：李氏虽已四十多岁，但风韵犹存，十多年的流放生活虽使她脸上增添了几条皱纹，却另有一番成熟之美。她面白如粉，眉秀如削，唇红齿白，眼似秋波，鼻似琼瑶，虽已半老徐娘，仍不掩国色天姿。再看看自己，无论如何涂脂抹粉，也掩不住那青黑的脸色，身材又那么肥胖，无论穿什么绫罗绸缎也不漂亮。我们二人真如西施与东施啊！想到这里，她心里产生一种恐惧感，心想，男人都如馋嘴的猫，李氏长得如此之美，怎能保证贾充不会去与她幽会，金屋藏娇呢？若是那样，时间一长，他就会嫌弃我、抛弃我。不行，我必须牢牢地看住他，不让他有任何机会去幽会。

她急忙叫来一个既机灵又忠心的仆人，对他说道："从今以后，家中的活计就不用你干了，你只做好一件事就行，那就是照顾好老爷。今后无论老爷到哪里，你都必须一步不离地跟着，而且晚上必须回府。老爷的行踪必须如实地告诉我，不得有半点儿隐瞒。我平时待你不薄，你能懂得我的心思，如果做得好，我会重重赏你，你若是和老爷一条心欺骗我，看我怎么收拾你。"

仆人忙说："夫人，您放心，这事我一定办好。"

从此以后，贾充身后多了一条尾巴，无论贾充走到哪里，那个仆人都形影不离地跟着，所以贾充也只好有色心无色胆了。

贾充不肯接李氏回府，他的母亲一气之下，病卧床榻。贾充的母亲柳氏很富有同情心和正义感，当年，她听说皇帝曹髦被成济所杀，而不知道这件事是她的儿子所指使，大骂道："成济这个不忠之徒，竟胆敢弑杀皇上，真是死有余辜，让他死后入地狱，万劫不复。"

家人个个掩嘴而笑，无人敢告诉她真相。贾充在旁边，脸色通红，尴尬得低着头，不敢言语。

一天，柳氏将贾充唤到床前，对贾充说："充儿，我恐怕不行了，娘没有别的心愿，只想在临死前见李氏一面，你去把李氏给我接回来，让我看看她，我死也就瞑目了。"

贾充支支吾吾，不做回答，母亲柳氏见此，伤心得掉下泪来，气愤地说："你真是个绝情寡义的人，我白生养你一回。我和李氏婆媳一场，相处得很好，我不行了，要见她一面，你都不肯，你还算是我的儿子吗？"

说完，把脸转向墙壁，闭上了眼睛。

柳氏病情一日比一日严重，临终前，贾充问母亲道："母亲，您还有什么要说的吗？"

柳氏慢慢睁开眼睛，长叹道："既然你不肯接回李氏，你还有何脸面来问我？唉，罢了，罢了。"

不久，便带着遗憾离开了人世。

李氏闻知婆母去世，非常伤心，她派人去贾府，请求贾府允许她前去吊唁，贾充回绝了李氏的请求，二人从此恩断情绝，形同路人了。贾充一直到死，都未见李氏一面，李氏亦独对青灯，在寂寞孤独中了却残生。

再说贾充长女贾荃，为父母能破镜重圆，费尽心机，几经周折，亦未成功，心里非常难过。父亲少情寡义，不肯回头，母亲哀绝心死，无意回去，自己已无能为力。她长期郁郁寡欢，染上疾病，也带着遗憾离开了人世。

第二章

醋海生波几被废
痴傻被立为储君

一、承家风醋海生波

常言道："有其父必有其子，有其母必有其女。"这是说，父母是儿女的师表，是儿女效法的楷模。在女人的一生中，对她影响最大的莫过于她的母亲，母女连心，母亲的言传与身教，是一个女人的人生观与世界观形成的重要因素，其影响是无法估量的。贾南风的性格与其母酷似，这与她的家庭环境是分不开的。母亲那近乎变态的忌妒与暴虐在贾南风的心灵深处打下深深的烙印。在她的家庭中，阴盛阳衰，母亲是"司令"，父亲处于绝对服从的地位。当年母亲为父亲的前妻李氏之事大吵大闹，获得独尊独爱的地位，深深印在她的脑海之中，她从母亲那里学会制服男人的"法宝"。贾南风生于名门大族，受到父母的宠爱，自幼便任性妄为，不守礼法。她不仅学到了母亲的妒性，更学会了母亲的残酷无情。

郭槐与贾充曾有两个儿子，都由于郭槐的残酷而夭折了。事情是这样的，郭槐生下小女儿贾午后，曾生下一子，取名黎民。小儿长得白白胖胖，十分惹人喜爱。郭槐为小黎民找一乳母，喂养黎民。这乳母长得颇有几分姿色，并非常质朴善良，待小黎民如同自己的亲生儿子。这孩子也以她为母，两人亲如骨肉，谁也离不开谁。

在孩子三岁时，有一天，贾充退朝回府吃饭，正巧乳母抱着小黎民在院子里玩耍，孩子见父亲回来，张开小手，手舞足蹈地喊着"爸爸，爸爸"，要贾充抱他。贾充见儿子天真可爱的样子，高兴得眉开眼笑，赶紧走过去，摸摸孩子的头，拍拍孩子的脸，逗孩子玩了一会儿。不料，他妻子郭槐正从窗户向外望，看见丈夫退朝回来，没有先进屋，竟直奔乳母而去，心里就觉得不是滋味。

她气恼地向外看着，见贾充满脸笑容，还不停地在乳母身边转来转去，二人有说有笑，郭槐心里这个气呀，好啊，竟敢在我眼皮底下打情骂俏，眉来眼去，看我不好好治你。想到这里，她满脸怒容冲出去，怒吼道："奴才，还不把孩子抱回来喂奶，在外疯什么！"

贾充一看夫人的气色不对，也扫兴地跟在后面回屋去了。

第二天早晨，贾充上朝去了，郭槐在家里耍开老虎的威风。她把所有的家丁、丫鬟都集中到大厅之内，脸色铁青，大吼道："来人哪，把乳娘小贱人给我捆上！"

家丁不知发生了什么事，你看我，我看你，不敢违抗主人的命令，只好上前将乳母用绳子五花大绑地捆了起来。乳母不知自己犯了什么错，吓得脸色苍白，一面反抗着，一面喊道："夫人，我犯了何错，您这么待我？"

郭槐厉声喝道："你个胆大的贱人，还敢嘴硬，你真的不知你犯了什么错误？"

乳母跪在地上，满脸泪痕地说："夫人，小的实在不知犯了什么错误，望夫人指点。"

郭槐拍几怒吼道："好个嘴硬的奴才，死到临头还嘴硬，我让你死个明白。昨天在院子里，你和老爷眉来眼去，你这个骚狐狸精，你想凭你几分姿色和漂亮的脸蛋来勾引老爷，痴心妄想。你别以为我不知道，告诉你，你们俩的一切我都了如指掌，快说，你是怎样勾引老爷的？"

"冤枉啊！夫人，小人从来没有勾引过老爷。昨天，是小少爷要老爷抱，老爷便过去逗孩子玩一会儿，小人怎敢勾引老爷呢？"

乳母急切地分辩着。

"还敢嘴硬，拿鞭子来，给我狠狠地打！"

皮鞭雨点般地落在乳母的头上、身上，乳母发出阵阵撕心裂肺的哀嚎。几鞭下去，乳母的脸和身上已鲜血淋漓、血肉模糊了。

"夫人饶命啊！"

乳母求着饶，郭槐命令家丁停下鞭子，问道："说，你是怎样勾引老爷的？"

乳母痛哭着说："夫人，小人不敢撒谎，小人实在不敢勾引老爷，也不敢往老爷身上泼脏水，小人是清白的。"

"好个清白无辜，看样是我诬赖你了，给我继续打！"

皮鞭没头没脑地向乳母打来，一会儿，乳母便昏死过去。

"给我用凉水泼，哼，想装死来吓唬人。"

郭槐命令着。

家丁用凉水将乳母泼醒，乳母慢慢睁开眼睛，说道："既然夫人非要我承认勾引老爷，那我就勾引了，要杀要剐由你吧！"

说完，便无力地闭上眼睛。她知道：今天无论承认与否，都难以活命，与其苦苦哀求，不如默默忍受，所以她一声不吭地挺着。

郭槐一听，气得暴跳如雷，恶狠狠地说："给我往死里打！"

一阵皮鞭过后，乳母瘫倒在地，已气若游丝了，只见她浑身上下已体无完肤，成了一个血人，惨不忍睹。那些丫鬟吓得浑身哆嗦，向后躲着。郭槐走到乳母面前，用脚踢踢，说："这就是你的下场。"

说完，看着所有的用人，指着乳母说："你们看着，这就是前车之鉴，今后谁再背叛我，休怪我无情。来人，把这个贱人给我扔到柴房去。"

家丁将乳母抬到柴房，片刻，乳母便断气了。郭槐就这样残暴地结束了一个年轻的生命。

乳母死后，小黎民日夜啼哭，闹得整个贾府不得安宁。孩子自幼便跟随乳母长大，一旦离开乳母，便烦躁不安，不吃不喝，几天下去，原本一个又白又胖的孩子瘦成皮包骨了。贾充夫妇急得如同热锅上的蚂蚁，转来转去，无计可施。另找乳母，孩子不跟，大家抱着孩子不知所措。孩子啼哭不止，变成了慢惊症，不久便夭折了，又一条小生命随乳母而去了。

孩子死后，郭槐很伤心，但江山易改，本性难移。孩子的死并没有把她从醋海中唤醒，却使她更悍忌暴虐，几乎达到疯狂的地步。

第二年，郭槐又生了一个男孩，她另择乳母喂养孩子，在孩子一岁多的时候，又发生了一件事。

一天，乳母抱着孩子在门口站着，贾充从外面回来，看儿子那惹人喜爱的样儿，便伸手摸摸孩子的头和脸，不想被郭槐看见，又以为贾充和乳母偷情，醋性大发。她被忌妒烧昏了头，忘了前次的教训，又用老法儿将乳母活活打死。孩子离开乳母，日夜啼哭，没有几天又夭折了。

忌妒是人类的一种正常情感。在封建社会里，妒是丈夫休妻子的借口之一，也是评价女人的一个标准。妇女用忌妒来与男子进行抗争。尤其是魏晋时期，长期的战乱使封建的道德礼教衰落，传统的儒学礼教对妇女的约束力越来越弱，妇女获得相对的自由。在这种相对宽松自由的大环境中，妇女的个性得以宣泄和解放，对于男人的三妻六妾，她们表现出极大不满，没有别的办法，只能用忌妒进行反抗。但无论何种感情都有个度的问题，超过了度的限制，就表现得近乎病态，这就不正常了。由于忌妒心作祟，使郭槐疑神疑鬼，达到神经质的地步，残害了四条生命，令人发指。她的所作所为又潜移默化地影响了她的女儿，贾南风与太子结婚后，真是"青出于蓝而胜于蓝"，忌妒和残酷与其母相比有过之而无不及。

贾南风虽然长得丑陋，却工于心计，机敏奸诈，精于权术。自从被选为太子妃，没有几个回合，便把太子司马衷牢牢地控制在手里，任意玩弄。贾南风作为东宫之主，只想独享快乐，绝不允许其他宫女染指太子，分享太子的阳光雨露。在东宫之中，稍有姿色的宫女都是她忌妒的对象，她让长得漂亮的宫女干些杂役粗活，让那些年老又丑的宫女服侍太子起居。她对宫女们动辄打骂虐待，宫女们也只能敢怒不敢言。但"春色满园关不住，一枝红杏出墙来"，太子有时趁贾南风不备，也偶有犯戒，与一些宫女发生关系，但消息一旦泄露，宫女们将得到极其悲惨的下场。

贾南风与太子一连生了四个女儿，就是不能生出一个儿子。贾南风很担心，怕太子与别的宫女一旦生了儿子，自己的地位将受到威胁，将来做皇后的美梦就要破碎，所以对太子司马衷的防范更严密。但百密终有一疏，皇宫毕竟不比贾府，到处是美女，美女如云，防不胜防，她使出她母亲的所有解数，也防范不住，因为自己的丈夫毕竟是太子，无法与父亲贾充相比。在她忌妒之心的唆使下，在东宫上演了一场人间悲剧。

一天，贾南风在宫女的陪伴下，到后花园赏花。初夏时节，百花争艳，姹紫嫣红，甚是喜人。贾南风正在兴致勃勃地看着，忽然，她看见有一宫女的身影在前边亭阁前一闪而过，她觉得很奇怪。什么人敢私自到后花园？为何躲躲闪闪的？这里一定有情况。想到这里，花也不赏了，对众宫女说："前面是何人躲躲闪闪的？你们去给我找来，给我带到东宫，我要问问。"

说罢，众宫女便向前寻找去了，贾南风带着几个贴身宫女回宫去等待。

众宫女在亭阁的拐角处找到一个宫女，大腹便便，战战兢兢地躲在那里。那宫女见众宫女找来，"扑通"一声跪在宫女们面前，哭泣着说："众位姐姐，求你们救救我吧，千万不要带我去见贾妃娘娘，我给你们叩头了。"

说罢，挺着肚子给众宫女叩起头来。

宫女们你看看我，我看看你，无人敢做主。因为她们知道这件事关系重大，也知道贾妃娘娘的残酷无情，这是关系到众人生命的大事，怎能答应她呢？这时，一个年龄稍大的宫女走到已怀孕的宫女面前，把她搀扶起来，叹口气说："唉，我们也不忍心把你交给贾妃娘娘，我们很同情你，但娘娘之命难违，如果放了你，我们众姐妹恐怕都没命了。你还是跟我们走吧。"

那个宫女没有办法，只好跟着众宫女去见贾妃了。

到了东宫，贾妃高高地坐在大厅之上，众侍卫手拿枪戟两旁站立，场面威严，如同刑场。众宫女押着那个宫女来到堂上报说："娘娘，那个宫女已带到。"

贾妃抬头一看，那个宫女穿着宽袍大袖的衣服，但仍遮掩不住那高高隆起的肚子，满腔怒火登时燃烧起来。她歇斯底里地喊道："胆大的奴才，快说，你怀的是谁的野种？"

那个宫女跪在那里，吓得面如死灰，一面叩头，一面结结巴巴地说："回娘娘的话，小人怀的是、是太子的骨肉。"

贾妃不听则已，一听此话，便炸了锅，她"腾"地从座位上站起来，几步走到宫女面前，怒吼道："什么？太子的骨肉？你别血口喷人，到处乱咬，到底是怎么回事？从头招来。"

那个宫女战战兢兢地说："启禀娘娘，小人怀的确实是太子的骨肉，小人绝不敢乱说。奴婢是后花园负责采花的宫女，年初时节，太子到后花园散步，与奴婢巧遇，太子一时性起，在后花园里临幸了奴婢。万不承想，竟暗结瓜蒂，实在不是奴婢有意所为。"

"好啊，小贱人，你勾引太子还不承认，竟胆敢把责任都推到太子身上，说是太子骨肉，说不定是哪里的野种。你以为是太子的骨肉我就奈何不得你，做美梦，今天我非让你尝尝我的厉害。"

说罢，贾妃走到侍卫身边，从侍卫手中夺过大戟，狠狠向宫女刺去。第一戟将宫女刺倒，宫女腹大难动，仰面躺倒在地，贾妃抬手又是一戟，刺到宫女小山一样的肚子上，随着血花飞溅，一个正在蠕动的孩子掉在地上，宫女惨叫一声，命丧黄泉。情景之惨，令人目不忍睹，宫女们和侍卫们都吓得闭上眼睛。

贾妃把长戟从宫女身上拔下，狠狠地扔在地上，转身走到座位上，说："把这个贱人和杂种给我拖出去埋了。"

众侍卫七手八脚地把这位可怜的宫女给埋了，又两个冤魂到阴曹地府那里报到去了。

埋掉宫女后，贾妃仍不解气，她将所有宫女都召集到大厅里，恶狠狠地说："你们这些废物，我交代你们的事你们怎么做的，难道你们这么多人就看不住太子一人吗？竟让一个如此下贱之人玷污太子的龙体，你们干什么去了？"

众宫女一听，都吓得掉了魂，急忙跪下叩头求饶："娘娘息怒，奴婢罪该万死，望娘娘饶命。"

贾妃黑着脸说："饶了你们，说得轻巧，饶过你们，你们能知道我的厉害吗？来人哪，给我都拉出去，每人重打三十大板。"

外面传来阵阵板子声和宫女的哀嚎声。三十大板过后，宫女们个个遍体鳞伤，鲜血直流，几个身体瘦弱的宫女已经昏死过去。贾妃看着众宫女狼狈之相，"嘿嘿"冷笑两声，说道："哼，这次轻罚你们，如果再有下次，我把你们统统送去见阎王。"

说罢，转身走了。

武帝司马炎听说此事，勃然大怒。自从贾南风进宫以来，所作所为早就为武帝所不满，这个长相丑陋的母夜叉竟会做出如此残忍之事，令人无法容忍。遂下诏修建金墉城冷宫，打算把贾妃废掉，打入冷宫。

消息传开，贾南风万分恐慌，自己千方百计才成为太子妃，这不将要毁于一旦吗？不，绝不能就这样结束。她在东宫如同一只困兽，转来转去，想着计策。她忽然喊道："来人哪，备轿，我要回贾府。"

一行人匆匆地直奔贾府。

贾南风一进府，便嚎啕大哭，连声喊着："父亲，母亲，快救救孩儿吧，要不然，我就不活了。"

贾充夫妇不知何事，急忙安抚说："孩子，别哭，快说是怎么了。"

贾南风一面抽泣着，一面学她如何杀宫女，武帝恼怒，要废掉她，为太子另选妃，等等。说完，跪在贾充面前，哭着说："父亲，您快为女儿想个办法吧。否则，我不仅做不成太子妃，恐怕连命都保不住了。"

贾充夫妇闻听，吓得慌了手脚，事出仓促，不知如何是好。贾充想了一会儿，急忙派人去请荀勖、冯纨来府商量计策。荀勖、冯纨急急忙忙赶来，问贾充发生了何事，贾充满脸愁容，向二人述说了贾南风的事。最后他说："二位恩公无论如何也得帮助我渡此难关。唉，这么多年，我们风雨同舟，荣辱与共，已到晚年，应该安逸地享清福，不意孩子不肖，又给大家惹得如此麻烦，本人实在过意不去。但是，皇上真若治太子妃之罪，我们几个恐怕也难逃厄运，想当初，是二位力保南风入宫为太子妃的，太子妃如此，我们都犯有欺君之罪，太子妃被废，我们也罪责难逃啊！"

荀勖、冯纨二人听罢，知道事态的严重和贾充的言外之意，贾南风若真被废，势必牵连自己，前途将不堪设想。看样子三人必须同心协力，共解危难。荀勖道："以我之见，现在必须求助于能与皇上说上话而皇上又能听进去的人。在朝廷大臣中，最得宠的莫过于杨珧，后宫受宠莫过于杨皇后和充华赵粲，我们分头行动，多方求援，事情还会有转机。"

贾充说："二位尽管放手去做，所有费用都出在老夫身上，事成之后，二位恩公的恩情，老夫没齿不忘。"

三人分头活动去了，贾南风回到东宫，整日提心吊胆，坐卧不安。她派人给充华赵粲送去贵重的首饰，并亲自到赵充华那里去求情。她跪在赵粲面前，痛哭流涕地说："娘娘救命，贱妾知道错了，望娘娘能替贱人与皇后通融，共同向陛下求情，娘娘再生之恩，贱妾永生不忘。"

她舌生莲花，巧语如珠，苦苦地请赵粲帮忙。荀勖、冯统也给赵粲送去厚礼，代为求情。此时赵粲正为武帝所宠，也乐得做顺水人情，便答应了贾南风的要求。赵粲先说服杨皇后，此杨皇后乃杨艳皇后之妹杨芷，杨艳皇后死后，武帝立其妹杨芷为后。杨芷是个知书识礼、贤惠善良的女性，见充华求情，也就答应帮忙。

一天，赵充华正在后宫与杨皇后闲谈，武帝罢朝回宫，见两个心爱之人都在此，便坐下来谈起废太子妃之事。武帝叹口气说道："唉，这件事想起来真后悔。当年我要为太子选卫瓘女为妃，你姐姐死活不同意，结果选这个又丑又妒的贾氏为妃，不想她如此残忍，太子怎能驾驭得了她，将来一定要祸乱后宫。"

赵充华见武帝谈及此事，忙说："陛下，您不要为此小事而烦恼。忌妒本妇人之情，贾妃年少，忌妒难免，等她长大后，自然会改正。望陛下原谅她一次，给她一个悔过的机会。"

杨皇后在一旁帮忙说："陛下，不看僧面看佛面，贾妃乃贾公闾之女，贾公对于司马家之社稷，有无可限量的功德，不能因一件小事就伤害人家。况且，贾妃年幼无知，忌妒难免，也是妾身教育无方，望陛下能宽容于她，以后妾身对她严加管教，令其改正，这既不伤害贾公的面子，又能免去另选太子妃的麻烦，这不是两全其美的办法吗？"

武帝听罢，有些动容，便说："等明天上朝，朕再与大臣们商量商量。"

武帝哪里知道，贾充在朝臣中已设好圈套，就等他往里钻呢。

第二天上朝，武帝与大臣议完政事，将杨珧等大臣留下，询问道："众位爱卿，朕有件家事要征求大家的意见，望你们能仗义执言，不必隐讳。太子妃贾南风性妒，手杀宫人，暴虐凶残，朕想将她废黜，打入冷宫，为太子另选贤妃，不知你们意下如何？"

大臣们互相观望一阵，只见杨珧上前，说："陛下，这名义上虽为陛下家庭私事，但关系到朝廷未来的社稷。忌妒乃妇女之本性，贾妃虽有些过分，但她身出名门，善辅太子，办事干练稳妥，是未来太子的帮手。况贾公闾有功于晋室江山，难道陛下忘了么？"

荀勖亦进言道："贾妃年轻，有时难免任性，一时之错不能掩其所有功绩，望陛下不要轻易废弃。"

冯纨接着说："另选太子妃，怕误选其人，莫若多对贾妃进行劝导，年长即好，不也省去诸多麻烦吗。"

武帝见众臣如此说，也就气消了。在内外夹攻之下，终于放弃了废除贾妃的打算。

风波平息后，杨皇后觉得自己有责任和义务对贾妃进行教育。一天，她将贾妃唤入后宫，声色严厉地说："你身为太子妃，不恪守妇道，辅佐太子，反而悍妒暴虐，任性杀戮，作为女人，怎会如此残忍不德？此次念你年幼无知，免你不死，今后要遵守妇德，仁厚贤惠，如若再犯，决不宽恕。"

贾妃默默不语，心中却怨气冲天。她不知杨后为其求情，以为是杨后在皇上面前说自己的坏话，致使自己险些被废。但她毕竟是皇后，自己无可奈何于她，只好表面应付道："请母后放心，儿媳今后一定痛改前非，重新做人。"

然而，她把仇恨深深地埋在内心深处，盼望有朝一日，自己当上皇后，一定要置杨芷于死地。

二、借母势痴傻为储

贾南风在东宫横行霸道，为所欲为，为何太子对此不闻不问，听之任之呢？原来，太子司马衷是个痴傻之人。他不辨是非，对任何事情只有本能的感受，见到贾南风的凶相就有些惧怕，唯贾南风之命是从。但由于异性心理的作用，对贾南风还很宠爱，所以就任她胡作非为。作为西晋开国皇帝，精明强悍的司马炎为何要立一痴傻之人为太子呢？这其中有许多隐情。

司马衷是皇后杨艳所生，排行第二。杨皇后初生一子，取名曰轨，两岁就夭折，次子即司马衷，遂成为长子。司马衷自幼天赋较差，反应迟钝，史曰"顽钝如豕"，说他蠢得如猪，除了吃喝，别的一无所知。再加上生长于深宫，饭来张口，衣来伸手，自理能力非常差。都已七八岁，还不认识几个字。武帝与杨皇后都非常着急，请来天下最好的老师来教他，可他旋学旋忘，丝毫不见长进，只知玩乐。

泰始二年（266年），晋武帝已即位两年，立皇储的问题已提到议程。立哪个儿子为太子呢？

按照封建传统的继承法，立嫡以长，司马衷具备做太子的自然条件，但武帝见司马衷天资太差，怕不能担此重任，有些犹豫不决，所以立嗣之事一直拖延着。

司马衷的母亲杨皇后非常疼爱这个傻儿子，并一心想让他成为皇太子，将来继承皇位。杨皇后名艳，字琼芝，弘农华阴（今河南灵宝）人。父亲杨文宗，是四世三公的赫赫大家族、东汉太尉杨震的后代，杨姓自东汉以来，一直是北方一流大姓。母亲是天水人赵氏，亦出名门。在杨艳幼时，母亲去世，她由舅母抚养，舅母善良仁爱，让别人代乳其子，自己亲自哺养杨艳，待之甚于己出。杨艳渐渐长大后，舅母亦去世，她就由后母段氏抚养。段氏也很仁厚，非常疼爱她。

杨艳自幼聪明伶俐，富有心机，善解人意，加上人长得天生丽质，姿容秀美，娴雅端庄，成为远近闻名的美人。有相士为她相面，说她相骨极贵，后必大富大贵，母仪天下，从此更是芳名远播，求婚之人络绎不绝。

司马昭当时为曹魏大将军，正有取而代之之心，听说杨家有此美女，就替儿子司马炎聘娶过来，做世子妃。杨艳知书达理，贤淑孝顺，深得婆母与宫人的喜欢，司马炎对她也非常宠爱。司马炎篡魏建晋后，她被册封为皇后。

　　杨艳与司马炎共生三男三女，即毗陵悼王司马轨、司马衷、秦献王司马柬和平阳公主、新丰公主、阳平公主。长子司马轨早夭，杨皇后最疼爱司马衷，决心努力争取，使之为皇太子。

　　杨艳被封为皇后，她没有忘记舅父一家的恩德，她恳请武帝敕封舅父舅母，并将另一舅父赵虞一同授官，将表妹赵粲接入宫中。赵粲长得颇有姿色，杨艳有意撮合她与武帝，玉成人美，遂劝武帝纳为嫔嫱，赐号夫人。武帝以为杨后大度，毫不妒忌，深表感激。实际上，杨皇后另有打算，她想让表妹做帮手，扩大宫中势力，立足后宫。

　　现在要说服武帝立司马衷为太子，打消武帝的犹豫心理，杨皇后想，单凭自己的力量恐怕难以达到，遂与表妹赵粲商量。杨皇后试探着问道："妹妹，听说陛下最近考虑立太子问题，你看谁有可能被立呀？"

　　赵粲知道姐姐的心思，顺情说道："当然是衷儿了，他是长子，又是姐姐您的儿子，符合传统继承之法，当然是立他为太子了。"

　　"唉，我看陛下有些不喜欢衷儿，你没看陛下一直徘徊不定吗，可能陛下想另立他人为太子。"杨皇后叹着气说道。

　　赵粲看出杨皇后的忧虑，也知道司马衷天资不慧，皇上有些想法，但必须争取立司马衷为太子，这才能保住她们姐儿俩在宫中的地位，遂说道："姐姐不必担心，衷儿虽不过分机敏，但憨厚纯朴，仁慈孝顺，一副天子之相，只要我们姐儿俩努力，事情会成功的。"

　　杨皇后见赵粲答应帮忙，高兴地拉着赵粲的手说："你真是我的好妹妹，若真能立衷儿为太子，姐姐永远不会忘记妹妹的恩德。"

　　赵粲忙说："姐姐怎能这么说呢，妹妹能有今天，还不多亏姐姐？况立太子之事，不仅是姐姐自己的事，不也是我的事吗？"

　　姐妹俩又商量商量计策，决定共同向武帝发起进攻。

　　十二月的一天，时值隆冬，一个少有的寒冷之夜，大雪纷飞。瞬间，洛阳城便成了冰雕玉琢的世界。在皇宫的暖阁里，酒宴正酣。酒后看美人，别有一番风韵，杨皇后和赵夫人一左一右，坐在武帝身旁，频频举杯敬酒，两人也桃腮带红，微有醉意。武帝更是心情舒畅，快乐无比。他用双手轻轻搂抚着两位美人，一边饮酒，一边欣赏舞女们的轻歌曼舞。杨皇后和赵夫人见武帝如此高兴，觉得时机已到，便互相使个眼色，开始行动了。

赵粲挣开武帝的手，亲自为武帝斟满一杯酒，说道："良宵美景，陛下多饮几杯也无妨，来，陛下，干一杯，祝陛下福寿齐天，万世兴盛。"

杨皇后随即站起来，朱唇轻启，柔声地对武帝说："贱妾也敬陛下一杯，祝陛下多子多孙，江山永固。"

二人甜言蜜语，你一杯，我一杯，一会儿就把武帝灌得心神恍惚、醉眼迷离了，姐妹俩见时机成熟，便转入正题。赵夫人一边搂着武帝的脖子，一边撒娇地说："陛下，听说您要立太子了，您想立谁为太子呀？"

武帝醉眼蒙眬地说："我还没想好呢。美人儿，你看哪个儿子比较合适啊？"

"陛下，以贱妾之见，立长子衷儿最合适。他身居为长，又是皇后姐姐所生，合乎礼制祖规，不是很好吗？"

武帝听罢，微微叹口气，说道："唉，我也想立衷儿为太子，可我又觉得他有些暗弱不慧，恐其不堪承继大统，不知如何是好。爱妻，你说呢？"

说罢，双眼多情地望着皇后，盼望皇后给他出个主意。这正中杨皇后的下怀，她微微一笑，甜甜地说道："立太子是国事，也是家事。衷儿是我的亲生骨肉，按理我不该多言。但贱妾以为，自古立嗣立嫡以长不以贤，千年古训，不应改变。为此，贱妾盼望陛下能按礼制去办，立衷儿为嗣。"

赵夫人在一旁帮忙说："都说衷儿不慧，其实则不然，只不过是少言寡语、表达能力不强罢了，他年纪尚幼，童心未化，顽皮贪玩，情理之中的事。若给他找些忠心老诚的大臣进行辅佐教化，一定能大器晚成，何愁不能承继大统呢？陛下您已登基两载，尚未立君储，这关系到朝廷稳定的大事，望陛下速作决定，以稳国基。"

一妻一妾，一边给武帝灌着迷魂汤，一边向武帝推销着她们的主意，武帝见爱妻美妾如此之说，英雄难过美人关，就答应道："好吧，既然爱妻说衷儿适合，那么朕就立衷儿为皇储。"

二人一见武帝决定立司马衷为太子，高兴得像小鸟一样，欢呼雀跃，重新斟酒庆祝，一直欢庆到深夜，才罢宴休息。

泰始三年（267年）正月，武帝下诏立司马衷为太子，年九岁。普天大庆，内外官僚见立司马衷为太子，虽其愚蠢，但为嫡长，名正言顺，也就无从指责，大家依例称贺，乐得做个好好先生，静观成败罢了。

泰始八年（272年），武帝听杨皇后的意见，纳贾充之女贾南风为太子妃，东宫之内，痴傻之人配丑妇，联合成双，也算是天赐良缘、无独有偶了。以痴傻之人为储君，以悍妇御后宫，为西晋王朝埋下了灭亡的祸根。

杨皇后凭借武帝之宠，坐镇中宫，她是太子司马衷的忠实保护神，时刻捍卫着儿子的太子地位。

杨皇后宠冠后宫，三千宠爱集于一身。后宫的美人不敢争艳，常"败衣瘁貌以避之"，苟且偷生。六宫政令，悉由后出，武帝从未过问。从武帝即位，至泰始八年（272年），后宫中除旧有宫妾外，只选一个左家女，拜为修仪。

左家女名芬，临淄（今山东淄博市）人，是当时著名文学家、秘书郎左思的妹妹。左思因作《三都赋》而名噪天下，三赋脱稿，都人争抄，洛阳为之纸贵。其妹左芬亦蕙质兰心，才华横溢，下笔千言，是位有名的女才子。武帝慕其才华，聘入后宫，可惜她才高八斗，相貌却极为平常，武帝虽时常召幸，却终嫌不足。

天下承平已久，武帝想广选绝色女子，充补后宫，遂下诏选名门淑女，令公卿以下子女，一律应选，如有隐匿不报，以不敬论。那些豪门贵族，哪里敢怠慢，诏令一下，便将亲生女儿盛饰艳妆，送入皇宫。

选美那天，皇宫内热闹非凡，盛况空前，一行行花轿，花团锦簇，浩浩荡荡地驶入皇宫。在大殿门前，一排排如花似玉的大家闺秀等候着皇帝的临选。武帝带着杨皇后，轩驾来到殿门前，大选开始了。

虽然是为武帝选美，但必须由杨皇后把关，杨皇后表面上积极为武帝选美，内心里却充满了妒意，只要有她在，她决不允许别的女人来与她争宠。所以，见到相貌出众者，她就说此女妖冶不经，不能入选。她选美的标准是身材高大，端庄稳重，面貌洁白。武帝无可奈何，只好由她选择。

正当二人挑选左也不行、右也不行时，一位貌似天仙的窈窕淑女闯入了武帝的眼帘，但见那女子长得：凤梢侵鬓，层波细剪明眸，蝉翼垂肩，腻粉圆搓素颈。芙蓉面，似一片美玉笼霞；蕙兰心，如数朵寒梅映雪。立若海棠着雨，行同杨柳迎风。

这位仙女勾走了武帝的魂，他直勾勾地盯着姑娘看着，呆呆地站在那里。杨皇后心里这个气呀，连喊两声道："陛下，陛下，向前走啊！"

武帝好不容易收回神来，对杨皇后说："爱妻，你看，那位姑娘长得太美了，那是谁家的女儿？"

杨皇后语气轻淡地说："那是卞家之女。唉，卞家三世为曹魏后族，今若选此女入宫，怎能屈以卑位？于理不合，于情不忍，陛下还是忍痛割爱吧。"

武帝听出皇后的意图，不忍让皇后伤心，只好罢了。

这时又进来一位高个姑娘，乃镇军大将军胡奋之女，名胡芳。也许是遗传的缘故，她身上除有女性的柔弱婀娜之外，还有些阳刚之气。在如云美女中，另有一番英姿，令人为之一爽。武帝选中，杨皇后也同意了，遂令宫女用绛纱系臂，领入后宫。胡芳一见自己被选中，从此再也难以见到父亲，悲从心来，失声痛哭起来。左右宫人急忙摇手道："别哭！别哭！这不是好事吗，应高兴才对。千万别哭了，要是让陛下听到，那就麻烦了。"

胡芳没有停止哭泣，反而高声说道："我死都不怕，还怕什么陛下，让他听到好了。"

众人忙把她拉入后宫。武帝见此女如此刚烈，从内心就喜欢上她。

当天又选了司徒李胤女、廷尉诸葛冲女、太仆臧权女、侍中冯荪女等数十人，充入后宫。当天夜里，武帝便来到胡芳房间。一夜春风，恩周四体，次日清晨，武帝便传旨封胡芳为贵嫔，备受宠爱。

泰始十年（274 年），杨皇后身染重病，卧床不起。玉容一天天地消损，憔悴不堪，一朵美丽之花就这样枯萎凋谢了。初秋时节，凉风乍起，杨皇后的病也一天天加重。武帝对皇后恩宠不绝，每天都来看她，为她请天下名医治病，有时亲自尝药。杨皇后知道自己恐怕不行了，她躺在病床上想着后事。人间的荣华与富贵自己都享受到了，不枉来到人世一回，可唯一无法放心的是太子司马衷，他天资不聪，有多少人对他不满，想废他另立太子。这些年有自己的保护，才保住太子之位，如今自己要先走了，何人能保护他呢？她思前想后，决定求皇上将自己叔父杨骏的女儿杨芷召入后宫，代替自己来保护太子。

七月的一天，秋雨绵绵，淅淅沥沥的小雨和着秋风，不停地下着，整个世界仿佛在抽泣。在皇宫光明殿里，杨皇后躺在病床上奄奄一息，宫女和嫔妃们都在默默地流着泪，充满悲哀的气氛。武帝坐在床边，拉着杨皇后的手，泪眼蒙眬地看着。也许是回光返照吧，杨皇后忽然睁开眼睛，挣扎着起来，把头枕在武帝的膝上，握着武帝的手，悲泣地说："陛下，妾身恐怕再也不能服侍您了。这些年来，妾身是多么幸福、多么快乐啊！得宠多年，情深义重，女子最大的荣幸，莫过于此。可惜，现在妾身要先走了，不能陪陛下了，陛下应保重龙体，不必悲伤。只是妾身临走之前，有一事相求，不知陛下能否应允？"

武帝已是泪流满面，他一面用手轻轻抚摸着皇后的脸，一面哽咽着说："爱妻，你有何话尽管说来，朕一定满足你的要求。"

杨皇后多情地望着武帝，轻声说道："妾身唯一的遗憾就是不能陪伴陛下走完人生的旅程，中途离您而去，把寂寞与孤独留给您。为了弥补这一遗憾，妾身叔父杨骏有一女儿，名芷，字李兰，小名叫男胤，年方十八，德性婉顺，貌美人乖，愿陛下选入六宫，代妾侍奉陛下，妾身死亦瞑目了。"

武帝听罢，知道杨皇后的意图，是杨皇后看自己宠幸胡夫人，怕她死后扶胡夫人为正，危及太子，故此以妹来代替。但夫妻恩爱一场，临终的心愿怎能违背？遂道："爱妻，你就放心吧，我会照你的意见办的。"

杨皇后见武帝答应了自己的请求，脸上露出笑容，嘴里喃喃说道："陛下多保重，要照顾好太子，妾身走了。"

说完，含笑闭上了眼睛，时年三十七岁。

杨皇后去了，她死在明光殿，死在武帝的膝上，赢得皇帝的眼泪，这在中国帝制的历史上也是少有的，真是死得其所。她带着微笑和惬意离开了人间，却把遗憾留给了历史。她出于私心，只重儿女情长，而不顾国家与朝廷的命运，利用武帝的宠爱，将智能低弱的儿子推向帝位；她不问黑白，只重门第与贿赂，将凶狠权诈的贾南风纳入东宫，为未来埋下了祸根，为未来埋葬西晋王朝挖下第一锹土。

杨皇后死后，武帝颁发诏书，对杨皇后大为称颂，并谥授其母赵氏为县君、继母段氏为乡君。左贵嫔为表示自己的哀思，表现自己的才华，写了一篇长哀诔，追溯皇后的恩德。写得悲悲戚戚，荡气回肠，武帝看后，又不禁洒下哀伤的眼泪。

三、保储君力压众议

光阴似箭，斗转星移，随着时光的流逝，太子司马衷也渐渐长大成人，但他仍顽愚不化，憨傻如旧，不见任何长进，不时做出一些蠢事，引起一些大臣的议论和忧虑。

一天，太子在一班太监和宫女的陪护下，去华林园游玩。

这座华林园乃东汉时所建，原名芳林园，三国魏齐王曹芳正始初年，因避讳改名为华林园，故址在今洛阳市东洛阳故城内，有瑶华宫、景阳山、天渊池等名胜，后来因战乱被毁。

司马氏继魏建晋，成为华林园的主人，帝王后妃们经常到园里游玩，赏花设宴，寻常百姓是不能进入的。

时值初夏，园林内百花盛开，争奇斗妍，苍松翠柏，阴天翳日，奇山异石，层峦叠嶂。廊转亭回，曲径斜幽，仿佛人间仙境，犹为世外桃源。蜜蜂、蝴蝶在花间穿梭，黄鹂、百灵在林间婉转歌唱，令人心旷神怡。

司马衷一到这里，高兴得如同小鸟归林，又蹦又跳，东跑跑，西逛逛，比在书房里死背书本强多了。他无忧无虑地在园中玩耍着，太监和宫女们在后面小心翼翼地跟着，生怕他有点闪失。

他们来到一片池塘旁边，池塘内，五颜六色的荷花竞相开放，宛如仙子，亭亭玉立。鱼儿在清澈的水中游来游去，嬉戏玩耍。太子忘情地欣赏着。忽然传来"呱、呱、呱"的叫声，司马衷听了，觉得很奇怪，从来没听过这种叫声，就问侍从道："这是什么叫声？"

侍从回答说："是蛤蟆叫。"

"蛤蟆？什么是蛤蟆？"司马衷追问道。

侍从说："蛤蟆是生活在水边、四条腿、会叫的一种小动物。"

司马衷想了想，嘴里嘀咕着："小动物，小动物。"然后一本正经地问："这些蛤蟆是官蛤蟆，还是私蛤蟆？"

众人一听，都感到莫名其妙，太子怎会提出如此稀奇古怪的问题呢？大家你看看我，我看看你，实在跟不上太子如此跳跃性的思维，不知如何回答是好。

看来，要想回答好这个问题，确实有一定难度，既要分清"官"和"私"，又要浅显易懂，因为太子懂得的实在太少，说深了，他会听不懂。

这时，一个非常机灵的太监走到司马衷面前，说："回禀太子殿下，在官地里的蛤蟆是官蛤蟆，在私地里的蛤蟆是私蛤蟆。这华林园是官家的，所以，这里的蛤蟆应该是官蛤蟆。"

这位太监想，太子如此提问，一定是近日上朝，听大臣们讨论"官"与"私"的问题了，要不怎么提出如此奇怪的问题呢？所以灵机一动，就把"官蛤蟆"与"私蛤蟆"给区别开了。这回答确实很巧妙，但不完全对。这华林园虽说是官家的，实质上应是司马氏私家的，所以蛤蟆应是私蛤蟆。

司马衷听太监如此回答，哈哈大笑，然后一本正经地说："太好了。既然是官蛤蟆，就应该给它们发薪俸，去，先给它们发些粮米。"

众人一听，都忍不住地笑了，没想到太子如此"官私分明"。既然太子有令，侍从们只好马上去办，打开官仓，给那些"官蛤蟆"发粮米。

此事在宫里、宫外传开了，真是有人欢喜有人忧。那些谄媚奸佞之徒想到，未来皇帝如此痴傻，会有机可乘，遂拍马说，这是太子仁德，施爱与万物，是"官私分明"，那些正直善良的臣子却为司马家的天下感到忧愁，以一个如此愚蠢之人为帝王，朝廷能长久吗？他们开始想方设法，让武帝另立储君。

杨皇后在时，她是太子的保护神，无人敢对太子说些什么，皇后一死，大臣们开始提出非议。

武帝自杨皇后死，有过一段伤感的日子，不久便淡忘了，也感到了一种解脱，获得了自由，那就是可以召幸后宫任何一个妃嫔媵嫱，无人阻拦。从此后，武帝夜夜迎新人，宫中数百个娇娥遍临雨露。几次之后，武帝觉得毫无快意，如同嚼蜡。遂于咸宁元年（275 年）下诏，暂时禁断天下婚嫁，令中官到各州郡为他觅寻娇娃。无论何家女子，一经中官相中，只好拜别爹娘，哭哭啼啼，硬性纳入宫中。这次共纳天下五千多名娇娃入宫。有了新欢，武帝便朝朝搂艳，夜夜采芳，把那全副的龙马精神，都投向娇娃身上。人的精力毕竟有限，天子是人不是神，一年下来，由于纵欲过度，原来身强体壮的武帝搞得形容憔悴，筋骨衰颓。到了咸宁二年（276 年）正月，竟病倒龙床，无法上朝，接连数日不能起床，对外只说偶伤风寒。

武帝病倒，朝野上下一片汹汹。有的大臣以为武帝难愈，见太子司马衷愚顽呆傻，便提出立武帝的弟弟齐王攸为储君。

一天，河南尹夏侯和退朝时，将贾充拉到一旁，小声对贾充说："贾公，齐王攸和太子都是您的女婿，亲疏相等，立谁为储君，对于您来说都一样，何不立位贤德聪慧的为储君呢？现在正是好时机，为了朝廷着想，您应当机立断，不要错过好时机啊。"

贾充笑了笑，淡淡地说："立储君乃陛下私家之事，臣子无权干涉。你我还是别操这份心为好。"

说罢，便急急忙忙离去。

见有人提出要废太子，另立齐王攸，贾充感到事情不妙。虽说二人都是自己的女婿，但齐王攸因自己拒绝接回李氏之事而使女儿抑郁而死，早已心怀不满，况翁婿二人素来性情不合，很少往来。而如今太子虽说痴傻，但东宫之内完全由自己的女儿贾南风做主，这对自己非常有利，所以必须阻止这件事。他马上找来荀勖与冯纨，让他们出面，向皇上禀明此事。

武帝得到良医的治疗，病渐渐地好了，没几日便可上朝了。荀勖、冯纨二人善于阿谀奉承，素为齐王攸所恶，水火不容，荀、冯二人决定乘此时机，除掉司马攸，解除后顾之忧。

一天退朝，荀勖、冯纨乘机留下，荀勖对武帝说："陛下洪福齐天，龙体康复，可喜可贺。但是，今日为陛下贺，他日尚为陛下忧啊。"武帝听荀勖话中有话，便问："爱卿，朕有何事可忧？"

荀勖吞吞吐吐地说："陛下前立太子，是按礼制所立，恐怕将来要起事端，所以可忧。"

武帝见事出有因，便问道："要发生什么事端？"

荀勖见自己的话奏效，便添枝加叶地说："前些日子陛下不愉，以夏侯和为首的一些大臣要迎立齐王攸为储君。现在齐王攸在朝廷中很有威信，内外群僚都归心于他。陛下试想，陛下万岁千秋之后，太子还能得立吗？"

武帝觉得事态严重，便沉吟不语。冯纨一看武帝心动，便乘机说："陛下，臣有一策，不知当讲不当讲。"

武帝说："冯爱卿，有话但讲无妨。"

冯纨说："陛下，先封诸侯之国，而各诸侯至今仍在京都，莫若使齐王等归藩，这样便免除后患。"武帝听罢，觉得此计甚好，便点头采纳了。

齐王攸是武帝司马炎的亲弟弟，均为王太后所生。攸字大猷，童年时便饱览经籍，雅善属文，才名籍籍，为世人之楷模，才望高于武帝。

因司马师无子，司马昭遂将司马攸过继给哥哥司马师为子，司马昭承继兄长司马师的叔位，曾慨叹说："天下是我兄的天下，我不过因兄成事，等我百年之后，我应把天下归还给我兄的继子司马攸，这样，我才能心安。"

然而，事非如此。在贾充等人的劝说下，司马昭并没有把王位传给司马攸，而是传给自己的长子司马炎。按理说，如今皇帝的宝座应是齐王攸的，司马昭出于私心，使司马炎成了皇帝。武帝司马炎即位后，封司马攸为齐王。

当初，司马昭比较宠爱司马攸，每次见到攸，就手抚王座，呼攸的小名说："这王座本是桃符的座啊！"

司马昭病重，深虑攸将来不安分。临终之前，拿着司马攸的手交给武帝说："你们兄弟要相亲相爱，千万不能猜忌残杀，这样，我死也就瞑目了。"

二人哭泣着，答应了父亲的请求。

在他们的母亲王太后临崩前，亦担心将来他们兄弟不睦，流着泪说："娘不行了，可临走之前最令我放心不下的是你们兄弟俩，弟弟桃符性子急躁，而你做哥哥的心胸也不宽宏，恐怕你们兄弟俩不能相容。现在我把你弟弟交给你，你要好好保护他，千万不要骨肉相残啊！"

武帝答应母亲道："娘您放心，我会照顾好弟弟的。"

司马攸也答应道："娘，您就放心吧，我会听兄长的话，尽心尽力地辅佐兄长管好大晋江山的。"

王太后听罢，满意地离开了人间。

西晋初创，司马攸总统军事，抚宁内外，甚有功绩。他才华横溢，善于政事，深得人心，威望日益增高。武帝也感到了威胁，所以决定采纳荀勖、冯统的意见，命攸为大司马，都督青州军事，到封地齐国就任。

诏令一下，朝野哗然，尚书左仆射王浑首先反对说："齐王攸是陛下的亲兄弟，应留京都参理朝政，不应出就外藩。"

光禄大夫李熹，中护军羊琇，侍中王济、甄德等，都上书劝谏，劝武帝收回成命，留齐王于京都。武帝决意除去齐王攸，所以拒不接受谏言。

王济、甄德是武帝姻亲，王济之妻常山公主，乃武帝之女，甄德之妻乃武帝之妹京兆长公主，两人因谏阻无效，决定走夫人外交的路线，派两位公主进宫求情。

武帝正在为大臣们替齐王攸求情而恼怒，忽然见常山公主和京兆长公主入宫，知她们的来意，心里更加气愤。只见两位公主走到武帝面前，双双跪下。常山公主说："陛下，女儿向您求个情，叔父德高才重，您就留在身边，替您操劳国事，不是很好吗？为何非让他就藩呢？"

京兆长公主亦言："陛下，您不要听信谗言。齐王攸一心辅佐朝政，绝无非分之想。我们乃亲骨肉，可不能自相残杀呀。"

武帝听罢，心里那个气呀，满脸怒容道："你们这些妇道之人，怎能知道国事呢？不必在此纠缠，赶快回府去！"

两位公主见武帝不答应，跪在地上施起眼泪战术，武帝不为所动，气得拂袖而去。两位公主无奈，只好回府了。

武帝气恼地来到别殿，正值侍中王戎值日，便对王戎说："都是亲兄弟，今出攸为齐王，乃朕家私事，甄德、王济不知轻重，横加干涉，竟遣公主入宫，向朕哭泣，朕又没死，何劳她们哭泣？齐王也没死，更何劳她们哭泣？真多此一举。"

众朝臣又纷纷上书，恳请武帝留下齐王，武帝拒不纳谏，祭酒曹志慨叹道："亲莫过齐王，才莫过齐王，陛下不留齐王在京治理朝政，反要远徙海隅，晋室恐怕不能久盛了。"

武帝对此大为恼怒，黜免了一些执意上书的大臣，从此无人敢言了。

齐王攸也不愿到边远的藩镇去，便上表自陈，被武帝驳回。攸见荀勖、冯统构谗自己，而武帝心里存私，偏听偏信，满腔孤愤，无处申诉，整日郁郁寡欢，竟身染重病。武帝听说齐王攸患病，觉得可能是不愿到藩而装病，遂派御医去诊视。

御医知道武帝的意图，到齐王府装模作样地看了看，回禀武帝说："启禀陛下，齐王面色红润，容光焕发，举止如旧，无甚疾病。"

武帝心里充满怨恨，遂接连下诏，催促齐王攸上路。齐王攸见武帝如此残忍无情，便收整行装，准备上路。临行前，上朝与武帝辞行。武帝见齐王攸穿戴整齐，举止洒脱，谈笑如旧，更觉得他无病，便准其第二天起程。

当天晚上，齐王攸便吐血而死。一个宗室贤王，朝廷的栋梁，就这样含冤被逼而死，年仅三十六岁。

噩耗传入宫中，武帝觉得意外，但毕竟骨肉一场，免不了恸哭一番。冯统在旁边劝武帝道："陛下，请保重龙体，节哀顺变。唉，人死不应妄评，但齐王名过其实，妄欺天下，使天下人归心于他。现在自己因病薨陨，除去朝廷未来之祸患，实乃社稷之福也，陛下何必如此悲哀呢？"

武帝听罢，觉得言之有理，便收泪而止。

武帝为保住自己傻儿子未来的皇位，不惜听信小人之言，逼死自己的亲兄弟。他忘记了父母的遗言，忘记了骨肉亲情，自己为晋朝的灭亡再掘一锹土。如果武帝不听信荀勖、冯紞之言，重用齐王，效仿周公，辅佐太子，或许西晋历史会是另一番景象，或许不会出现贾后乱政，或许不会演出骨肉残杀、八王之乱的惨剧，西晋的寿命或许不会那么短暂。但历史不容假设，诸多偶然因素，合奏出西晋王朝的灭亡曲，这就是历史，不容更改与否认的历史。

武帝为保住傻儿子的帝位，逼死亲弟弟，但一些正直忠诚的大臣，仍以不同方式，或明或暗地请求武帝，另立太子。司空卫瓘、中书令和峤就是其中的两位。

卫瓘（220—291年），字伯玉，河东安邑（今山西夏县）人，仕曹魏，为侍中，廷尉卿。曾以智平定钟会和邓艾的叛乱。归晋，拜尚书令，迁司空。卫瓘为政清廉，善于政事，御下以法。他博学多才，尤善词讼，深得朝野爱戴。卫瓘见太子顽愚不化，恐怕大晋的江山社稷毁于他手，便思谋密谏武帝，废黜太子，另立新人。他几次入见武帝，每次都欲言又止，觉得时机不甚成熟，始终未敢直陈其言。

时值武帝游幸凌云台，在凌云台大摆酒筵，宴请文武大臣。卫瓘想，今天可是进谏的好机会。宴席上，热闹非凡，大臣们在一起谈笑风生，有的讲典故，有的议朝事，有的吟诗作赋。武帝也非常高兴，坐在凌云台上，一边欣赏着美景，一边喝着酒，和大臣们谈着古，论着今，真是一件快事。

酒过三巡，菜过五味，大臣们个个都满面红光，兴高采烈。卫瓘看时机差不多了，便假装醉眼蒙眬，东倒西歪地走到武帝面前，"扑通"一声，跪在武帝座前，眼睛望着武帝说："陛下，臣有话要禀告陛下。"

大臣们都纷纷静下来，想听听卫司空对皇上说什么，大家不约而同地放下酒杯，静静地望着武帝。武帝笑着说："卫爱卿，你想要说什么，尽管直言说来。"

卫瓘欲言又止，吞吞吐吐地说："陛下，太，太……"

武帝一听，惊问道："卫爱卿，太什么？"

卫瓘将要说的话又咽了回去，他惋惜地用手抚摸着武帝的座位，叹口气说："唉，此座可惜呀！"

武帝一下子明白了卫瓘的用意，但又不想让卫瓘讲出来，就顺水推舟地说："卫司空公，你真是喝醉了。"

卫瓘见武帝不想让自己说下去，也借此台阶下台，便说："陛下，臣真的醉了，冒犯了，望陛下恕罪。"

说罢，便装作跌跌撞撞的样子退下了。

众臣听罢，面面相觑，无言以对，便亦草草了事，散了酒席。

武帝不愿接受太子痴傻这个事实，想方设法堵大臣们的嘴，然仍有大臣为国家社稷着想，向武帝敲响警钟。武帝以醉酒为名，不纳卫瓘之谏，中书令和峤又再提此事。

和峤，字长舆，汝南西平（今属河南）人。曾为颍川太守，为政清简，甚得百姓欢心，盛名闻于时世。太傅从事中郎庾敳说："和峤森森如千丈松，虽有疙节，但用于建造大厦，有栋梁之用。"

和峤为人耿直，不与贾充、荀勖为伍。因平吴有功，迁为侍中，深得武帝器重。他见太子痴傻低能，难以管理朝政，大晋江山将毁于一旦，便决定向武帝劝谏。

一次，和峤、荀颛、荀勖与武帝议事，事毕，几人便与武帝闲谈，和峤想乘机劝谏，便委婉地对武帝说："陛下，臣有句话不知当讲不当讲？"

武帝说："这并无杂人，有话但讲无妨。"

和峤说："最近朝野关于太子的议论很多，臣子也有些忧虑，皇太子憨厚诚实，确有醇古之风。但是，时事变迁，如今的世道险恶多诈，而太子太诚实纯朴，恐怕难以应付，难以管好陛下家事。"

武帝听罢，表情有些尴尬，他知道和峤言外之意。什么"诚实憨厚"，不便直说"憨呆痴傻"罢了。他沉默片刻，对和峤说："太子过去是有些不机敏，那是由于年纪太小、贪玩顽皮、没有开化的缘故。现与从前大不相同，近日太子入朝，言谈举止有所长进。和爱卿，你如若不信，不妨与侍中荀颛一起到东宫去看看。"

和峤见武帝如此说，便站起身来，说："陛下，那么臣就遵命到东宫看望太子了。"说罢，与荀颛一起到东宫去了。

和峤和荀颛到东宫时，太子正在和一群宫女、太监们追赶玩耍，和峤和荀颛走到近前，拱手施礼道："老臣拜见太子殿下。"

太子正玩在兴头上，见和峤、荀颛走来打扰，满脸不高兴地说："快走开，别捣乱，我还没玩够呢。"

和峤和荀颛讨了一脸没趣，太子又追赶一个宫女去了，二人只好灰溜溜地出来了。

武帝见二人回来，就微笑着问荀颛："荀爱卿，你看太子如何？是否大有长进？"

荀颛点头哈腰，满脸堆笑地说："回陛下，正如陛下所言，太子现在德更进茂，明识弘雅，的确不同从前。"

和峤听荀颛如此说，心里很不高兴，刚才看到太子只知玩耍，丝毫不懂礼节章法，一副呆傻之相，怎么能这样说呢？他正在想着，武帝问道："和爱卿，你看如何呢？"

和峤见武帝问到自己，决定据实直说，便道："回禀陛下，老臣不敢隐瞒，臣以为太子资质如初，未见有何变化。"

武帝听完，龙颜不悦。他知道和峤所说的是实话，但和峤如此不给面子，武帝非常不高兴。和峤见武帝龙颜色变，便急忙告辞退下。

这件事传入宫中，传到太子妃贾南风的耳朵里，贾南风对和峤充满怨恨之情，等待有朝一日，进行报复。

太子司马衷即位后，拜和峤为太子少傅，加散骑常侍、光禄大夫。已为皇后的贾南风还没有忘记这件事。

　　一次，和峤随惠帝朝见西宫，贾南风对惠帝说："皇上，当年和峤向先帝说你不适合做太子，不能管理好司马氏的家事。现陛下已贵为天子，国泰民安，陛下为何不问问和峤？"

　　惠帝司马衷听从贾后之意，便问和峤说："和爱卿，先帝在时，听说你曾对先帝说朕不能君临四海，不能管理好司马氏家事，你看朕现在如何？"

　　和峤见皇帝翻起陈年旧账，从容地说："陛下，臣当年侍奉先帝时，确实说过那些话，如果所说的话不能实现，那将是国家的福分，臣怎敢抵赖，推脱罪责呢？"

　　和峤所说并没错，和峤死后没有几年，司马衷就管不了司马氏的家事，而内战连绵、骨肉相残了。

　　武帝以帝王之尊，压制大臣，不断抵挡来自各方面的压力，坚决要司马衷继承皇位。然而，这终归不是上策。现在大臣们表面上不敢再说什么，心中却有想法。太子一点儿威信都树立不起来，等自己百年之后，谁会尊重他？谁又会真心实意地辅佐他、听他的号令呢？那样，天下将会是怎样一个局面呢？武帝思前想后，终于想出一个为太子树立威信、表明司马衷确实有进步的办法。

　　其实，太子究竟如何，武帝心里也没底，一是父子的亲情，武帝觉得太子大大不同以往，基本上还可以。二是太子这些年在东宫大臣的教诲下，随年岁增长，多少有些改变。三是父子之间很少交往，又不生活在一起，武帝对太子根本不了解。大臣们对太子的议论武帝觉得很难办，只好想办法试试，看看太子究竟怎样，也好堵住大臣们的嘴。

　　一天，武帝在大殿上，设宴款待卫瓘等东宫僚属，太子身边大小官员都到大殿赴宴，东宫内只留太子、太子妃及太监、奴婢等。宴会上，武帝说："近日，大臣中有些人对太子有些微词，今天朕将东宫僚属都云集于此，朕想出个题目考考太子，看看太子究竟如何。"

　　大臣们互相观望，无人敢言。大家都不知道皇帝的葫芦里卖的究竟是什么药。武帝看看大臣们，说："来人啊，将这几个奏折送给太子，令太子迅速判决。"

　　武帝将尚书上奏的几个奏折封好，遣内侍送到东宫。

太子正在书房看书，见一个太监急忙进来，太子说："你来得正好，我正觉得无聊，想找个人玩玩。今天也不知道为什么，这里的人怎么都不见了？"

太监对太子说："太子，大事不好了。圣上把这里的僚属都召集到大殿上赴宴去了，并给殿下送来几个奏折，让殿下您迅速判决。"

"什么，奏折？快拿来看看。"

太子打开奏折一看，急得汗都流下来。他大字不识几个，哪里能看懂什么奏折，喊道："来人啊，快来人！"

太监、宫女们不知道太子发生了什么事，听到喊声，纷纷跑来。太子见跑来的太监、宫女，说："你们都来干什么？我想叫那些大臣。"

一个太监说："殿下，大臣都去赴宴了。"

太子急得把这件事忘了，现在可如何是好？他问太监、宫女们："你们可有人能裁答奏折？若能裁答，定有重赏。"

这些太监、宫女面面相觑，无人回答。这些太监、宫女自幼长在深宫，从未读过书，而且如同井底之蛙，只见过头顶上这点点蓝天，怎么裁答奏折呢？

这时，一个机灵的小太监说："殿下，何不拿奏折问问贾妃去呢？"

经小太监一提醒，太子才想起自己的床头母夜叉，他急急忙忙地向贾妃住处奔去。

贾妃贾南风正在和宫女们聊天，见太子满脸是汗，惊慌失措地跑进来，忙站起身问道："殿下，何事这等慌张？"

太子气喘吁吁地说："娘子，大事不好，圣上给我送来几个奏折，要我马上批复，你看如何是好？"

贾妃一听，觉得事态严重，这明明是皇上考太子殿下，如若答复不好，将关系到太子即位问题。她看着奏折，也不知该如何是好。自己虽然读过好几年诗书，略通些文墨，但答批奏折，实在力不从心，而那些能为太子代笔的东宫大臣又都不在，怎么办？她急得如热锅上的蚂蚁，在地上不停地踱来踱去。

忽然，她问进来送奏折的太监："今日圣上宴请的都是哪些大臣？"

太监说："都是东宫的僚属，没有别的大臣。"

贾妃脸露笑容，说道："这就好办了。"

她唤来贴身侍婢，把奏折交给她，说："快，你赶紧走小门，把奏折送到家父手上，让他老人家快找外朝大臣代为答复。"

侍婢一路小跑地走了，贾南风和太子在焦急地等待着。大约半个时辰，侍婢满头大汗地跑回来，将已答复好的稿子交给贾妃。贾妃恐忙中出错，露了马脚，便让给事张泓过目一遍。张泓有些学问，他草草地看了一遍，对贾妃说："娘娘，陛下知道太子读书不好，这份答诏旁征博引，古义繁多，陛下一定能看出是请旁人代答的。若圣上恼怒，查究下来，一旦水落石出，不仅代答之人受到处罚，恐怕太子的宝位也难保啊！"

贾妃闻言大惊，忙道："张公公，这将如何是好？"

张泓说："不如不用这份答复，另外再写一篇，不要用华丽文辞，只要就事论事，简单写出处理意见就行，这样，就不会引起圣上的怀疑。"

贾妃忙问："张公公，你看何人能为太子代答？"

张泓说："奴才不才，愿为太子效力。"

贾妃转惊为喜，含笑对张泓说："那就烦请公公代劳，要好好答复，他日一定保你荣华富贵。"

张泓草草地为太子代答一遍，对太子说："殿下，烦请您抄述一遍，这样就天衣无缝了。"

太子依样画葫芦，勉勉强强地将答复抄完，张泓又看了一遍，觉得没有什么漏洞，便交给内侍，送给武帝。

武帝和大臣们一边喝酒，一边等待太子批复奏折。时间一分一秒地过去了，酒已喝得差不多了，太子的批文还没送回，武帝有些焦急，不停地向东宫方向张望。这时，送奏折的内侍手拿奏折返回，递给武帝。武帝打开批文，见太子所批奏折虽文辞不华丽，但道理讲得还算清楚，语句通畅，条理也比较清晰，武帝那颗悬起的心放下，脸上露出了笑容。武帝看后，把奏折递给卫瓘，说："卫爱卿，你看看太子自己批的奏折，再提提意见。"

卫瓘接过奏折，草草地看了几行，他知道武帝的意图，也明白这奏折绝非太子所批，他身为太子少傅，太子究竟什么样，他心里很清楚，太子是绝对写不出这样的批文的。既然圣上不愿接受这个事实，自己又何必非要揭露事情的真相呢？

想到这里，卫瓘离座，跪在武帝面前，谢罪道："陛下圣明，臣有眼不识泰山，信口雌黄，望陛下恕罪。"

武帝见卫瓘承认错误，给那些大臣们做了表率，心里很满意，用手搀起卫瓘，说道："爱卿，快请起，忠于朕而敢于谏言，何罪之有？"

卫瓘慢慢起来，退下了。

大臣们见此，知道卫瓘有毁言于太子。一些谄媚阿谀之徒纷纷盛赞武帝圣明，不受蒙蔽，不纳谗言，说得武帝心花怒放，非常高兴，从此后，对太子更是放心了。

这件事传到贾充的耳朵里，他素恨卫瓘，见卫瓘竟敢毁言太子，便将此事派人告诉女儿贾南风。他告诉贾妃说："卫瓘这个老奴才，差点儿坏了你的大事，今后要小心提防。"

贾妃知道这件事是由卫瓘引起的，便在她那狭隘的心灵之上又播下了一颗仇恨的种子，她不停地设计报复。但武帝毕竟还算贤明之主，他知道卫瓘忠诚，善于直言，故虽有过错，也加以重用。拜卫瓘为司空，遇有军国大事，就召卫瓘商量。贾妃见此，一时无法出手，只好暂时容忍过去，等有机会，一定除掉卫瓘。

第三章

骄奢淫逸留遗恨

暗度陈仓改遗诏

一、奢侈成风朝纲坏

西晋王朝是个短命王朝，从建立到灭亡只有五十三年，而动乱竟达二十七年。继东汉末年至三国时期长时期动乱之后的统一与和平只是昙花一现，很快便战火又起。西晋末期的动乱与灭亡与贾后干政有着直接的关系，但不应将所有的罪责都归在贾后的身上，这是不公平的，也是不正确的。历史的旋律是诸多和弦弹奏而成，贾后干政只是和弦中的一种，而早在武帝时，就已开始奏响动乱与灭亡的音律。尤其是平定东吴之后，西晋政权内部开始走向堕落和腐败，上至皇帝，下到臣民，都在为西晋王朝的灭亡挖掘着坟墓。

武帝平吴后，结束了东汉末年以来九十多年的三国分立，消除了相互混战的"战国之苦"，出现了四海平一、天下康宁的局面，史称"太康盛世"。当时流行着一种名为《晋世宁》的歌舞，人们手捧杯盘，载歌载舞，歌词唱道："晋世宁，舞杯盘。天下无事，赋税平均，人咸安其业而乐事。……天下书同文，车同轨，牛马被野，余粮委亩……"描写着太平盛世之下，百姓安居乐业，国泰民安的景象。

然而，在歌舞升平的掩饰之下，以司马氏为代表的当权豪贵日益腐化，他们贪墨成风，豪侈成性，穷奢极欲，荒淫无耻。

作为一国之君的司马炎，天下未统一之前，还能够励精图治，恭俭持家，清心寡欲。平吴之后，政权稳定，天下太平，可以高枕无忧了，便开始卖官鬻爵，贪钱爱财起来。

太康三年（282年）元旦，武帝率文武百官到南郊祭天，校尉刘毅跟随在武帝身边，武帝问刘毅道："爱卿，你看我可以跟汉代哪个皇帝相比？"

刘毅为人忠贞耿直，直言不讳地说："恕臣直言，陛下也就可以与东汉的桓、灵二帝相比吧。"

大臣们听刘毅此言，都吓得惊慌失色，武帝也不禁失色，他有些不服气，自我欣赏地说："我虽然德不及古人，但还能克己为政，而且有平定东吴、统一天下之功，你把我比作桓、灵，未免过分了吧！"

刘毅神色自若，不留情面地说："桓、灵卖官，钱入官库；而陛下卖官，钱入私门。从这点来看，陛下还不如桓、灵哩。"

武帝对自己卖官自肥的丑恶行为并不以为耻，反而大笑地说："桓、灵之世，听不到这样的直言。今天我有如此正直之臣，终究是高出桓、灵了。"

武帝带头贪财如命，上行下效，满朝大臣大都悭吝贪墨。如尚书和峤，吝啬成癖，爱钱成性，人们称他有"钱癖"。他家财丰富，可以与王侯相比，却十分吝啬。他家有几棵李树，结的李子很好吃，武帝听说后，便向他要些李子吃，他只给皇上几十个李子，他的小舅子王济见他吝啬，趁他不在家时，带了一群少年到他家李园去，把他的李子吃光，把他的李树也都给砍倒了。和峤退朝回家，见此情景，气得暴跳如雷，破口大骂。

司徒王戎，性好兴利，家中财富不计其数，但他仍不知足，每天都为契约、账目一类事情费尽心机，夜晚经常和妻子一起在蜡烛光下，摆开筹码，反复算计，总觉得自己的钱财不足。他更是个吝啬鬼。他家有品种优良的李树，李子又大又甜，他怕别人得到他家良种李子，每次上街卖李子时，总是先把李核钻破后再卖。他的女儿出嫁后，向他借了几万钱，好久没还。每当女儿回娘家时，他就不高兴，等女儿把钱还给他时，他才喜形于色。他的侄子王衍是当时有名的"清谈家"，好老庄玄学，每天都手拿玉柄麈尾，清谈虚无，无所事事。王衍结婚时，王戎只借给他一件单衣，婚后又追王衍把单衣还给他。

王衍虽不像叔父王戎那样爱钱，却非常虚伪，忌讳谈钱。他的妻子郭氏是贾南风娘家的亲戚，她借中宫之势，聚敛无厌，见王衍口不说钱，便想方设法令其"言钱"。一天，郭氏叫奴婢在王衍的床周围都放上钱。

王衍早晨起床时，看到满床是钱，还是见钱不"言钱"，挥手对奴婢说："快把这些'阿堵物'搬走。"

与武帝有"先后之亲，少小之恩"的羊琇，以"性豪侈，费用无复齐限"而著称，他用"屑炭和做兽形以温酒，洛下豪贵咸竞效之"。武帝的女婿王济，更以"性豪侈，丽服玉食"而闻名。他叫奴婢用人奶喂养小猪，杀了吃时又用人奶来蒸煮，叫作"蒸㹠（肫）"，这种"蒸㹠肥美，异于常味"。司马炎吃后亦感到惊奇。他的饮食器皿一般都用珍贵如玉的"琉璃器"，称为"玉食"。他喜欢马射，了解马性，有"马癖"之称。当时洛阳人多地贵，他为了练习马射，花了很多钱"买地作垺，编钱匝地竟垺"，即在射马场周围挖沟砌短墙，从沟底到墙上都铺满编串起来的铜钱，当时人称之为"金沟"。他和一个贵戚进行射牛打赌，一次竟拿出一千万钱作为赌注。

不仅皇帝和贵戚奢侈，就是一般的官僚也奢靡得惊人。因平吴而有功的大将军王濬原来就"奢侈不节"，平吴后以为自己"勋高位重"，更是"玉食锦服，纵奢侈以自逸"。"身兼三公之位"的何曾，一切都"务在华侈"。他的帷帐车服，穷极绮丽；他的厨膳滋味，超过帝王。他"日食一万，犹曰无下箸处"。即每天的饭费要花销一万钱，还说没有下筷子的地方。一次武帝宴请他，他不吃皇室"太官"做的饭菜，而是把自己准备的美味饭菜拿来与武帝同吃。因此，他"骄奢过度，名被九域"，当时的礼官认为这种奢侈行为是丑恶的，在他死时建议称他为"缪丑公"。他的儿孙在奢侈方面更是有过之而无不及。他的儿子何劭，"食必尽四方珍异，一日之供（一天饭费）以钱二万为限"，超过他父亲何曾"日食一万"的一倍。他的另一个儿子何遵，"性亦奢忲"。何遵的儿子何绥，又"自以继世名贵，奢侈过度"。吏部尚书任恺的奢侈又超过何曾父子，他"纵酒耽乐，极滋味以自奉养"。他一食（一顿饭）万钱，犹云无可下箸处。

当时的社会风尚是崇尚侈靡，金钱至上。上至皇帝，下至大小官僚都贪婪成性，爱钱如命。针对这种时俗，西晋名士鲁褒著有《钱神论》，揭露这些官僚视钱如命，说他们对钱"亲之如兄"，"洛中朱衣（即贵人），当途之士（做官者），爱我家兄（钱），皆无已已。"武帝对这种侈靡之风不但不加制止，而且还大力提倡与支持，并亲手导演了闻名于历史的"崇、恺争豪"一幕丑剧。

崇，即石崇（249—300 年），字季伦，司徒石苞之子，原籍渤海南皮（今河北南皮）人，生于青州（今山东淄博），小名"齐奴"。崇颇有智谋。

在他少年时，父石苞病重，临终之前，石苞将家财分给诸子，唯没有分给石崇，他拉着石崇的手说："崇儿，为父不分你家财，你不要记恨父亲，父亲认为你足智多谋，将来定能豪富，不用父亲分与家财。"

所以，石崇年轻时，便追求"士当身名俱泰"。二十多岁就历任县令、郡守；平吴以后，历任南中郎将、征虏将军、荆州刺史、太仆、卫尉等官职。在他为荆州刺史期间，暗地里让衙役扮成强盗，打劫豪贾巨商，赃物归入私房，遂成暴富。武帝认为他是功臣之子，在平吴战争中立过功，且很有才干，所以很器重他。他"任侠无行检"，"情乖寡悔"，不择手段地"百道营生，积财如山"，成为当时的巨富，人称之"石氏之富，方比王家"，"骄侈当世"。

恺即王恺，字君夫，东海郯郡（今山东郯城）人，曹魏兰陵侯王肃之子，是武帝亲娘舅，他的姐姐是武帝生母王氏。曾被封为县公，历任过龙骧将军、后军将军等职。他作为皇亲国戚，性豪侈，肆无忌惮，为所欲为。

石崇、王恺两人，一个是性豪侈的世家豪富，一个是性豪侈的皇亲国戚，二人互相不服，不断进行争豪比奢。他们在生活上，"并穷绮丽，以饰舆服"。石崇家的屋宇宏丽，在洛阳金谷涧建造了"冠绝时辈"的华丽别墅，取名"金谷"，世称"金谷园"。石崇与贾谧等号称"二十四友"经常在这里寻欢作乐，人们称之为"金谷二十四友"。石崇的日常生活是"丝竹尽当时之选，庖膳穷水陆之珍"，连他家的婢女都"曳纨绣，珥金翠"，穿金戴玉。王恺很不服气，决心与石崇争个高低。王恺的日常生活也是"盛极声色，穷珍极丽"。二人都想方设法超过对方。王恺家用糖浆代水涮锅，石崇家就用蜡烛当柴烧火做饭。王恺出门，做成四十里长的紫丝面子、碧绫里子的步障，夹道作为障蔽；石崇就做成五十里长的锦缎步障，战胜王恺。石崇用芬芳的香椒泥涂墙，王恺就用色理鲜艳的赤石脂涂壁，想胜石崇一筹。

在比富中，王恺总是稍逊石崇一筹，王恺为此大伤脑筋。他冥思苦想，也想不出好办法，只好求助他的外甥武帝司马炎。武帝非常愿意帮助舅父与石崇斗富，他赐给王恺一株珊瑚树，高二尺多，枝条繁茂，世所罕见。王恺欣喜若狂，得意扬扬地拿给石崇看，以为石崇必无此珍奇之物，此次必输无疑。哪知石崇看后，不仅不赞美，反而随手拿起铁如意，将珊瑚树砸个粉碎。

　　王恺恼羞成怒，以为石崇无珍奇可比遂忌妒得将珊瑚树打碎。他声色俱厉地责怪石崇，并要与石崇拼命，而石崇从容笑道："小小东西，能值几何？算不上珍贵。"

　　遂命家童取出家藏珊瑚树数十株，最高大的三四尺，次的二三尺，最次的也比王恺的珍贵。石崇指着珊瑚树说："你要赔偿，任意选去好了。"

　　王恺见那条干绝俗、光彩曜日的高大珊瑚树，不禁咂舌，顿感惘然，自愧不如石崇之豪。被击碎的珊瑚树也不用赔偿了，溜走了事。

　　在王恺与石崇比富中，最令王恺恼恨而又疑惑不解的有三件事：一是石崇为客人做豆粥，转眼之间豆粥便好。二是石崇冬天请客吃饭，能用韭菜齑招待客人。三是王恺有一头好牛，取名"八百里𪊮"，牛角和牛蹄上都装饰着玉石。而石崇家用于驾车的牛，无论形状还是力气都不如王恺家的牛。王恺和石崇常坐牛车出外郊游。回来时，二人常争着进入洛阳城。每到离洛阳城门数十步远的地方，石崇的牛便"迅若飞禽"，王恺的牛却"绝走不能及"。王恺弄不明白是怎么回事。他用重金贿赂石崇家的仆人，仆人告诉王恺说：石崇知道豆最难煮，所以在客人来之前，就先把豆煮熟，弄成熟的豆末；客人来时，只煮白粥，把熟豆末放到白粥中，很快就煮成豆粥了。石崇家冬天的韭菜齑，并不是用韭菜做的，而是把韭菜根捣烂，再掺上麦苗做成的。石崇驾车的牛为什么走得那么快，是因为驾车人有一种驾牛的好方法。王恺知道这些秘诀后，十分高兴，他如法炮制，与石崇"争长"。石崇见机密已泄，非常恼怒，查出告密者，杀之。

　　石崇与王恺等权贵不仅争奢比豪，而且还视人命如草芥，草菅人命，杀人取乐。一次，王恺请一些豪贵到他家饮酒，为助酒兴，他唤女伎吹笛伴奏。女伎吹笛稍微走了一点儿声韵，王恺立即叫人把她拉到台阶下打死。女伎苦苦哀求，痛苦地惨叫，宴会上那些豪贵们却熟视无睹，神色自若，王恺更是"颜色不改"，从容饮酒。王恺请客饮酒，要美女陪伴斟酒，客人如果饮酒不尽，他就将斟酒的美女杀死。有一次，王恺又请一些豪贵到他家饮酒，大家都知道如饮酒不尽，便杀掉斟酒美女的规矩，有些客人怕斟酒美女"得罪"被杀，就勉强尽饮。但有的客人故意不肯尽饮，无视美女们吓得面无人色、苦苦哀求，他们仍傲然不视，幸灾乐祸地坐视王恺杀人。

石崇在杀婢取乐方面，比王恺有过之而无不及。石崇拥有成百上千的女婢，他家的厕所里放着甲煎粉、沉香汁等香料和新衣，经常有十几个衣着华丽的美女在那里端香、持服，为上厕所的豪贵擦洗更衣。他也请常在王恺家做客的豪贵来家饮酒，效法王恺，令美女斟酒劝酒，客人饮酒不尽，便斩杀美女。有时，有的豪贵执意不饮，石崇大为恼怒，接二连三地杀死三四个美女，豪贵们兴致勃勃地观看石崇"自杀伊家人"。

豪门权贵的贪婪、豪侈和残暴引起较为正直的大臣的担忧，他们从那些令人发指的奢侈腐败的盛风中，预感到有亡国的危险，遂给武帝敲响警钟。车骑司马上书武帝道："当今奢侈之费，甚于天灾。"

而武帝听之任之，任这些蠹虫蛀蚀国之大厦，使其慢慢成为空壳而倒塌。正如《晋书·石崇传》所评论的那样：

> 帝风（武帝的风尚）流靡，崇（石崇）心载驰（向往奢侈）。矜奢不极，寇害成赀（因骄奢无度、资财太多而致祸）。邦分身坠，乐往哀随（国家分崩，自身灭亡，乐去悲生）。

多么令人深思的警世录啊！

二、淫逸享乐废朝政

晋武帝司马炎不仅对权臣的奢靡不加节制，自己也变得日益骄奢淫逸。他认为天下已太平无事，可以刀枪入库、马放南山了，遂下诏曰："昔自汉末，四海分崩，刺史内亲民事，外领兵马，今天下为一，当韬戢干戈，刺史分职，皆如汉氏故事。悉去州郡兵，大郡但置武吏百人，小郡五十人。"

大量裁减武备，使朝廷内外军备松弛，毫无自卫与防御的能力。当时，身为交州牧的陶璜感到如此大规模裁军，将为国家招来内忧外患，便上书说："州兵不宜减损，自示空虚。"

武帝已被胜利冲昏了头脑，一心只想粉饰太平，哪里还听得进去别人的意见。老臣右仆射山涛，已因病告假，听说武帝下诏罢兵，认为这将是后患，便带病入朝，力谏武帝不宜去州郡武备。武帝有点动心，但认为"天下已平，不必过虑，既已颁诏四方，也不便朝令夕改"，因此将错就错。

武帝这种麻痹大意的思想导致西晋王朝军事软弱，当周边少数民族入侵时，毫无抵抗能力，致使北方再次陷入战乱。

俗语说得好："饱暖思淫欲。"武帝亦是凡夫俗子，见国泰民安，便思安乐、想淫欲。他听说东吴孙皓的宫女，格外美丽鲜妍，趁此天下无事，正好选一批南国美女充入后宫，以便朝夕享乐。

正巧东吴嫔妃，半数以上都被平吴将士掠归，他们见吴女长得娇小妩媚，便争抢想娶吴女为妻妾。武帝怎能让将士们抢先尝鲜？便下一道诏令，让将士所掠归的吴女都送入后宫。将士见到嘴的肥肉被抢走，又气又恼，但敢怒不敢言，只好乖乖地将美女献给皇上。

送入后宫的吴女差不多有五千之众，武帝逐个欣赏，见这些美女长得又娇又小，细皮嫩肉，杨柳细腰，温柔乖巧，说起话来如同黄鹂婉鸣，煞是可人，不觉龙心大喜，一齐收纳，分派到各宫居住。至此，武帝后宫新旧宫女加起来，已不下万余人。

如此众多的美女给武帝出了个难题，个个如此娇美喜人，先临幸哪一个、宠幸哪一个？武帝思来想去，想出一个好办法。每天退朝后，武帝改坐羊车，让拉车之羊为其选临幸何处。武帝坐在羊车上，游历宫苑，既没有一定去处，也没有固定的住处，任凭羊车拉到哪里停下，便有众多美女迎上来谒驾。武帝走下羊车，端详那些迎驾美女，见有可意的美人儿，便一同设宴赏花。前后左右，都是姝丽，千姿百态，有的为武帝按摩，有的为武帝斟酒，极尽媚态。武帝酒下欢畅，兴致大发，便顺手牵几名美女，同入罗帏。

武帝今天到这里，明天去那里，似花间蝴蝶，在姹紫嫣红的百花中穿梭，飞到东，飞到西，任情徘徊。武帝善于此道，不顾疲劳。然而，美女上万，惟望一宠，纵使武帝有龙马精神，也难以处处顾及。只有少数承受到皇帝的雨露滋润，大多数宫女只好向隅而泣，独寝寒衾了。一些宫女为能得到皇帝的一夜之欢，绞尽脑汁，开始想办法了解羊的喜好，在羊身上做文章。她们知道羊愿吃竹叶和盐，便用竹叶插在自己的门上，把盐水洒在窗前，引逗拉车的羊。羊见到竹叶便奔过去吃，嗅到盐水味就停下来舐，羊车也就停了下来。宫女们见时机已到，便花枝招展地迎出来，把武帝迎进屋里。

等到宫女户户插竹，家家洒盐，羊也就不以为意了，此招失灵。羊拉着武帝随便行止，不受摆布。宫女无计可施，只好听天由命，自怨没有福分了。

武帝整日淫乐，逐渐失精丧魂，每天都昏昏沉沉，无心料理朝政，政权逐渐落到后党杨骏等人手中。

杨艳皇后临终前，向武帝请求纳其叔父之女杨芷为后。武帝看在昔日情分上，答应了杨皇后之请，纳杨芷为继后。杨芷，字季兰，小名叫男胤，年方十八，颇有姿色，温柔贤惠，能尽妇道，自从被立为后，与武帝感情很好，与姐姐和武帝的感情不相上下，宠冠后宫。其父杨骏（？—291年），字文长，曾为镇军将军，因女儿为国母，进任车骑将军，封临晋侯。其弟珧为卫将军，弟济为太子太傅。一人得道，鸡犬升天，杨氏兄弟三人依仗为皇亲国戚，"并在大位"，"势倾天下"，被称为"杨氏三公"，有"三杨"之号。尤其是杨骏，自恃身为国丈，有武帝的宠爱，骄奢强横，独断专行。

由于武帝沉湎于酒色，无心政事，杨骏便渐渐独揽朝纲，横行朝野，引起大臣们的恐慌。尚书郭奕等上书武帝道："杨骏器量狭小，不可以任社稷之重。"

当封杨骏为临晋王时，有识之士就说："朝廷分封诸侯，是用以保卫王室的；设后妃，是用来弘扬内廷教育的。皇后之父被封以临晋为侯，这可是个乱兆啊！"

镇军将军胡奋，见杨骏日益骄奢，就直言规劝杨骏说："公依靠女儿获得富贵，怎么能如此骄奢呢？历观前朝豪族，与天子结为姻亲，有多少招致灭门之祸，公应引以为戒，如果再骄奢下去，那只是早晚之事啊！"

杨骏听罢，以为胡奋在妒忌自己，回道："胡君的女儿不也嫁给天子了吗，何必责备于我呢？"

胡奋微笑着说："我女儿虽然进入后宫，但只配给您的女儿作奴婢，怎么能与杨公女儿相比？女儿对我家无关损益，不如公门，一门二后（杨艳、杨芷），显赫无比，令人侧目，此后还请公三思！"

杨骏哪里听得进去，依旧横行霸道，朝中所有的佐命功臣，多被疏斥。尚书右仆射山涛（205—283 年）见此，屡次上谏武帝，武帝赞赏他的忠贞与正直，但情欲难耐，一看到美人站在眼前，早把老臣的忠告抛到脑后去了，哪管什么兴衰成败呢？

一次，侍臣呈上御史郭钦所奏关于边防大事的奏章，武帝打开奏章，草草地看了几行，便嗤笑道："古云杞人忧天，大约如此。"

遂把奏章束之高阁，不复批答，坐着羊车，到后宫寻欢作乐去了。

武帝只顾寻欢作乐，不理朝政，外戚"三杨"乘机擅权，而西晋开国时的佐命老臣此时也相继逝世。

山涛年近八十，老病侵袭，屡次辞职，武帝不许。每天带病上朝，有一次，途中身受风寒，退朝后便一病不起，太康四年（283 年）病逝，年七十九岁。他辅晋室三十余年，对王室忠心耿耿，为人正直，敢于直谏犯颜，是晋室重要的佐命功臣，他的死，是晋室一大损失。

司徒魏舒（209—290 年），字阳元，任城人。处事明决，持躬清俭，散财好施，与山涛有些相同的德望，他与司空卫瓘非常友善，二人同心协力，辅佐王室。所以，武帝怠于政事，"三杨"擅权，但有二位老臣的鼎力相助，太康年间，朝廷也相安无事。太熙元年（290 年），魏舒以老疾辞官，旋即谢世。又一国之栋梁倒下了。

尚书左仆射刘毅（？—285 年），字仲雄，东莱掖县（今山东莱州）人。他直言敢谏，曾将武帝比为东汉桓、灵二帝。反对九品中正制，说九品中正之下，"上品无寒门，下品无士族"，主张废除。自西晋开国以来，兢兢业业地辅佐朝政，为晋室之名臣。太康六年（285年）卒。武帝痛惜地说："失吾名臣，不得生作三公！"

刘毅、魏舒相继病逝后，朝中老臣所剩无几，武帝下诏镇南大将军杜预还朝辅政。杜预（222—284年），字元凯，京兆杜陵（今陕西西安）人。他是司马懿的女婿、平吴主力。平吴后，武帝大量裁减武备，唯独杜预镇守襄阳，文武并重，并发展农业，兴办水利，时人称为"杜父"，又号为"杜武库"。此时杜预已63岁，从荆州启行还朝，天有不测风云，杜预走到邓县时，一病不起，竟病死在驿馆。

老臣相继谢世，朝中只剩下司空卫瓘是建国老臣，太康末年，西晋王朝出现惨淡之景。武帝晚年，渔色成疾，常不视朝。太子暗弱，难堪重任。佐命老臣丧亡殆尽，"三杨"横行朝野，后进官员无力抗衡，朝廷危如累卵，大厦将倾。所以武帝死后，贾后干政，西晋王朝很快就走向灭亡。

三、杨氏擅权除异己

太康末年，山涛等老臣相继谢世，朝政被杨骏所把持，朝臣中能与杨骏相抗衡的只有卫瓘与汝南王司马亮。

卫瓘官为司空，位居三公，然而他生活得并不舒畅。在朝中，武帝沉湎于酒色，不理朝政，杨骏擅权，素与卫瓘不睦，整日绞尽脑汁想挤走卫瓘，拔掉眼中钉。在内廷，卫瓘因建议武帝废太子，另立储君而遭到贾妃贾南风的忌恨，矛盾内外交织，卫瓘活得小心翼翼，不敢有稍微的过错。

机会终于来了，杨骏找到了敲山震虎的好办法。他见在卫瓘身上无隙可乘，便在卫瓘的儿子身上找到了打击卫瓘的机会。

卫瓘的第四个儿子卫宣，娶武帝女儿繁昌公主，卫瓘与武帝结成儿女亲家。卫宣与繁昌公主感情不睦，夫妻间时常发生纠纷。卫宣不求进取，每日吃喝玩乐，寻花问柳，依仗身为驸马，父亲又是朝中重臣，胡作非为，横行霸道，引起很多人的不满。繁昌公主身为金枝玉叶，难免有些小姐脾气，所以，夫妻俩打打闹闹，朝野皆知。杨骏闻知此事，心中大喜，暗想：如果能说服武帝，使卫宣与繁昌公主离婚，卫瓘还有何面目在朝中为官呢？势必提出告老逊位，这不就除去自己的心腹之患了吗？但自己身为三公，不能亲自出面办理此事，引火烧身，派谁去说服皇帝陛下而又不引起陛下的怀疑呢？

杨骏思来想去，觉得只有武帝身边的太监，才有机会与皇帝谈及皇帝的家事，而皇帝又不会想到其中的玄机。于是，他在太监中找到一个机灵又会办事、并在皇帝身边能说得上话的太监，对他说道："公公，听说卫宣虐待繁昌公主，公主受尽苦楚，您是皇帝身边红人，应说服皇帝接公主回宫。公公您知道，本官与卫司空有过节，不便向皇帝提及此事，以防别人说我有私心。可我又实在不忍心看公主受苦受难，所以烦劳公公有机会向皇上说说，早点儿将公主解救出来，将来本官和公主是不会亏待公公的。"

太监急忙接过话说："杨公说的是哪里话，区区小事，何足挂齿，下官一定会办好，请杨公放心。"

事情非常凑巧，一天，繁昌公主哭哭啼啼地回宫了，哭闹着对武帝说："父皇，快替女儿做主啊！驸马他整日酒气熏天，又常到妓院留宿。女儿说他，他就和女儿又吵又闹，女儿实在受不了了，望父皇替女儿出口气，好好治治卫宣。"

武帝非常生气，看女儿眼泪汪汪的样子，又心疼又可怜，遂对女儿说："女儿不要哭了，你先回去，明天父皇一定重重惩治这个臭小子。"

公主听武帝一说，破涕为笑，对武帝说："多谢父皇，不过，不要惩罚太重，教育教育即可。"

公主告了驸马一状，乐颠颠地回府了。武帝被公主闹得六神无主，不知该如何处理这件事。正在左右为难时，那个聪明的太监见时机已到，便对武帝说："陛下，公主总这样也不行啊！小的听说，驸马爷常与一些狐朋狗友聚众喝酒闹事，出入花街柳巷，不学无术，不思进取，让公主与这样没出息的人生活一辈子，岂不空误公主的青春和幸福吗？"

武帝点点头，说："朕也觉得这样下去不行，但碍于卫司空的面子，也不好深管。"

太监说："陛下，公主的终身幸福事大，再说卫司空已年近古稀，不能因抹不开情面而贻误公主的终身。小的认为，陛下不如将公主接回宫居住，暂时离婚，借此教训教训驸马爷。他如若改正，便将公主送还，如若不改，也可将公主另嫁他门，这是驸马爷自己所作所为而致，与卫司空有何关系？"

武帝有些犹豫不决，说："这样能行吗？公主能愿意吗？"

太监见武帝有些动心，趁热打铁地说："陛下，公主年轻，不知事情轻重，驸马几句好话，公主便没有主意了。陛下身为父母，应为女儿长远着想，替孩子做主啊！"

武帝被繁昌公主经常回宫哭闹得心烦，又见驸马不争气，觉得这太监说得有道理，遂下诏将公主接回宫中居住，令其与卫宣离婚。

消息传到卫府，犹如晴天霹雳。卫瓘觉得又惭愧，又恐惧，知道那不争气的儿子给自己丢了脸、惹了祸。他也知道，这事情的背后一定有鬼，这是冲自己而来。唉，自己小心翼翼地活着，没想到竟栽到儿子的身上。罢了，罢了，看来只有告老还乡了，否则会招来杀身之祸。

第二天上朝，卫瓘出班，跪奏武帝道："陛下，臣教子无方，愧对圣上对臣一片恩情，望陛下恕罪。再则，臣已老迈，昏聩无能，乞望陛下恩准老臣告老还乡，让位与贤人，帮助陛下治理朝政。"

事已至此，武帝见卫瓘所奏言真意切，也觉得驸马有今天，与他教子不严有关，便准其所奏，让卫瓘告老还乡了。

事情并未就此结束，杨骏为彻底除去卫瓘，让心腹官员上奏皇帝，弹劾卫宣所行不法，应付廷尉治罪，打入牢狱，并免除卫瓘的爵位。武帝念与卫宣翁婿一场，而卫瓘又忠心耿耿地为司马家服务一辈子，没有采纳此建议。

繁昌公主住在宫中，独守空房，想起对卫宣的旧情，想起昔日小夫妻曾有过一段恩爱的日子，都是由于自己任性，仗势欺人，才使驸马整日在外游闲学坏，深深感到后悔。自己本想借父皇之威吓吓卫宣，不料弄巧成拙，致使劳燕分飞，现在悔之晚矣。所以，繁昌公主每天闷闷不乐，郁郁寡欢，渐渐地变得形消体瘦，弱不禁风了。武帝看在眼里，急在心上，后又闻知这事情里另有阴谋，也有些后悔，一气之下，杀死那个太监，打算把公主送回卫府。然而，这已成为他终身的憾事。卫宣因与公主离婚，父亲被迫逊位离职，有司又要治罪于他，情急之下，抱病身亡。缘分已断，不能再续，一对夫妻成为政治阴谋的牺牲品，甚是可叹。

杨骏除去卫瓘，又把注意力转移到能与之抗衡的宗室王身上。

早在武帝建立西晋王朝之初，他看到魏氏摧残骨肉，致使宗室孤立，人单势薄，权力外移，所以到自己篡位之时，曹魏宗室无人有能力与自己相抗衡，平白地将江山让给自己。前车之鉴，不能不引以为戒。若使自己的子子孙孙不重蹈曹魏的覆辙，遭受势单力孤之苦，必须加强他们的势力，拥有一定军政实权，才能起到抗衡的效果。于是，他大封同姓宗室子弟为王。授皇叔祖父孚为安平王，皇叔父干为平原王，亮为扶风王，伷为东莞王，骏为汝阴王，彤为梁王，伦为琅琊王，皇弟攸为齐王，鉴为乐安王，机为燕王。还有从伯叔父及从父兄弟，也都封王，并赐有领地，掌握一定军政实权。

咸宁三年（277年），武帝改封一批宗室王，并又封一批皇子为新宗室王。徙扶风王亮为汝南王，东莞王伷为琅邪王，汝阴王骏为扶风王，琅邪王伦为赵王，渤海王辅为太原王，太原王颙为河间王，北海王陵为任城王，陈王斌为西河王，汝南王柬为南阳王，济南王耽为中山王，河间王威为章武王；立皇子玮为始平王，允为濮阳王，该为新都王，遐为清河王。随着时间推移，到武帝太康末年，年老的宗室王相继死去，而有些宗室王则长年在朝中为官，辅佐朝政，没有到藩镇，如汝南王亮等，他们拥有很强势力，这是杨骏擅权的一大障碍，必须得将他们搬走。

一次早朝，杨骏出班跪奏道："启禀陛下，昔日陛下分封宗室为王，目的是环卫朝廷。如今天下太平已久，宗室王及其子弟们都久住京都，为官理政，而藩镇已形同虚设，臣想，这不符合当初陛下之意。以臣之见，不若早令藩王就镇，加强藩政，以防不测，这才能没有后顾之忧啊！"

杨骏的心腹也不停地附和着，不断向武帝耳边吹风。武帝想起曹魏亡国之象，遂采纳了杨骏等人的建议，下诏，命汝南王亮为大司马，出督豫州诸军事，使镇许昌。又徙封皇子南阳王为秦王，使出督关中；始平王玮为楚王，使出督荆州；濮阳王允为淮南王，使出督扬、江二州军事。更立诸子义为长沙王，颖为成都王，晏为吴王，炽为豫章王，演为代王，皇孙遹为广陵王。

此时的朝廷已为杨氏所专有。外廷，杨骏兄弟横行朝野，无人能与之抗衡，内廷，杨皇后独御六宫，并不断参与朝政。武帝也感到孤单，遂再次起用告老还乡的老臣卫瓘，拜卫瓘为太保，并进王浑为司徒，加光禄大夫石鉴为司空。

王浑（223—297 年），字玄冲，太原晋阳（今山西太原）人。沉雅有器量，善于抚政。累官至安东将军、都督扬州诸军事，镇寿春。曾率兵渡江平吴，因功拜为征东大将军，仍镇寿春。浑不尚刑名，处断明允，新附吴人，欣然归附。后入朝为尚书左仆射，加散骑常侍。此时进为司徒，与卫瓘等共同辅政，也已是年近古稀的老臣了。

石鉴，字林伯，乐陵厌次（今山东阳信）人。出身寒素，雅志公亮。仕曹魏，为并州刺史。入晋，封堂阳子，为尚书。累官至右光禄大夫，开府，领司徒。亦是开朝元老，此次封为司空，领太子太傅。

卫瓘、王浑、石鉴三位年近古稀的老臣虽同心秉政，然力不从心，权力终不敌"杨氏三公"，再加上武帝晚年，渔色成疾，常常无法上朝，杨皇后常将杨骏召入后宫，商榷朝政，所以整个政权都落在杨氏手中。

到了太熙元年（290 年）五月，武帝病重，不能上朝理政，索性将杨骏留在禁中，替武帝草拟诏令，一切诏令，悉出杨骏之手。杨骏趁此时机，党同伐异，树立私党，顺我者昌，逆我者非亡即贬，朝政混乱，无人敢谏。

一时朝野，天空阴云密布，狂风大作，乌云翻滚，一场暴风雨即将来临。皇宫含章殿内一片死寂。武帝躺在病榻之上，已是几日不省人事，昏迷不醒了。杨皇后坐在病榻旁，轻轻地拉着武帝那枯瘦的手，慢慢地抚摸着。望着武帝那张蜡黄瘦削的脸，昔日的英姿已荡然无存了。双眼深陷，面无血色，奄奄一息地躺在那里，没有一丝生的希望。杨骏在房中轻轻地踱着碎步，一会儿看看武帝，一会儿看看自己的女儿杨皇后，心里在不停地盘算着，打着未来的如意算盘。

忽然，"咔嚓"一声巨响，一个震耳欲聋的响雷响彻天空，仿佛要劈天裂地一般。随之，一场瓢泼大雨倾盆而下。躺在病榻上的武帝不知是被雷震醒，还是回光返照，竟然睁开了眼睛，他慢慢地转移着视线，看看身边的爱妻杨皇后和在地上踱步的岳丈杨骏，缓缓地说："来，扶我起来，我要坐坐。"

杨后见武帝醒来，甚是惊喜，急忙将武帝慢慢扶起，用自己的身体轻轻地倚住武帝。武帝依在杨皇后怀中坐着，问道："爱妻，朕是不是已昏睡几日了？"

杨皇后说："陛下不用担心，陛下偶得小恙，休息几天即能康复。"

武帝说："爱妻，不用安慰朕了，朕恐怕无几日活头了，趁朕清醒之时，朕要处理处理后事。爱卿，近几日朝中可有大事，把这几日的案牍拿给朕看看。"

一听武帝要看案牍，杨骏心中一惊，面露惊慌，忙说："陛下，御体为重，过段时间再看不迟，快些躺下休息吧。"

武帝坚持说："朕所剩时间不多了，还是快点把案牍递给朕吧。"

杨骏无奈，只好硬着头皮把近几日自己代武帝所下诏书及各部奏文等交给武帝。武帝慢慢翻阅着，见诏书之中，选用很多新人，都是些才华平庸之辈，而朝中有才之士很多被罢黜，武帝面露不悦，双眉紧锁，看着看着，怒问道："杨爱卿，你怎可随意任用和罢黜朝中之臣呢？"

杨骏见此，慌忙跪下，谢罪道："臣不才，所用非人，望陛下恕罪。"

杨皇后在旁代父求情说："陛下息怒，妾父近日忙于照料陛下贵体，衣不解带，已数日夜，政事上有所疏失，在所难免，望陛下看在妾身面上，原谅妾父吧。"

武帝无可奈何，重重地叹了口气，便不再追究此事了。

过了一会儿，武帝问道："汝南王亮前往许昌就镇，启程了吗？"

杨骏答道："回陛下，汝南王尚未启程。"

武帝听罢，脸上有些笑意，说："那太好了，快下令中书起草诏书，不让他出镇藩镇，留他在朝，辅佐朝政。”

杨骏大吃一惊，没想到武帝临死前会改变主意，下此诏书。杨骏不得已，只好传命起草诏书。武帝又断断续续地说了些朝士中有名望的青年官僚数人，让他们与汝南王、杨骏一起“夹辅王室”，并让王佑为北军中侯，掌握中央禁军等。说完，武帝又躺在床上，昏睡过去。

原来，武帝虽病卧床榻，心里却不停地想着后事。他知道自己儿子司马衷做皇帝“弗克负荷（不能胜任）”，既对贾妃的酷虐有所顾虑，又见杨氏势力如此之强，“恐杨氏之逼”，遂有如此安排。

杨骏见武帝又昏睡过去，不顾大雨倾盆，急急忙忙冒雨赶到中书省，对中书监华廙说：“陛下欲亲阅诏书，令本官前来拿取，不知诏书起草完否？”

华廙听说皇上要亲阅，并令杨将军亲自来取，哪里敢不给？华廙双手将诏书递与杨骏，说道：“陛下如若阅完，望将军速派人送回，下官好尽快去汝南王府宣诏。”

杨骏将诏书索回，匆匆忙忙地返回含章殿，见武帝还在昏睡，便放下心来。他决不能让此诏落入他人之手，更不能让汝南王亮知道。自己费了多少心机才将汝南王亮挤走，怎能在关键时刻功亏一篑呢？他迅速将诏书藏了起来。

第二天上午，中书监华廙见杨骏一夜未将诏书送还，甚是焦急，他左等不见人来，右等不见人来，便亲自入叩宫门，向杨骏乞还原稿。杨骏在宫中听说华廙求见，急忙将华廙迎到偏僻之处，对华廙说：“华大人，圣上已收回原诏，准备另下诏令。此事华大人就不要再问，再追究下去，对任何人都不要说及此事。唉，圣上恐怕不行了，我身为皇后之父，太子之外公，将来怎会亏待华大人呢？”

华廙早已听出杨骏弦外之音，自己无力与杨氏抗衡，在杨骏逼诱之下，乐得顺水推舟，遂说道：“杨将军请放心，下官不知任何事情。”杨骏遂放心地回到武帝身边去了。

到了傍晚，武帝病危，杨皇后宣中书监华廙与中书令何劭入宫，由杨皇后口宣帝旨，草拟遗诏。华廙与何邵岂敢怠慢，当即草就。遗诏曰：

昔伊望作佐，勋垂不朽；周霍拜命，名冠往代。侍中、车骑将军、行太子太保、领前将军杨骏，经德履喆，鉴识明远，毗翼二宫，忠肃茂著，宜正位上台，拟迹阿衡。其以骏为太尉、太子太傅、假节、都督中外诸军事，侍中、录尚书、领前将军如故。置参军六人、步兵三千人、骑千人，移止前卫将军珧故府。若止宿殿中宜有翼卫，共差左右卫三部司马各二十人、殿中都尉司马十人给骏，令得持兵仗出入。

华廙与何邵将草就遗诏交给杨皇后，杨皇后草草地看了一遍，为了表示此诏出于武帝之意，杨皇后故意将二人领到含章殿武帝病榻前，对二人说："华、邵二位大人，此诏乃出于陛下之意，诏书起草完毕，应交与陛下亲阅为是。"

华廙将诏书交给杨皇后，杨皇后将奄奄一息的武帝扶起，亲手拿着诏书让武帝观看。此时的武帝已是只有出气、没有进气了，他慢慢地睁开眼睛，直愣愣地盯着诏书，眼睛一动不动，茫然地看了许久，一句话也没说，便闭上了眼睛。

华廙与何劭已明其意，急忙告辞出宫。忽然，武帝再次睁开双眼，问道："汝南王来了吗？朕要见见他。"

杨皇后忙说："陛下，汝南王还未到，陛下先休息，汝南王马上就到。"

武帝听说汝南王未到，重重地叹了口气，脑袋一沉，便带着遗憾，永远地闭上了眼睛。在位二十五年，享寿五十五岁。

一代枭雄、西晋王朝的开国之君就这样去了，他带走了西晋王朝的昌盛与繁华，将战乱与动荡留给了他的痴傻儿子司马衷，西晋王朝从此走上灭亡之路。

杨骏在女儿杨皇后的帮助下，篡改了遗诏，终于获得独自辅政的大权，史家认为，"中朝之乱，实始于斯（此）矣"。

第四章

登后位大显身手

起杀机铲除杨氏

一、杨骏擅权惹众怒

武帝崩后，杨骏入居太极殿，开始主持国政。他将太子司马衷从东宫迎到武帝灵柩前，宣读武帝遗诏，司马衷即帝位，史称晋惠帝。尊皇后杨氏为皇太后，立贾妃南风为皇后，杨骏为太尉，兼太子太傅，都督中外诸军事，录尚书事。杨骏以皇帝外祖父的身份，"握大权，辅弱主"。由于这个"弱主"不仅弱，而且还痴，所以一切政令悉出于杨氏之手。当时流行一句童谣说"宫中大马几做驴"，把司马衷这个"大马"比作权臣驾驭的驴子，任人驱使。从此后，杨氏后党与贾氏后党、司马氏诸王与杨氏后党、贾氏后党与诸王之间的"篡夺之祸"，便层出不穷，愈演愈烈。这个白痴皇帝被权臣们一次次作为挡箭牌，争来抢去，居为奇货。

杨骏掌政后，首要之务是从京都将差点儿与自己共分政权的汝南王亮赶到许昌去。武帝出殡那天，六宫后妃嫔媵身穿重孝，为武帝送行。身为辅政大臣的杨骏却高居太极殿，拒不出殿送行，为防备发生意外，他用百余名武艺高强的虎贲把守殿门。他下令汝南王即日启程赴镇，不许汝南王为武帝送葬。汝南王接到诏命后，心里非常难过，作为武帝的亲叔父，自幼一起长大，又为几十年的君臣，二人感情非常深厚，今天连最后一面都见不到，怎不痛心？然而，汝南王一向胆小，他不敢违抗杨骏之命，只好站在自己府门之外，泪流满面地为武帝举哀送葬。他上表杨骏，恳求杨骏开恩，允许他为武帝送葬山陵，然后启程。

杨骏接到奏表，大为恼怒，心想：好啊，你竟想赖在京城不走，这怎么能行？他拿着奏表去见杨太后，将奏表交给太后，对太后说："太后，汝南王亮迟迟不肯赴镇，恐怕这其中有诈。先帝刚刚驾崩，宫内尚未安稳，留他在京中，实在是一大祸患，应尽早将其除掉。"

太后说："这恐怕不行。汝南王在朝中甚有重望，一向忠于朝廷，现先帝刚刚驾崩，就对他下手，恐怕引起朝臣的不满，还是将其赶走为妙。"

杨骏说："太后多虑了，我们父女握有朝政，何人敢违抗命令？"

杨太后见父亲坚持要那么做，便说："你去找皇上说去吧。"

杨骏见太后默许，便来到惠帝宫中，对惠帝说："启禀陛下，今天百官皆为先帝送葬，而身为大司马、皇室宗亲的汝南王却不去送行，恐怕这里有阴谋。听说汝南王不想到藩镇，在府中招养死士，图谋不轨，陛下应早些动手防范，否则会招来大祸。"

惠帝哪里辨得是非，他只不过是杨骏手中的一枚棋子，杨骏征求惠帝的意见，只不过是走走形式，推脱责任而已。惠帝见杨骏如此说，便对杨骏说："爱卿，你看怎么办才好？"

杨骏说："陛下应速下诏书，遣兵讨伐汝南王，防患于未然。"

惠帝只好下诏，讨伐汝南王。

这事情被大司空石鉴闻知，他感到事情不妙，急急忙忙赶到宫中，对杨骏说："太傅，听说陛下要下诏讨伐汝南王，老臣以为这万万使不得。"

杨骏脸色阴沉地说："汝南王图谋不轨，讨伐他是情理之中的事，有何使不得？"

石鉴说："汝南王跟随先帝南征北战，忠心耿耿，这是朝野皆知的事，现说其要谋反，无人能信。况且，现在朝廷正处于不稳状态，若大举兴兵，恐怕招来不测。再说，各宗室王握有重兵，把守要害，今若讨伐汝南王，他们势必兴兵进京，这将招致天下大乱。望太傅三思啊！"

杨骏觉得石鉴所说有道理，自己也只是想挤走汝南王而已，便将兴兵讨伐之事搁下了。

汝南王亮听到消息，惊恐万分，急忙找廷尉何勖商量。何勖听罢，笑着说道："司马公，这有何惊慌，如今朝野皆惟公是望，公不去讨伐别人，难道还怕别人讨伐吗？"

汝南王苦笑着说："今非昔比，我已老矣，还是赶快离开这是非之地，安度晚年吧。"

当天深夜，汝南王匆匆收拾些行装，带着家眷兵丁，连夜离开京城，逃奔许昌，一场灾难才算躲过。

杨骏挤走汝南王，引起朝臣们的议论。杨骏的弟弟杨济及骏之外甥李斌，都劝杨骏留下汝南王亮，共同夹辅晋室。杨骏一心专权，哪里听得进去别人的意见，一意孤行，唯我独尊，刚愎自用，宫廷内外，无人敢与之抗衡。

杨骏任意横行、作威作福引起一些朝臣的不满，杨济也深以为虑。他对尚书左丞傅咸说："现在朝野纷然，家兄又无心纳谏，恐怕祸之将至矣。若家兄能立即召回汝南王，令其主持朝政，自己让位与贤，退避山野，或许能保全门户，否则将有灭门之灾呀！"

傅咸说："只要召回大司马，与之共同夹辅朝廷，没有必要退避山野。况且宗室与外戚，唇齿相依，唇亡则齿寒。为人臣不可独断专行，更何况是外戚！现将宗室疏于外地，外戚因亲专位，恐非吉兆。"

杨济闻言，更觉恐惧，又问侍中石崇说："现在人心如何？"

石崇直言答道："杨公执政，唯重外戚，恐非吉兆，若能与宗室诸王及大臣共同执政，则天下太平矣。"

杨济恳求石崇道："烦请石公有机会劝劝家兄，如若改正，则我家门之幸矣，石公之恩德将没齿不忘。"

石崇见到杨骏，直言相劝，然杨骏方自幸得志，怎能改过不吝、从谏如流呢？

冯翊太守孙楚与杨骏是好朋友，关系非常密切，他不忍心见杨骏招致灭门之灾，对杨骏说："公为外戚，身居伊、霍之重位，握大权，辅弱主，应学先贤至诚谦顺之道，不应独断朝纲。现在宗室诸王，拥兵重镇，势力强大，公不与他们共参万机，内怀猜忌，外树私党，祸至无日矣。"

杨骏不但没有采纳，反而疏远杨济、傅咸、蒯钦等敢于直言之臣，不予重用。

杨骏自知在朝臣心中没有威望，为了笼络人心，大慷朝廷之慨，效法魏明帝即位的故事，大开封赏。他令惠帝下诏，凡中外群臣，皆增位一等，凡参与丧事之官，增位二等，二千石以上，统统封为关内侯，复租调一年。诏令一下，朝野哗然。左军将军傅祗对杨骏说："自古以来，从未听说过帝王始崩，臣下就论功行赏，违礼背义，万万行不通。"

散骑侍郎何攀也说："班赏行爵，已超过开国功臣及平吴诸将帅，将来矛盾百出，如何处理？望太傅收回成命。"

杨骏对众人意见未加理会，仍大肆封赏，取悦众心。

杨骏挤走汝南王亮，独断朝纲，恣意横行，然而，他仍有顾虑。外朝大臣都不在话下，唯一令他放心不下的是现今的皇后贾南风。惠帝虽蠢顽无知，是杨骏手上的玩偶，但贾皇后非等闲之辈，绝不可掉以轻心。

贾南风自泰始八年（272年）被选为太子妃入宫至今，即永熙元年（290年），已近二十个春秋了，昔日十四五岁的少女已成为成熟的中年少妇了。二十年宫廷的风风雨雨，使她更加成熟，更富有心机与经验。自己虽为太子妃，但太子憨愚，无力保护自己，要想在血雨腥风、明争暗斗的后宫之中生存下去，就要学会权术。她自知相貌不佳，无法胜过宫中其他美女，就与宫女们斗智、斗法、斗狠，也许是相貌丑陋而造就了贾皇后的畸形性格，她不仅残忍酷忌，而且阴险狡诈。所以，杨骏深以为忌，时时防备。

杨骏为控制惠帝，防止贾皇后干政，令其外甥段广，为近侍之职，寸步不离惠帝，执掌机密。昔日武帝为控制杨氏势力，临终前命王佑为北军中侯，掌握中央禁军，此时已被杨骏撤离，出为河东太守，令自己心腹张邵为中护军，掌管禁军。所有诏书，杨骏起草完毕，拿与惠帝观看，看后由段广交与杨太后，令贾皇后无隙可乘，而惠帝与杨太后则唯唯诺诺，从未有一句反对之言，听命于杨骏而已。

一些有识之士见杨骏专横至此，预知祸之将至，为了不累及自己，不仕朝廷。如杨骏曾想选匈奴东部人王彰为司马，诏书下后，王彰拒不接受，举家逃跑。王彰的朋友觉得很奇怪，问王彰道："如今的太傅，权势炙手可热，他重用于你，将来定前途无量，老兄为何避而不受呢？"

王彰说："自古以来，一姓有二女为皇后，很少有不败的。况且杨太傅身行不正，昵近小人，疏远君子，刚愎自用，专权自恣，不久必定败亡。我逾海出塞，远避千里，尚害怕祸及自己，怎会自投罗网呢？再说武帝择储君不当，难负大业，临终托孤，所授非人，天下大乱，指日可待，我还想什么功名呢？还是远行逃命去吧！"

王彰所言极是。俗语说得好，满招损，谦受益，物极必反。此时的后宫已是阴云密布，磨刀霍霍，大有山雨欲来风满楼之势，一场暴风雨即将来临。

原来，惠帝即位后，贾南风由太子妃变为皇后，成为六宫的主宰，为天下之母。她不想沉醉于后宫之中，她有极强的权力欲，她要干预朝政，为所欲为。然而，此时的贾南风虽身为皇后，上面还有掌政的杨太后，外朝有太后之父杨骏，牢牢地把握着朝政，令她无隙可乘。想当年，自己为太子妃时，受尽了杨皇后的责骂，无法反抗，今日自己已为六宫之主，岂能再受太后的窝囊气？她处心积虑，日思夜想，决定伺机给杨氏以致命一击。当她见杨骏擅权，引起"公室怨恨，天下愤然"时，她决定利用宗室诸王对杨骏的不满之情，对杨氏发动反击。她在物色着人选，终于找到适于内外联络之人——殿中中郎将孟观与李肇，一场大规模的夺权斗争开始了。

二、贾后设计除杨氏

杨骏独断专行，引起宗室诸王与中外臣僚的不满，贾后更是咬牙切齿，寻机推翻杨氏统治，夺取政权。她悉心观察着内外动静，准备伺机发动政变。

无巧不成书，贾后的心腹太监董猛为人奸诈，善用计谋，得知皇后心意后，对皇后说："皇后娘娘，下官有两个知心朋友有要事禀奏皇后。"

贾后明白其意，但有些担心走漏风声，问道："此二人身为何职，人可靠吗？"

"娘娘放心。二人一个叫孟观，一个叫李肇，为殿中中郎将，他们屡遭杨骏的辱骂，抑郁而不得志，对杨氏恨之入骨，恨不能食其肉、寝其皮，但苦于没有机会。他们时常向臣抱怨，发泄心中不满。下官以为，杨氏封锁外朝，娘娘无处插手，而下官为中宫之人，亦不便与外廷联络，若能使孟观、李肇二人为娘娘效劳，娘娘的出头之日则不远矣。"董猛信心十足地对贾后说着。

贾后听罢，青黑的脸露出一丝笑容，说道："董猛，用心去办此事，不过得千万小心，不能走漏半点风声。"

在一个漆黑的夜晚，伸手不见五指，后宫之内，一片寂静。董猛将孟观、李肇假扮成太监，悄悄地来到贾后的住处。今天贾后格外开恩，入夜时，她非常温柔地对惠帝说："陛下，今宵不妨到别宫小住，免得别人说妾垄断陛下，使妾留有骂名。"

惠帝见贾后满脸笑容，态度柔和，以为贾后今天高兴，格外开恩，遂乐颠颠地到别宫寻欢作乐去了。他哪里知道，一场阴谋正在他眼皮底下发生。

董猛三人来到后宫，与贾后见过礼后，贾后满脸严肃地说："杨骏身为太傅，不与朝臣共同辅政，却挟持皇上，号令天下，篡夺之心已经昭然若揭，司马家之天下不久将要改姓杨了。诸位，是可忍，孰不可忍，我们不能坐视不管。但我一妇道人家，久居深宫，不便外出，烦请各位鼎力相助。事若成功，本宫定不会忘记诸位之功劳。"

孟观急忙说："娘娘不必多言，下官知道事情的轻重，为皇后娘娘效力，即使肝脑涂地，亦在所不惜。"

董猛与李肇也随声附和着。贾后见二人可用，便说："以本宫与你们的力量，不足以扳倒杨氏，禁军都握在杨氏手中，无法利用。现唯一可以依赖的力量是握有兵权的宗室诸王，他们对杨氏早已不满，是我们联合的最好对象。但众多宗室王，先与哪位联系最好呢？"

董猛说："那当然是汝南王最好。汝南王是诸王中最有威望的宗室王，兵镇许昌，握有重兵，威镇朝野。若能说服汝南王起兵讨杨，则事情一定能够成功。"

贾后说："事情恐怕没那么简单，汝南王虽与杨骏有深仇大恨，但汝南王胆小怕事，恐怕难以说服他起兵讨杨。以我之见，不如说服楚王玮，楚王玮性情暴躁，有勇无谋，年少气盛，定能起兵。"

李肇说："楚王玮虽能起兵讨杨，但事后恐难以驾驭，会对皇后不利。不若先说服汝南王，如果不成，再说服楚王。"

贾后觉得有道理，点头说道："此话言之有理。那么，派谁前往呢？"

李肇与孟观说："臣愿效力。不过，单凭下官三寸不烂之舌，难以取信于诸王，娘娘应写封密信，让臣带着，这样就更有说服力。"

贾后说："好吧，不过事关机密，你们二人要多加小心。如若走漏消息，你们将身首异处，祸灭九族，万万不能掉以轻心！"

孟观、李肇带着贾后的密信，快马加鞭，星夜赶往许昌。他们见过汝南王后，对京都形势与杨氏跋扈进行大肆渲染，孟观说："如今，杨氏挟天子以令天下，大晋的江山马上要改换门庭了。司马公作为大晋开国功臣，圣上的叔祖父，名震朝野，安能坐视不管？连皇后都不忍其愤，挺身而出，欲救晋之大厦将倾，您身为握有重兵的宗室王，难道就毫不动心吗？"

汝南王说："唉，吾已老矣，心有余而力不足，现在吾已无心于政治了。"

原来，汝南王亮上次逃离京城，惶惶如丧家之犬，已被杨氏吓破了胆，一朝被蛇咬，十年怕井绳，龟缩在许昌，不敢作任何反击。所以，任你孟观、李肇舌灿莲花，他都毫不动心。孟观、李肇无奈，只好打马启程，奔往荆州，去说服楚王玮。

楚王玮乃武帝之子，惠帝的亲弟弟。他性情暴戾，勇有余而智不足。孟观、李肇添枝加叶地说了朝廷的情形，他暴跳如雷，拍几吼道："岂有此理，怎能任杨骏小儿如此猖獗下去？"

孟观、李肇见楚王已经上钩，便掏出贾后的密信，对楚王说："皇后娘娘非常信任大王，愿与您通力合作，铲除杨氏。"

楚王玮虽无太大智谋，但野心非常大，他知道当今皇上痴傻，无力御国，如果自己以清君侧、除奸佞为名，发动政变，推翻杨氏，那么，大晋政权便会成为自己的囊中之物。所以，他爽快地答应了李肇、孟观的请求，决定进京，与贾后共除杨氏。

孟观、李肇回京复命去了，楚王玮上表朝廷，要求入朝进京。此时的杨骏正春风得意，见到楚王玮的奏表，哪知其中原委，心中大喜。原来，杨骏知道司马玮勇悍难制，恐其在荆州势力过强，将来会危及朝廷，遂想将其调到京城，便于自己控制。没想到司马玮会自动申请入京，他怎能不高兴？所以急忙批复，准其入朝。司马玮得到批准后，又联系淮南王允，共同入朝。

永平元年（291年）三月，春光明媚，风景宜人，青青芳草，淡淡花香，沁人心脾。楚王玮与淮南王允无心观赏这悦人景致，快马加鞭，昼夜兼程，直奔京城，去圆他们的权力美梦。楚王进京后，没有入朝觐见皇帝陛下，而是直接找孟观、李肇，孟观、李肇见楚王玮如此神速地赶来，大喜过望，李肇对楚王玮说："现在已万事俱备，只差楚王您这东风了。"

楚王对二人说："你们速去通知皇后，最好今晚行动。"

孟观说："今晚行动，是否有些仓促？"

楚王说："不，我今日才到，杨骏不会防范太严，这正是行动的好机会。"

孟观、李肇急忙找到太监董猛，叫其通知皇后，楚王玮已经入朝，预计今晚行动。董猛来到后宫，告之贾后此事，贾后听罢，喜上眉梢，说道："报仇的日子终于到了。"

董猛问道："娘娘，我们将如何行动？"

贾后将董猛拉到近前，低声在耳边嘀咕一阵，董猛一边听着，一边点头称赞说："娘娘高明，小的这就去准备。"

当天夜里，后宫内风平浪静，没有一丝动静。惠帝也如同往常一样，到贾后宫内就寝。贾后格外殷勤，满脸笑容，柔声轻语，一改常态。惠帝受宠若惊，不知贾后葫芦里卖的是什么药。安寝后，惠帝在皇后的温柔乡里，很快就酣然入睡了，贾后却在辗转反侧，焦急地等待动静。

夜深了，寂静的夜晚不时传来打更声。忽然，贾后听到一阵急促的脚步声直奔她的寝房而来，继而传来急促的敲门声。贾后翻身下床，直奔房门。开门后，只见董猛站在门外，悄声地对她说："准备好了，开始吧。"

贾后返身回到床边，连拉带拽地将惠帝唤醒，急声说道："陛下，快醒醒，殿中中郎将孟观、李肇有急事禀报。"

惠帝睡得蒙头转向，一听有急事禀报，吓得登时醒了过来，忙说："快传他们进来！"

董猛带着孟观、李肇三步并作两步直奔进来，"扑通"跪在地上，上气不接下气地说："陛下，大事不好了，太傅杨骏正在聚集兵马，要杀进宫来，自立为帝呢。"

惠帝一听，吓得脸色苍白，瘫坐在那里，两眼茫然，不知如何是好。贾后在一旁说："陛下，快下诏啊，否则就来不及了！"

惠帝哪里辨得真假，一听皇后让他下诏，他便急忙写份手书，罢黜杨骏官职，令其回府听候处理。孟观与李肇接过诏书，草草地看了一遍，又偷偷瞧瞧贾后，见贾后双眉紧锁，不停地摇头，二人心领神会，继续跪奏道："陛下，杨骏现已箭在弦上，随时都会发射，怎会听陛下的命令，若不发兵镇压，恐怕难以平息。"

贾后亦随声附和道："陛下，杨骏目无圣上，竟胆敢兴兵犯上，这种人留之何用，定要斩草除根，才能解除后患。"

惠帝见贾后如此说，便令写诏书，下令东安公司马繇率殿中兵四百人，去围杨骏宅第。李肇、孟观带着惠帝的诏书出宫去了。

事情虽然进行得很秘密，却仍被杨骏的心腹散骑常侍段广所闻知。段广白天寸步不离惠帝，无奈晚上只好让给贾后，所以贾后选择深夜行动。段广闻信后，急忙入见惠帝，他跪在惠帝面前，泪流满面，哽咽着对惠帝说："陛下，千万不要听信谣言。杨骏身受先帝之恩，竭忠辅政，绝无半丝邪念，况且，杨骏年老无子，怎么能谋反呢？望陛下三思而后行。"

惠帝看看段广，又看看身边的贾后，茫然不知所措，贾后却厉声道："你这杨骏的走狗，竟敢替反贼辩护，还不快给我滚出去！"

段广见说服惠帝没有希望了，便急忙奔向杨骏府中，给杨骏报信去了。

杨骏已得知消息，他急得如同热锅上的蚂蚁，团团乱转。他召集众官，商量对策。主簿朱振献计说："如今宫廷突发政变，一定是贾后与太监所为，意在除掉太傅。太傅当务之急应率领府上家丁，去烧云龙门，冲入东宫，带皇太子及外营兵冲入后宫，捉杀奸人。圣上震惧，一定能交出首犯，否则不能免祸了。"

杨骏听罢，连连摇头说："这不是谋反吗？万万使不得。况且云龙门是魏明帝所建，费工巨大，烧毁岂不可惜？"

杨骏平日骄横跋扈，到了关键时刻，却变得优柔寡断、毫无主见了。众官见此，大失所望。侍中傅祗知道杨骏难成大事，在劫难逃，便站起身，对众官说道："我先进宫观察观察事态，一会儿就回来。"说罢，向外走去。走到门口，回头说："宫中不能没人，白白在此商议，亦属无益。"

众官当然领会傅祗之意，也都不愿引火烧身，都起身离去，只有尚书武茂还端坐在那里。傅祗怒问道："难道你不是朝廷大臣吗？现在内外断绝音讯，不知天子是否安全，你怎能在此安坐？"

武茂听罢，急忙站起身来，与傅祗走了。此时的杨骏，真是众叛亲离，成了孤家寡人了。

东安公司马繇率兵包围了杨骏府第，楚王玮率兵驻扎在司马门，将杨骏团团围住。杨骏同党左军将军刘豫，陈兵在万春门，准备营救杨骏。恰遇右军将军裴颜，裴颜是贾南风的表弟，贾后之死党。刘豫问裴颜："右军将军，是否知道太傅在哪里？"

裴颜随机应变，顺口设诳道："刚才我在西掖门遇见太傅，看他乘着素车，带着二人，向西出走了。"

刘豫闻言，大惊失色，叹口气说道："唉，大势去矣，我可怎么办呢？"

裴颜乘势劝道："将军现应前往廷尉处自首，尚有生的希望。"刘豫听从裴颜的劝告，匆匆离去，再也无人救护杨骏了。

贾后知太傅府被围，担心杨太后救杨骏，便派心腹太宰将太后宫严密监视起来。太后得知父亲被围，急得团团乱转，无计可施。她欲派人出去搬救兵，可宫门已被围住，无法出去，难道就眼睁睁地看着父亲被杀吗？情急之下，她想出一个办法，她唤宫女拿来一块白布，太后拿起笔墨，亲手在白布上写下

"救太傅有赏"五个大字。她令太监用弓箭将此白布射到城外，如果幸运，或许可救父亲一命。

不料，上天并不想救杨骏，此白布被贾后的人拾到，并将它送给贾后。贾后看罢，一阵冷笑，青魆魆的脸上露出狰狞，说道："好啊，天堂有路你不走，地狱无门你自来投。有此把柄在我手中，看你如何活命。"

她传令官廷内外，说："太后与杨骏一同谋反，百官不得妄从！"遂派人将太后围在官中。

东安公繇率兵围住杨骏宅第后，灯笼火把，照亮半个天空。他下令一部分兵丁放火烧骏宅，一部分兵丁登到楼阁上，环射大门，不准杨骏及其家属逃走。杨骏被围困在府里，如同一只困兽，发出一阵阵哀嚎。外面灯火通明，喊杀震天，看样子自己死期到了。这时，东安公繇已率兵丁冲进府来，他们见人就杀，院内鬼哭狼嚎，惨不忍睹。杨骏不愿自尽，他急忙忙地藏起来，想躲过这场灾难，以图日后再起。东安公繇和士兵们四面搜寻，所有楼阁都找遍，所有人都死了，唯独不见杨骏。司马繇下令道："给我细细地搜，绝不能让杨骏跑掉。"

这时，一伙士兵到马厩里去搜寻，他们东翻西找，逐个马槽检查。忽然，在墙角的马槽下，有一黑影蜷曲在那里，在不停地蠕动。兵丁们大声喊道："那里是谁？快出来！"

无论兵丁们怎么喊，那黑影都不出来，众人手拿长戟，一齐向黑影刺去。只听得一声惨叫，一股股鲜血喷溅而出，此人再也不动了。兵丁们将死尸拖出一看，此人不是别人，正是极盛一时、赫赫有名的杨太傅！

孟观、李肇见杨骏已死，便乘胜追击，将杨骏的死党杨珧、杨济、张劭、李斌、段广、刘豫、武茂及散骑常侍杨邈、中书令蒋骏、东夷校尉文鸯等统统抓获，一同处斩，并夷三族，共死了千余人。一时间，京城成了地狱，血流成河，尸首遍地。杨骏的尸首无人敢替他盛殓，还是他的一个舍人叫阎纂，不忘旧情，挺身而出，将杨骏埋殓，也无人怪罪。

史载在杨骏当权时，汲郡有位高士叫孙登，住在北山洞穴中，夏天编草为衣，冬季用头发挡寒，好读《易经》，善弹琴，见人就笑。杨骏闻之，派人去征其入朝，孙登不肯应召。有一天，孙登忽然一个人出现在杨骏府中，杨骏非常高兴，欲留之，孙登不从。杨骏赠给孙登金银，孙登俱辞不受。杨骏又赠给他一些布被，他收下了。他将布被披在身上，走到杨府门外，随手撕扯着，嘴中大声说着："斫斫刺刺。"

众人不解其意，被也撕坏了，孙登卧躺在道旁，如同死人一般。第二天早晨，杨骏派人去看，已不知去向了，杨骏大惑不解。

不久，在温县又出现一名狂徒。嘴上不停地唱着四句歌词："光光文长（杨骏字），大戟为墙，毒药虽行，戟还自伤。"

当时无人能懂。至杨骏居内府，士兵用戟守卫，死时又被戟攒刺，人们始解其意。

当然，这些都是传说，也许是后人附会而成，无法考证。煊赫一时的"杨氏三公"犹如昙花一现，在贾后强劲南风吹拂下，很快就凋零了。杨氏后党失败了，贾后取得了第一次宫廷政变的胜利，向权力的宝座又迈近了一步，从此后，长达十六年之久的"八王之乱"开始了。

三、蛇蝎心肠废太后

杨骏及其私党被诛后，贾后仍不放心杨太后，遂假传圣旨，令后将军荀恒将杨太后迁至永宁宫，软禁起来，并赦太后之母庞氏死刑，许其与太后同居。是贾后动了恻隐之心，不肯杀庞氏吗？不，这绝不可能。贾后醉翁之意不在酒，是为彻底解决杨太后做准备。

废立太后乃是朝廷大事，不是轻而易举的事，单凭贾后一个人的力量难以实现。贾后便利用杨太后落于自己手中的把柄，四处煽风点火，唆使群臣纠弹太后。此时的贾后已锋芒毕露，无人敢抵抗，众臣亦都趋炎附势，讨贾后的欢心，遂联衔上奏皇帝道："皇太后阴险奸诈，图危社稷，飞箭系书，要募将士，同恶相济，自绝于天下。鲁侯绝文姜，《春秋》所许，盖以奉承祖宗，任至公于天下，陛下虽怀无已之情，臣下不敢奉诏，可宣赦王公于朝堂，会议进止。"

惠帝下诏答曰："事关重大，当妥议后行。"

大臣们见有活动余地，便再次上奏道：

> 逆臣杨骏，借外戚之资，居冢宰之任，陛下既居谅暗，委以重权，至乃阴图凶逆，布树私党。皇太后内为唇齿，协同逆谋，祸衅既彰，背悍诏命，阻兵负众，血刃宫省，而复流书募众，以奖凶党，上背祖宗之灵，下绝亿兆之望。《春秋》绝文姜，今太后自绝于宗庙，亦宜废黜。请废太后为峻阳庶人，以为大逆不道者戒！

群臣一致附和，只有太子少傅张华提出异议，他提出折中的建议，上奏道：

> 太后非得罪于先帝，不过与父同恶，有悖母仪，宜依汉废赵太后为孝成后故事，贬太后之号，还称武皇后，居异宫，以全贵终之恩。

贾后哪里肯甘心，再次唆使死党上奏。下邳王司马晃与左仆射荀恺等联名上奏，定要贬太后尊号，囚禁金墉城。惠帝知道此乃贾后之意，因畏惧贾后，只好乖乖下诏废太后为庶人，出锢金墉城。

贾后心狠如蛇蝎，将太后废为庶人不是她最后的目的，她要耍尽威风，将太后慢慢折磨至死。

杨太后比贾南风小两岁，她根本不把这个年轻的婆婆放在眼里，"不肯以妇道事皇太后"。昔日贾南风为太子妃时，因其暴虐，武帝欲废掉她，将她囚禁于金墉城，多亏杨太后从中调停，才免遭此难。贾南风不知太后暗中保护，见杨太后屡次斥责她，以为杨太后搬弄是非，才使自己险些被废，所以忌恨在心，发誓将来自己登上后座，一定要杨太后尝尝被囚金墉城的滋味。现在，她如愿以偿，但她并不满足，她要一不做，二不休，置杨太后于死地而后快。如今杨芷已不是太后了，贾后便无所顾忌，首先从太后的母亲庞氏下手。

贾后唆使她的狐群狗党上奏皇帝，要求将庞氏送到刑部。奏曰："杨骏造乱，家属应诛，诏原其妻庞命，以慰太后之心。今太后废为庶人，请以庞付廷尉行刑。"

惠帝有些不忍心，下诏曰："听庞与庶人相随。"

贾后哪肯罢休，再令有司上奏，坚决要求处死庞氏，惠帝无奈，只好答应了。

庞氏已是白发苍苍的老人了，杨骏被杀后，她和女儿被软禁在永宁宫中，母女二人相依为命，被痛苦煎熬着。当她接到皇帝诏书时，不禁老泪纵横。杨太后更是悲痛欲绝，她抱着母亲号啕大哭，嘴里还不停地说着："娘啊，都是女儿害了您，让女儿代您去死吧！"

庞老太君一面为女儿擦着泪，将女儿搂在怀里，轻轻地抚摸着女儿的头，一面安慰女儿说："唉，这能怨谁呢？这就是命啊！天命难违。娘已老了，死不足惜，你还年轻，要想办法活下去啊！"

元康元年（291年）三月，春回大地，万象更新，生机盎然，到处是一片勃勃生机、欣欣向荣的景象。在永宁宫外，却是一片凄风苦雨、惨绝人寰的景象。一群身材魁梧、面目凶恶的刽子手，手拿钢刀，威严地站在永宁宫门外两旁，两名凶神恶煞般的刽子手将老态龙钟的庞老太君从永宁宫中拖出来。杨芷披头散发，哭喊着死死地抱着母亲，不肯放手。两名刽子手用脚将杨芷踢开，硬将庞氏拖出宫去。

杨芷从地上爬起来，不顾身上的污泥与血渍，跪行到行刑官近前，痛哭流涕地哀求道："行刑官大人开恩，请稍等一会儿再行刑，容妾身恳请皇后开恩。"

杨太后完全丧失了昔日母仪天下的风采，她肝肠寸断，痛不欲生，为了自己的生身老母，苦苦地向行刑官哀求着。行刑官亦为其真情所感动，说道："好吧，我可以暂缓一会儿行刑，不过，你可得快办。"

杨芷连连称谢。她急忙给贾后写奏书，为给老母求情，她这个做婆母的不惜向儿媳称贱妾，表示愿以身替母。为了表示她的真诚，她拿起剪刀，剪下一缕乌黑的头发，连同奏书，一齐派人交给贾后。她跪在地上，不停地磕着头，额头已是血肉模糊了，想用此来感动贾后。杨芷的行动将那些铁石心肠的刽子手都感动了，他们也不忍心见此悲惨的场面，希望贾后能改变初衷，放庞氏母女一条生路。

奏书送到贾后手中，贾后看了看，随手将奏书扔到地上，冷笑着说道："贱人，妄想！给我立即行刑！"

传书之人回来，下达了贾后的命令，杨芷绝望了，大叫一声昏死过去。刽子手手起刀落，庞氏便身首异处，一缕冤魂直奔西方极乐世界去了。人们奉贾后之命，将昏死过去的杨芷送到金墉城，禁锢起来。

杨芷醒来时，发现自己躺在陌生之地，身边有十几名侍女服侍着，她慢慢地坐起身来，问道："这是什么地方？"

一个侍女答道："金墉城。"

侍女回答的声音很轻，但对于杨芷来说，如同晴天霹雳，她呆呆地坐在那里，眼睛直勾勾地盯着侍女们，那神态令人胆战心惊。忽然，她狂笑不止，嘴里不停地喊着："报应，这真是报应啊！"

从此后，杨芷就被她的儿媳囚禁在金墉城里，每天侍女们送些粗茶淡饭，她便在孤独中打发着寂寞的时光。

元康二年（292年），全国灾象险生，大臣上奏，预言将有女祸。贾后非常害怕，担心灾祸应在自己身上，她昼思夜想，设计摆脱困境。忽然，她想起禁锢在金墉城内的废太后，心想，是不是时间长了，放松了对那个贱人的警惕，她又在搞什么阴谋？不行，得尽快想办法将她除掉，以免祸患。相貌丑陋的贾南风心肠更毒，她不想让杨芷痛快地死掉，她要采取最恶毒的手段，将自己的婆母活活饿死。

贾后将金墉城内所有侍女都撤回后宫，然后将城内所有能用以充饥之物统统拿走，令侍卫将城门锁上，让整个金墉城变成一座人间地狱。

时间才是早春二月，天气还非常寒冷。空荡荡的金墉城内没有一丝暖意。

杨芷蜷曲着身子，躲在棉被里，不停地打着寒战。饥寒交迫，使她本来就瘦弱的身体已无法站起来，她躺在床上痛苦地呻吟着，嘴里还叨咕着："水、水，快拿水来！"

哪里有人回应，这里除她还有一丝气息外，连只老鼠都没有。在侍女被撤走的第八天，天竟下起鹅毛大雪。飒飒寒风吹来，令人感到透骨的寒冷。杨芷在寒风吹拂下，在饥饿和痛苦中离开了这个世界。她死不瞑目，两只无神的大眼睛瞪着，嘴也大大地张着，仿佛在控诉着自己的冤屈和贾后的罪恶。

贾后听说杨芷已死的消息，仍放心不下，怕其中有诈，便亲自来到金墉城，来验证事情的真伪。她来到杨芷的寝室，有些胆战心惊，毕竟是做贼心虚，当她看到杨芷饿死的惨象时，吓得急忙逃了出来。贾后虽心狠如蝎，但很迷信，她看到杨芷的死相后，怕其冤魂变成厉鬼向自己索命，在棺殓杨芷时，让人将杨芷张开的嘴塞满谷糠，将其双眼闭上，然后用东西将其脸蒙上。为了防止杨芷的冤魂兴妖作怪，又在棺椁中放上镇邪的符书和药物，这才放下心来。

杨太后就这样香消玉殒了，死在她曾屡次救护的儿媳手中，她享尽人间之福，最后竟被儿媳活活饿死，真是一场荒唐的人间悲剧，令人心寒。

第五章

诛宗室独揽朝纲
执利刃消除政敌

一、诛杀卫瓘司马亮

　　杨氏势力被铲除后，各派势力开始重新瓜分权力，宗室诸王、贾氏外戚及其他朝廷大臣的力量开始重新分化组合，形成新的格局，新一轮的权力争夺开始了。

　　汝南王亮见杨氏已除，胆子大了起来，再次入朝，摘一个胜利之果品尝品尝，被授命为太宰，与老臣太保卫瓘并录尚书事，执掌朝中大权。晋秦王柬为大将军，东平王楙为抚军大将军，楚王玮为卫将军，下邳王晃为尚书令，东安公繇为尚书右仆射，并进爵为王。贾后党羽董猛为武安侯，李肇为积弩将军，孟观亦被授爵。贾后之堂兄贾模被封平阳乡侯，舅父郭彰为散骑常侍，封冠军县侯。宗室王、外戚、老臣共处一朝，惠帝软弱无能，无力驾驭各派势力，贾后强悍，阴险狡诈，不断干预朝政，使得朝中剑拔弩张，形势危急。

　　首起发难者是东安王司马繇，司马繇为琅邪王司马伷的第三子，字思玄，初封为东安公。性格刚毅，有威望，博学多才，是宗室王中较有才华的一个。诛杀杨氏，司马繇是主力，杨氏被铲除后，被封东安王，迁尚书右仆射。司马繇见贾后势力日益强大，将必为宗室之害，便与徒党密谋，欲尽早废除贾后，以免后患。事情正在谋划时，不意祸起萧墙，这起废除贾后的政变流产了。

　　原来，司马繇的哥哥东武公司马淡素与繇不和，他忌恨繇之才学与荣宠，二人呈不共戴天之势。为了扳倒弟弟，他屡次到太宰汝南王亮处进谗，诽谤司马繇。一次偶然事件，终于使他如愿以偿。东夷校尉文俶的父亲文钦被司马繇的外祖父诸葛诞所杀，司马繇怕文俶到舅舅家寻仇报复，依仗自己的权势，私自非法地将文俶处死。这就授司马淡以把柄，他将此事告诉汝南王亮，说他专行诛赏，想独擅朝政。汝南王信以为真，并也想借此机会，除去东平王的势力，便上奏皇帝，免除东安王的官职。

　　司马繇的计划被破坏了，失官在家，心中非常苦闷，为排解忧愁，他常到东平王司马楙府上，与司马楙闲谈，聊以解忧。他心中对汝南王充满怨恨，言语之间也就不自觉地流露出来，不料，事情传到汝南王的耳朵里，他恐东安王司马繇对他不利，便以诽谤朝廷大臣之名，上奏惠帝，要求将其谪徙边远地区。贾后也乐得借此机会除去一个强敌，便令惠帝准奏。惠帝下诏，将东安王司马繇发配到带方。一个有才华和威望的宗室王就这样被清除了。

汝南王亮入宰朝政后，不思前车之鉴，重蹈杨骏覆辙，开始专擅朝政，刚愎自用。已升为御史中丞的傅咸不忍见其毁灭，便对汝南王直言说："前人乃后人之师，昔日杨骏专横跋扈，独擅朝纲，权势过人，致使灭门。树大招风，木秀于林，风必摧之，权势过高，势必招致忌恨与灾祸。太宰您位极人臣，一人之下，万人之上，如不急流勇退，后果将不堪设想。"

汝南王正春风得意，哪里能听得进如此忠言？他抵挡不住权力的诱惑，终于葬身在贾后的手中。

汝南王亮对日益强盛的贾氏后党未加注意，认为他们暂时还成不了大气候，不足为患，而将注意力转移到握有兵权、刚愎好杀的楚王玮身上。楚王玮自恃诛杀杨氏有功，专横跋扈，干预朝政，对汝南王的权势构成威胁，汝南王决定拿他开刀。

一次朝议，汝南王上奏惠帝说："如今杨氏已除，天下太平，诸王环列于朝，而藩镇边关空虚。为防不测，应速令诸王回镇，镇守要害，保卫朝廷。"

太保卫瓘亦恐楚王势力太大，将危及朝廷，所以同意太宰司马亮的主张，说："太宰所言极是。边镇要害应派诸王镇守，这样才能确保朝廷之安宁。"

楚王玮听后，恨得咬牙切齿，这分明是冲自己而来，便愤然抗议道："陛下明鉴，如将宗室诸王遣还藩镇，势必造成朝廷空虚，难保没有势利小人乘机乱政，司马家江山自应由司马家人来保护，岂能让他人染指？况朝中之兵权，关系到朝廷之安危，若用人不当，后果将不堪设想。"

汝南王说："楚王尽可放心。诸王归镇后，可令裴楷为北军中侯，管理禁军。裴家世代忠于朝廷，大晋能有今天，也有裴家一份功劳。忠臣之后，毋庸多疑。"

当时临海侯裴楷亦在场，他见自己被太宰推到前端，将成为两种势力斗争的牺牲品，很是惊慌。他知道楚王玮凶狠好杀，弄不好会引火烧身，思虑再三，决定退避，便上奏道："陛下，臣才薄学浅，不谙军事，实无能力担此重任，望陛下另选高明。"

朝议还在进行着，大臣们争议不休，莫衷一是，各派势力互不相让，最后不欢而散，汝南王与卫瓘的计谋没有实现。

楚王玮满怀气愤回到府中，无缘无故地大发脾气，众仆人吓得战战兢兢，大气都不敢出，生怕一时不慎，丢了性命。楚王府中长史公孙宏及舍人岐盛见主人如此烦躁不安，知道一定是发生了什么大事，便将楚王拉到书房，询问道："将军休要烦躁，发生何事令将军如此恼怒？"

楚王玮愤恨地说："哼，驴打江山马坐殿。我冒死除掉杨骏，前门驱狼，后门进虎。汝南王与卫瓘这两个老儿，乘机入主朝政，他们不感激我，反而要把我赶出京城，真是岂有此理！"

公孙宏和岐盛都是无赖之徒，狡猾奸诈，唯利是图，无恶不作。原来岐盛曾是杨骏的党徒，杨骏得势时，阿谀奉承，百般取媚，见楚王诛杀杨骏，便见风使舵，投到楚王门下，上廷作证，说杨太后与杨骏早已预谋作乱。楚王引以为心腹，无话不谈。

公孙宏和岐盛听楚王一说，觉得事态严重，便对楚王说："今日之事，汝南王与卫瓘虽未得逞，但他们决不会死心，早晚要对将军您下手。他们把持着朝政，权大无比，将军远不是他们的对手，将军应早想办法，解除此难。"

楚王玮在地上踱来踱去，叹口气说："唉，我能有什么好办法呢？自己无法接近皇上，手中兵权有限，硬拼恐怕难以成功，你们说，我能怎么办呢？二位是否有什么高见？"

岐盛说："将军莫急，容下官想想，为将军想个万全之策。"

岐盛说完，开始冥思苦想、绞尽脑汁地为楚王玮想主意了。约摸过了半个时辰，岐盛兴冲冲地回到书房，连声喊："将军，有了，主意有了。"

楚王忙问："是何高见？"

岐盛坐下，慢条斯理地说："将军不要着急，听下官细细说来。以下官之见，此事不可硬拼，只能智取，必须借助圣上的力量除此二人。现在，朝廷之中，皇上唯听贾后的话，贾后与卫瓘素有矛盾，何不假借贾后之力，消除将军心头之恨呢？"

楚王玮听罢，疑惑地问道："这能行吗？贾后能干吗？"

岐盛胸有成竹地说："将军放心，事在人为，此事就包在下官身上。"

楚王这才如释重负，带领二人摆宴庆贺去了。

第二天，岐盛入宫，找到贾后的心腹太监董猛，对董猛密语道："公公，如今的朝政大权都被汝南王与卫瓘把持，皇后与楚王铲除杨氏，为朝廷除一大害，功高盖世，如今却不得志，真是天大冤事。听说汝南王与卫瓘又要挤走楚王，那么，下一步他们不就要把矛头指向皇后吗？烦公公禀告皇后，对汝南王和卫瓘要多加提防，二人随时有篡位的可能。还望公公从中周旋，恳请皇后救救楚王，楚王会永世不忘，并愿终生效命于皇后，纵使肝脑涂地，也在所不惜。"

岐盛煽风点火，信誓旦旦地说着，董猛觉得此事非同一般，便急忙转告了贾后。

不料此事正中贾后下怀，真是螳螂捕蝉，黄雀在后。贾后费尽心机才除掉压在自己头上的两座大山，即杨太后与杨骏，本想从此就可以扬眉吐气，独揽朝政了，没想到政权竟落在汝南王与卫瓘手中，自己不能随心所欲。尤其是太保卫瓘，当年他曾劝说武帝废除太子司马衷，另立太子，险些坏我家事，此仇一直未报。况且，汝南王与卫瓘入辅朝政以来，处处抑制贾后，不许贾后随意干预朝廷政事，所以贾后怀恨在心，伺机除掉二人。但单凭自己的力量，还难以成功，现在楚王玮自动送上门来，岂不是天大的好事？再说楚王玮亦是骄悍难制，将来也是朝廷一大祸患，难以驾驭，何不趁此之机，"以计相次诛之"，这不是一箭双雕的好时机吗？遂告诉董猛说："你去转告楚王玮，少安毋躁，有皇后在，无人能把他挤走。等待时机，再图行动。"

楚王玮得到贾后的消息后，便静候佳音，做起黄粱美梦来。

　　岐盛不停往来于楚王府与后宫之间，引起卫瓘的警觉，他怕这无赖小人再起祸端，便想上奏皇帝，诛掉岐盛。不意消息泄露，岐盛闻讯后，决定抢先下手，他没有与楚王玮商量，便直接跑到积弩将军李肇府上，对李肇说："将军，下官有急事禀报。"

　　李肇见岐盛急急忙忙的样子，知其必有要事，便屏退下人，对岐盛说："有何急事，但说无妨。"

　　岐盛故作神秘，低声在李肇耳边说："李将军，楚王说，今晚汝南王与卫太保要行废立之事，将军应速转告皇后，保护好皇上，以免发生不测。"

　　这等大事怎么能耽搁，李肇这条深受贾后宠爱的走狗急忙向其主子报告。贾后闻言，觉得除掉汝南王亮与卫瓘的机会到了，她急草一份密书给楚王，书中写道："太宰太保，欲行伊霍故事，阴谋废立，王宜宣诏调兵，分屯宫门，并免二公官爵。"

　　要想诛杀二人，必须得有皇帝的诏书，贾后拿着写好的密书，去见惠帝。她故弄玄虚地说："陛下，大事不好了，有人今晚要发动政变，要废掉陛下。"

　　惠帝虽然憨愚，也知道做皇帝好，听说有人要谋反，急忙问："什么人这么胆大，竟敢谋反？"

　　贾后说："当然是当今太宰和太保了。他们独揽朝政已非一日，早有废立之心，听楚王讲，他们想今晚行动。"

　　"这可如何是好？爱妻，快给朕出个主意。"惠帝急得团团乱转，恳求贾后说。

　　贾后见惠帝已经中计，便说："陛下先莫着急，贱妾以为应立刻宣诏楚王玮，派兵守卫宫门，免去太宰太保之职，讨除逆贼。"

　　惠帝哪里有什么主意，唯贾后之命是听，便欲起草诏书，贾后说："妾身已为陛下草拟了诏书，陛下照写一份即可。"

　　惠帝听从贾后之命，照写了一份诏书，交给贾后。贾后交给太监，令其连夜交给楚王玮，一场血腥政变开始了。

　　楚王玮得到诏书后，非常高兴，夺权的机会到了。他告诉太监说："你速去回禀皇后，说本王定能成功，让皇后静候佳音。"

太监走后，楚王玮找来公孙宏与岐盛，拿出密诏说："皇后已下令让我们行动了，但只靠我的北军（守卫京城北部的禁军），力量恐怕不够，怎么办呢？"

公孙宏说："将军何不假借密诏，命令三十六军，共同进行呢？"

楚王犹豫说："三十六军能听命吗？"

公孙宏说："有密诏在手，再有将军之威名，何人敢不服从？"

楚王玮也觉得此计可行，便写手谕道："太宰太保，密图不轨，我受密诏，都督中外诸军，汝等皆应听我节制，助顺讨逆！"

手谕写完，速命人送往诸军。诸军将领接到手谕，都大吃一惊。他们不知发生了什么事情，但楚王既有密诏，也就不敢不从，所以诸军连夜行动了。

楚王玮为了减轻阻力，假传圣旨，晓谕汝南王与卫瓘的属官道："太宰太保，图谋不轨，尔等应速散归，概不连坐；若不奉诏，将军法从事。"

一切准备就绪后，便开始行动了。他令积弩将军李肇与公孙宏率兵攻打汝南王府，令其格杀勿论，派弟弟侍中清河王司马遐带人逮捕卫瓘。

那是元康元年（291年）六月的一天深夜，酷热的夜晚令人难以入眠。汝南王在庭院品茶乘凉，毫无睡意。忽然，传来一阵急促敲门声，帐下督李龙惊慌失措，踉踉跄跄地跑了过来。司马亮不知发生何事，忙迎过去问道："何事这等惊慌？"

李龙气喘吁吁地说："属下听说，楚王奉皇上密诏，派兵要杀太宰，已经行动了。"

汝南王听罢，哈哈大笑道："谣传，纯属谣传。这是绝对不可能的事。"

李龙说："太宰，消息可能是准确的。听说不仅楚王的北军行动了，而且其他三十六军也行动了。他们不仅要杀您，而且还要杀卫太保。我们宁可信其有，不可信其无。如若不然，我们将束手待毙呀！"

汝南王沉吟一会儿，有些动心，想想近日岐盛不断往来楚王府与后宫之间，再想想楚王因自己令其归镇而恼羞成怒的样子，觉得可能事出有因，便对李龙说："你速派人出去打探消息，消息确切后再做打算。"

李龙说："太宰，如果消息属实，我们就来不及了，我还是马上带兵保护王府吧。"

汝南王摇头说："切勿轻举妄动，否则会中敌人奸计。"

汝南王的话音刚落，王府墙外传来喧哗声，李肇与公孙宏率军已冲了上来。他们迅速将汝南王府团团围住，兵丁们开始翻越宅墙，冲入王府。汝南王返身进屋，正碰上长史刘淮，刘淮愤然说道："这一定是中宫贾后的阴谋，公府内高手如林，可暂时抵挡一阵，等天亮入宫，向圣上辩明是非。"

汝南王仰首长叹道："圣上听命于贾后，辩白也无用，看样子吾命休矣。"

说罢，痛苦地闭上眼睛，泪水顺着饱经沧桑的脸缓缓地淌了下来。

不一会儿，李肇率兵闯进屋内，汝南王乖乖就擒。汝南王怒问道："我忠心耿耿，报效朝廷几十年，犯了什么罪？"

公孙宏答道："我们只是奉诏讨逆，至于你犯何罪，我们也不知道。"

汝南王听他们说是奉诏行事，便追问道："既然奉诏行事，那么圣上的诏书呢？为什么不拿出来看看？"

李肇大吼道："休与他啰唆，给我搜，府中之人不得放走一个！"

汝南王亮痛苦地说道："我对朝廷的忠心，可以明鉴日月，披示天下，为何得此下场，累及无辜？苍天哪，为何如此不公？"

无论汝南王如何慨叹，都丝毫不能打动李肇等人的心。李肇将汝南王五花大绑，把他拴在车下。可怜汝南王，年已老迈，身体肥胖，在这闷热的夜晚，被拴在车下，喘不过气来，汗水湿透了衣衫，蚊叮虫咬，却无法动一动。有几个守卫的守军见之不忍，便主动上前，为其驱赶蚊虫，替他扇风送凉。李肇在一旁看见，气得暴跳如雷，怒骂守军，并下令道："有人斩司马亮，本将军赏布千匹！"

重赏之下，必有勇夫，那些唯利是图的乱军见有重赏，蜂拥而上，乱刀齐下，有的割鼻子，有的剜眼睛，有的割耳朵，有的砍手足。刹那间，这位效命西晋王朝几十年的老臣、当今圣上的叔祖父，就这样暴亡在乱军手中。死得如此之惨，令人惨不忍睹。李肇见之，却开怀大笑，说道："看你还横行不横行了。来人哪，给我把这老贼的尸首扔到北门外，把他喂野狼！"

乱军将汝南王尸体扔到北门外。李肇将汝南王家眷，不分长幼，一律处斩。只有最小的儿子熙，尚在襁褓之中，一个丫鬟不忍汝南王绝后，将其抱在怀里，乘乱逃出汝南王府，藏到临海侯裴楷家中。

裴楷的长子舆娶汝南王亮女为妻，二人为儿女亲家。汝南王府的丫鬟抱着孩子闯进府来，裴楷忙问道："发生什么事了？"

丫鬟答道："太宰被楚王派人杀了，并满门抄斩，只有我们两人逃出来了。大人，看在昔日与汝南王的情面上，求您救我家少爷一条性命，为太宰留下一脉香火。"

裴楷闻言，知宫内有变，楚王既害死太宰，也不会放过自己。昔日为中侯之职，已得罪于楚王，楚王定会乘此机会对自己下手。看样子，自己府里是不能住了，他吩咐手下人备车，并对汝南王府丫鬟说："快，抱好少爷，跟我走！"

裴楷驾着单车，带着汝南王的小少爷直奔城里，藏到岳父王浑家。一晚转换八个藏身之处，直到后来楚王玮被诛，才得以脱险。

再说清河王遐带兵来到卫府，将卫府围住，清河王带人进入府内，向卫瓘宣读皇帝密诏。卫瓘左右的人怀疑密诏有假，劝卫瓘道："礼律刑名，台辅大臣，未闻此事，太保应拒接此圣旨，上奏圣上，查明真相，再就戮也不晚。"

卫瓘一生，光明磊落，晚年不欲落得抗旨不遵之名，遂说道："老夫效命朝廷一生，忠心上天可鉴。既然圣上欲让臣死，我岂能不服从圣命呢？我已老矣，死又何惧！"

说罢，从容走出房门，跪接诏书，准备就擒。正在卫瓘刚要站起身时，从清河王身后忽然蹿出一人，拔出钢刀，手起刀落，将卫瓘砍成两段。这人是谁呢？正是卫瓘从前的帐下督荣晦。

荣晦曾在太保府中为帐下督，因行为不轨，屡犯王法，被卫瓘驱逐出府。他投于楚王门下，对卫瓘恨之入骨，所以，乘此之机，发泄私欲，报仇雪恨。

他杀死卫瓘后，觉得尚不解恨，便将卫瓘的三个儿子卫恒、卫岳、卫裔及孙子等九人一并杀死。只有卫瓘的两个儿子卫璪、卫玠，因病到外就医，才免遭此劫难。

卫瓘自武帝以来，兢兢业业，忠心耿耿，最后惨死在贾后的阴谋之下，实在令人惋惜。这场政变，离贾后除掉杨氏只有三个月，贾后再除两大政敌，向独揽朝廷大权又近一步。下一个心腹之患就是楚王玮了。

二、一箭双雕除楚王

清河王遐、荣晦灭了卫瓘满门后，到楚王玮府复命，公孙宏、李肇等也将汝南王满门抄斩，前来复命。楚王玮与众将官非常高兴，公孙宏等不断向楚王玮称喜祝贺。这时岐盛将楚王玮拉到一边，低声对楚王玮说道："将军，先别忙着庆贺，司马亮与卫瓘虽然被诛，但贾后更可怕。贾谧、郭彰是贾后的重要支柱，我们何不趁热打铁，将他们一网打尽，这样将军才能稳立朝中，号令天下，到那时再庆祝，未为晚也。"

楚王玮听罢，犹犹豫豫地说："这……这事恐怕不可再行了吧……"

岐盛再劝道："这有何不行，将军今晚若不除他们，将来必败在贾后手中，到时悔之晚矣。"

楚王玮连连摇头说："不行，不行，怎能对皇后不忠呢？再说我重兵在握，何人敢对我不恭？"

岐盛见此，什么话也没说，叹息着退了出去。

正如岐盛所言，贾后使的是一箭双雕之计，当她闻知司马亮与卫瓘被除后，就开始谋划除去楚王玮之计。

天已经亮了，一夜的暴风骤雨渐渐地平息了，大臣们怀着惴惴不安的心情上朝，相互交头接耳地议论昨晚发生的事，互相打探询问着。太子少傅张华找到贾后心腹太监董猛，对他说道："烦公公代劳，转问皇后，楚王杀了汝南王与卫瓘，权威在手，皇后将如何处理？何不下诏，责其擅杀大臣，摒除后患？"

董猛将张华的话转告贾后，贾后听罢，非常高兴，说道："我正在考虑此事，张爱卿与我同见，今日若不除掉楚王，朝廷将永无宁日。你快去转告张公，事在速行。"

董猛急忙出宫，对张华说："张公，皇后同意公之所言，令您立即行动。"

张华入殿，启告惠帝道："昨夜楚王玮谋乱，假传圣旨，枉杀太宰汝南王亮、太保卫瓘及大量无辜，罪在不赦。事出仓促，将士以为朝廷之意，故随从之，实无罪过。今可持驺虞幡（晋制，朝堂置白虎幡、驺虞幡两帜。白虎幡绣白虎，国有大事时，用此幡表示进战。驺虞幡绣驺虞，用此幡表示休战）令众军速退，方可解朝廷之危。"

惠帝听贾后之命，哪有不允之理。张华便立即派殿中将军王宫持驺虞幡，直奔楚王府。楚王与众将还在庆祝，王宫挥舞着驺虞幡对众将道："楚王假传圣旨，枉杀大臣与无辜，你们怎能盲从呢？今圣上谅你们不明真相，赦你们无罪，速速解散回府。"

众将见驺虞幡已到，无人敢违抗，便惊骇地逃走。楚王玮身边已空无一人，他觉得事情不妙，急忙赶着牛车，要到秦王司马柬府去避难。正在楚王慌忙逃跑时，一群朝廷卫士追来，楚王死命打牛，但还是被卫士们追上，将其拉下牛车，捆绑着押交廷尉。

贾后见楚王被捕获，心中的一块大石头落了地，自己的一箭双雕之计成功了。她命惠帝下诏，处楚王以死刑。惠帝遂下诏道："楚王矫诏，擅杀二公父子，又欲诛灭朝臣，谋图不轨，罪大恶极，应速正大典。特遣尚书刘颂监刑，立即执行。"

尚书刘颂奉诏，将楚王推往市曹。一路上，楚王哭喊着："冤枉啊，实在是冤枉啊！我诛杀汝南王与卫瓘，是奉皇后之命，并有皇帝的密诏，怎能说我擅杀呢？"

他一面喊，一面从怀中掏出一张青纸，这正是昨晚惠帝奉贾后之命所写的那份密诏，楚王递给刘颂，并恳求道："尚书大人，我确系冤枉，我之所为，皆为社稷着想，反被奸人诬陷。尚书大人应禀明圣上，替我申冤啊！"

刘颂接过那份密诏，匆匆看了一遍，心里已明白了，很同情楚王玮，禁不住唏嘘涕下。皇上催斩的圣旨一道道下来，刘颂无能为力，慨叹地对楚王说："圣命难违，只好送王启程了。"

刘颂强作威容，一声令下，楚王便身首异处了。随后又诛公孙宏、岐盛，皆夷三族。强横一时的楚王成了贾后计谋的牺牲品，一道冤魂到黄泉与汝南王、卫瓘做伴去了。

贾后一箭双雕，杀掉司马亮、卫瓘、司马玮之后，便篡夺了朝廷全部大权，实行她"专制天下，威服内外"的"女主专政"。贾后虽阴险毒辣，对于政治却有些章法。在新一轮职权分配上，任族兄贾模为散骑常侍，兼加侍中，侄儿贾谧为散骑常侍，并领后军将军。贾后知道，这些人可以依为心腹，但无法担任治理国家的大任，必须选用有才华的大臣主持朝政，政权才能长治久安。贾谧为贾后出谋道："张华出于庶姓寒门（魏晋南北朝时期地主阶级内部分为不同等级，显贵之家称为'高门'，卑庶之家称为'寒门'。尤其魏晋南北朝时期，士庶之别，如隔云泥），儒雅有筹略，进无逼上之嫌，退为众望所依，宜以朝政相委，访以政事。"

贾后有些犹豫不决，转问裴颀，裴颀一向敬重张华的学识与人品，遂赞成道："张华才识过人，品行方正，宜委以重任。"

贾后便任命张华为侍中，兼中书监，裴颀为侍中，裴楷为中书令，加侍中，王戎为左仆射，共同执掌机要。

张华（232—300 年），字茂先，范阳方城（今河北固安）人。少孤贫，曾以牧羊为业。博闻多识，才华横溢，为武帝所重。累官至散骑常侍。他力排众议，劝说武帝定灭吴之计。平吴后，封为广武县侯，名重一世，众所推服。晋史及当时朝廷仪礼宪章等，都出于张华之手，名声日大，引起荀勖、冯纨等人的忌恨。荀勖伺机离间诽谤，想将张华挤出京城。适武帝欲出齐王攸归藩镇，以保太子司马衷日后之平安。武帝征询张华，试探着问道："爱卿，朕百年之后，谁可托寄后事？"

张华直言道："无论是才德还是亲情，没有比齐王攸更适合。"

武帝大为不悦，遂信荀勖的谗言，出张华为持节、都督幽州诸军事、领护乌桓校尉、安北将军。至武帝终朝，张华一直未被重用。

惠帝即位，以张华为太子少傅，因德望过人，复为杨骏所忌，没有参与朝政。贾后执政，赏识张华的才能，遂委以重任。《晋书·张华传》载："华遂尽忠匡辅，弥缝补阙，虽当暗主虐后之朝，而海内晏然，华之功也。"

由于张华、裴颜等人的鼎力合作，元康年间，朝野安静，是"八王之乱"中的小康时期。

张华为抑制贾后干政，亲手写下《女史箴》，讽谏贾后。贾后虽凶险毒辣，但对张华很敬重，明知张华之意，也不责怪。后进封张华壮武郡公、司空公，位极人臣。

裴颜字逸民，河东闻喜（今属山西）人。晋初大臣裴秀之子，也为高门大族。裴秀正是晋初流行民谣"贾、裴、王，乱纪纲，裴、王、贾，济天下"中的裴氏，他帮助武帝司马炎篡夺曹魏天下，位居高官。裴颜不仅出身高贵，而且"弘雅有远识，博学稽古，自少知名"。贾后之母乃裴颜从母，裴颜也是贾后的外戚，素为贾后所重，迁为侍中，掌典机要。

裴楷字叔则，河东闻喜（今属山西）人。裴颜之从叔。史载："楷风神高迈，容仪俊爽，博涉群书，特精理义，时人谓之'玉人'，又称'见裴叔则如近玉山，映照人也'。""裴楷"为武帝所重，为人方正，与贾充之徒不睦，要将贾充挤出朝廷，贾充用计嫁女贾南风入宫，乃止。贾后执政后，重其才华，不计前嫌，令其代楚王玮为北军中侯，加散骑常侍。楚王为乱，密派人前往裴府诛杀之，裴楷与汝南王亮的小儿子"一夜八徙"，才免此难。迁中书令，加侍中，参与朝政。

王戎字濬冲，琅邪临沂（今属山东）人。王氏是魏晋时一流大族。王戎少时聪敏过人，与一群少儿在道旁嬉戏。见道旁有棵李树，果实累累，别的孩子都急忙跑去摘李子，唯王戎站立不动。有人觉得奇怪，问他为何不往。王戎说："树在道旁而多子，必苦李也。"别人不信，取而验之，果然是苦李子。

　　戎好清谈，为西晋"竹林七贤"之一，为政平庸，无甚功绩。性贪鄙，广积钱财，为时人所讥。裴颜为王戎之婿，与贾后亦有姻戚关系，遂居朝中重位。

　　贾后在这些有才识大臣的辅佐下，朝政相对安宁了一段时间。但所有注意力都集中在防止内讧之上，周边少数民族却日益强大起来，并不断内徙中原，外患逐渐加强，成为灭亡西晋王朝的重要力量。

第六章

贾后淫乱偷美男
倜傥风流姊妹花

一、贾氏窥帘韩掾少

贾后独揽朝政后，重用亲党，尤其是侄儿贾谧，更是倚为心腹。贾谧名义上是贾后的侄儿，实际上是贾后的外甥、贾后之妹贾午之子。为何改姓贾呢？这里另有一番情由。

贾谧本姓韩，字长深。母贾午，是贾充小女儿，贾后亲妹妹；父韩寿，字德真，南阳堵阳（今属河南）人。贾午与韩寿曾有过一段风流千古的恋爱史。后人曾写诗道：

> 飒飒东风细雨来，芙蓉塘外有轻雷。
>
> 金蟾啮锁烧香入，玉虎牵丝汲井回。
>
> 贾氏窥帘韩掾少，宓妃留枕魏王才。
>
> 春心莫共花争发，一寸相思一寸灰！
>
> ——唐·李商隐《无题四首》

当年贾充将贾南风嫁与太子司马衷为妃，贾充进位为司空、尚书令。当时有一个风流少年，才如曹子建，貌似郑子都，风度翩翩，文采过人，为时人所赞叹。这个年轻人叫韩寿，是曹魏司徒韩暨的曾孙，出于名门。他想投谒贾充门下，贾充召见了他。贾充见韩寿举止潇洒得当，心里非常喜欢。又考察他的才学，更是对答如流，见解独到，贾充大加赞赏，便令他为司空掾。从此后，他便经常出入相府，相府所有文牍，都出于韩寿之手。贾充见此年轻人如此才华横溢，便大加重用，也格外信任。每当贾充宴请宾客时，他都让韩寿作陪。

刚入贾充相府时，韩寿还有些拘束，时间一长，见贾充如此喜欢他，便逐渐放肆起来。每次陪伴客人，借酒鸣才，吟诗作赋，雄言诡辩，侃侃而谈，令人瞩目。贾府上下，一片赞誉之声，尤其是那些奴婢丫鬟更是以一睹韩寿风采为荣。丫鬟们常三五个在一起，议论纷纷，品头论足。

贾午在闺房里不知侍女们在议论什么，议论得那么眉飞色舞、兴高采烈，便问贴身侍女道："你们这些丫头在偷偷地说什么呢？"

侍女答道："回小姐，最近府上来了一美少年，风流偶傥，俊美无比，并且才高八斗，学富五车，府内上下都议论他呢。"

贾午一听，不觉芳心一动，但不便直言，遂说道："一派胡言，难道他是天上神童仙子不成？"

侍女说："小姐，奴婢绝无戏言，不信有机会小姐亲自去看看，保证让小姐芳颜大悦。"

贾午嗔怪道："该死的丫头，你竟敢拿本小姐取笑，看我不掌你的嘴。"

说罢，动手要打侍女，侍女嬉笑着跑开了。但侍女的一番话不停地在贾午耳边回响，她忘怀不下，真想亲自看看这位少年郎，是不是像侍女说的那么潇洒。在封建社会，闺阁在内院，绝不允许青年男子出入，且大家闺秀亦是大门不出，二门不迈，难见除父兄外的其他异性。她们的婚姻靠的是父母之命、媒妁之言，直至入洞房，方可与托付终身的丈夫见面。这种社会习俗致使怀春少女无处诉说情怀，产生种种变态心理。她们大多数听从命运的安排，嫁鸡随鸡，嫁狗随狗，麻木地过完一生。有的少女不甘心，遂背着父母，与自己一见钟情的男子私订终身。贾午正值青春多梦时期，哪能不思春怀春呢？

一天，贾充又大宴宾朋，再令韩寿陪客。贾午的侍女得信后，来到贾午绣楼，对贾午说："小姐，老爷又大摆筵席，宴请宾客，我说的那位公子又来陪客了，不知小姐有无兴致前去看看。"

贾午心里十分想去看看，但碍于面子，说："胆大的奴才，胡说什么呀，我这么个大姑娘，怎能在陌生人前抛头露面呢？"

侍女一听，知道小姐已动心，劝说道："小姐，奴婢早已想好办法。厅堂后有一屏风，奴婢带小姐从后门进去，藏在屏风后面，这样，既能看见堂上之人，又不会被外人发现，这不是个好办法吗？"

贾午说："你这鬼丫头，既然你把那公子说得那么神，我今天看看去，要你言过其实，看我回来怎么收拾你！头前带路。"

侍女带着贾午，从后门偷偷溜进厅堂，藏在屏风后面。此时宴会已经开始，韩寿所坐的位置正面对屏风，贾午看得十分清楚。酒至半酣，雅兴大发，韩寿海阔天空，无所不谈，令在座宾客赞慕，都盛赞他有旷世奇才。贾午站在屏风后，目不转睛地盯着韩寿，低声问侍女道："你所说的少年郎是说话的那位吗？"

侍女回答说："小姐，正是。"

贾午又追问道："这是谁家的公子？叫什么名字？"

侍女道："听说是魏司徒韩暨之孙，出自名门，叫韩寿。"

贾午听罢，轻轻地点了点头。她忘情地看着眼前这位英俊潇洒的青年公子。这位公子如此漂亮，如此有才华，真是天下难寻啊！她不时地幻想着，自己若与这翩翩公子结为连理，那该多好啊！不知不觉，一朵红云升上脸际，侍女看在眼里，明白了小姐的心思。

那韩寿一边饮酒，一边高谈阔论。抬头之际，见迎面的屏风无风而动，在半明半暗的屏风后，隐约看见两个娇娃，好似芍药笼烟，韩寿以为又是相府的婢女们在偷看自己，也就没太留神。谁知求凰无意，引凤有心，贾午被韩寿的风采所迷住，一片芳魂早已被他勾去。

酒席散了，客人们纷纷起身告辞，韩寿也已离座而去，贾午还在那里痴痴呆呆地站着。侍女拉了贾午一下，低声唤道："小姐，该回房了！"

连唤几声，贾午才转过神来，不禁脸飞红晕，跟着侍女，急忙回房去了。

贾午回房后，心神不安，韩寿的形象不断出现在她的眼前。她心想：世上竟有这般美貌的男子？自己若不是亲眼看见，如何能相信？若能与他结为鸳侣，也不枉活一生。从此后，她昼思夜想，又是喜，又是忧。喜的是这位如意郎君就在府中，相见非难；忧的是闺阃深深，欲飞无翼，如何才能向公子一吐衷心？她暗暗焦急，而这种事情又无法向父母启齿，渐渐地害上了相思病，每日躺在床上，长吁短叹，茶不思，饭不想，郁郁寡欢。人渐渐憔悴消瘦下去，一副病恹恹的样子。

贾充和郭槐哪里能知道，他们见女儿日益憔悴消瘦，以为她身体不适，问贾午，贾午总是应付道："没有什么，只不过感冒而已。"

贾南风嫁为太子妃，难得回府一次。贾充与郭槐身边只有贾午这么一个宝贝女儿，尽管王公子孙上门求亲者络绎不绝，贾充却不想将女儿嫁出，想留宝贝女儿在身边，多陪老两口几年。俗语说得好："女大不中留。"情窦初开的贾午难耐闺房的寂寞，私窥韩寿而害相思病，这可急坏了贾充和郭槐。他们遍请京中的名医，为女儿调治，医生把脉诊治，然而，世上何药能治得了相思病呢？医生们模模糊糊地下药方，使她煎饮，接连饮了数十剂，毫不见效，反而娇躯越来越弱，竟至卧床不起。贾充忧心如焚，郭槐更是焦急万分，她对侍女们进行责骂，迁怒于侍女，怪她们服侍不周，使小姐害病。其实侍女们有的已知小姐病之所在，因为贾午病得精神恍惚，常常梦呓般地唤着"韩公子"。但她们不敢据实向贾充和郭槐汇报，只好哑巴吃黄连，忍受郭槐的责骂。

贾午的那个贴身侍女对此事来龙去脉一清二楚，心里为小姐着急，她很想为小姐搭起鹊桥，让二人共结百年之好，但怕小姐怯懦，不敢与韩公子私会，另外也不知韩公子是否知道小姐的此番情意。见小姐被相思病折磨得如此憔悴，侍女决定为小姐冒险一试。

一天，侍女见闺房内无人，便轻轻唤醒贾午，问她道："小姐，现无旁人，奴婢斗胆试问一句，小姐是否想见韩公子一面？"

贾午见侍女说到自己的心里，红云飞上脸颊，满脸羞涩地嗔斥道："该死的丫头，胡说什么，看我不掌你的嘴。"

侍女笑了笑，说道："小姐休要难为情，这事瞒得了别人，难道还能瞒得了我吗？小姐您要同意，奴婢一定让小姐实现心愿。"

贾午轻轻叹口气说道："唉，难啊！父母不会同意，再说庭院深深，我这么个女儿身，如何能出去？"

侍女说："小姐莫急，奴婢自有办法。"

贾午又摇摇头道："不行，不行。韩公子不知此事，我这个大家闺秀如此主动传情，岂不被他耻笑？他能接纳我吗？"

侍女安慰道："小姐放心。小姐看上韩公子，是他的福分，他高兴还来不及呢，怎能不同意呢？只要小姐同意，一切都由奴婢去办，小姐自管养好娇躯，别的事毋庸担心。"

贾午见侍女如此一说，喜上心头，身体也为之一爽，遂说道："事关我的名誉，你可得千万小心，不要走漏半点儿风声，更不能让我父母知道。"

侍女保证道："小姐放心，若出纰漏，唯奴婢是问。"

侍女见贾午同意，便寻找个机会去韩府，求见韩寿。韩寿见贾府奴婢求见，觉得来意蹊跷，便悄悄地将侍女引到密室，问道："姐姐，不知为何事来找小生？"

侍女探问道："韩公子，奴婢敢问公子成亲否？"

韩寿答道："小生尚未成婚，不知姐姐为何问及此事？"

侍女说："韩公子，恭喜你了。"

韩寿忙问："何喜之有啊？"

侍女说："韩公子一表人才，深得我家小姐的赏识，我家小姐有意与公子永结秦晋之好，不知公子可否愿意。"

韩寿听此，心里一惊，他知道当今太子妃贾南风以奇丑善妒而闻名，她的妹妹是不是也那样呢？便支支吾吾道："多谢小姐一片心意，只是婚姻大事应由父母做主，小生不敢私自应允。"

韩寿的神态被聪明的侍女所看破，她知道韩寿心里想的是什么，便说："我家小姐温柔贤顺，而且貌美无比，琴棋书画样样精通，是天上难找、地下难寻的美人，公子可不要一时糊涂而错过大好姻缘哟。"

韩寿一听贾府小姐貌若天仙，不禁心动，便犹犹豫豫地说："这事若让司空公知道，将如何是好？"

侍女见韩寿已经动心，便说道："韩公子，奴婢据实相告。我家小姐为公子而害相思，现已病卧床榻一个多月了，茶不思、饭不想，日夜呼唤公子的名字，难道公子就忍心让我家小姐香消玉殒吗？再说与小姐结为连理，公子的前程是不可估量的。"

韩寿思前想后，觉得此事可行，便问："姐姐，小生是请媒人到贵府提亲，还是先与小姐见面？"

侍女道："韩公子，万万不要请媒人。京都王公贵族、高门大户的子孙到贾府提亲者络绎不绝，我家老爷都不同意，被一一回绝。公子功名未就，贸然前去提亲，老爷定不会答应，那样，岂不害了我家小姐？不若先见过我家小姐，生米煮成熟饭，老爷不答应也不行，到时候，公子不就成了贾府的乘龙快婿吗？"

韩寿点头道："姐姐言之有理，只是贵府高门大院，小生如何得见小姐？"

侍女说："公子尽可放心，此事由奴婢安排。只是公子先写一封书信，聊慰我家小姐相思之苦，我再与小姐商议见面之事。"

韩寿正值青春年少，能得到贾府小姐的芳心，岂不欣喜若狂？听罢侍女的话，拿起笔墨，洋洋洒洒地写了封情意绵绵的情书，交给侍女，并向侍女深鞠一躬道："多谢姐姐成全，事成之后，小生定有重谢！"

侍女拿着韩寿的书信回府了。她秘密交给贾午，并把事情经过简单地说了一遍。贾午急忙打开书信，见信写得缠绵悱恻，芳心大悦，满脸愁容顿失，变得红润羞涩起来。看完情书，将它叠好，小心翼翼地珍藏起来，对侍女说："你速去约公子今晚相见，并将这块手帕交给公子。事成之后，本小姐定有重谢。"

侍女逗趣道："小姐用何谢奴婢呢？"

贾午笑着说道："你就放心吧，到时收你做小，岂不是最好的酬谢吗？"

侍女满脸通红，故作怒容道："小姐若再拿奴婢取笑，奴婢就不给你牵线搭桥了，让你相思去吧。"

说完，笑着跑了。

侍女拿着小姐的定情之物——一块香手帕来到韩府，韩公子一见侍女如此迅速返回，以为事情有差，急忙问：

"姐姐，为何这么快便返回？小姐意下如何？"

侍女见韩寿如此着急，便从袖中拿出手帕，递给韩寿，说道："这是我家小姐赠与公子的定情之物，并约公子今夜闺房相见。"

韩寿听罢，欣喜若狂，他接过小姐赠送的手帕，轻轻打开，手帕散发着浓郁香味，令人陶醉。只见那手帕上，绣着一对鸳鸯在水上亲昵地嬉戏，并在一角，工工整整地绣着小姐的芳名，足见小姐的一片真情。韩寿看了又看，闻了又闻，忍不住亲了几下，才恋恋不舍地放了起来。他抬起头来，见侍女正在看他，有些难为情，拉着侍女的手求道："好姐姐，今夜一定要成全小生与小姐之美事，姐姐的恩情，小生没齿不忘。不知姐姐有何妙计，能让小生进得小姐闺房？"

侍女说："公子莫急，要想见我家小姐，就要委屈你这谦谦君子了。贾府后花园的东北角墙比较矮，今夜二更天，公子可自墙上而入，到时奴婢前去迎接公子，不知公子可否敢去？"

韩寿情欲正烈，别说是跳墙，就是上刀山、下火海，恐怕也会在所不辞，他急忙答道："这有何不敢？姐姐到时可要接小生去啊！"

二人约定后，侍女回贾府回禀了贾午，遂演出一段偷情盗香的风流故事来。

侍女回府后，将事情禀明贾午，贾午高兴得从床上坐起来，忘记了身体的孱弱，下床开始梳妆打扮起来。在侍女的帮助下，沐浴更衣，匀粉脸，刷黛眉，从头到脚，认真地修饰一番。贾午一边打扮，一边不停地向外张望，盼望早点金乌西下，玉兔东升。一切收拾停当，侍女又整理床被，添枕熏香，闺房变成洞房，一片喜气洋洋。一下午，贾午都非常紧张，心神不宁，坐卧不安，好容易挨到入夜。一更刚过，她便催促侍女道："快去迎接韩公子吧，他若早来，岂不在外空等吗？"

侍女非常理解小姐此刻心情，便起身到后花园等候韩郎去了。

侍女打开后角门，悄悄地来到后花园的东北角，静静地在那里等候。四周一片寂静，不时传来青蛙的鸣叫声，花园的花香阵阵袭来，沁人心脾。侍女不敢点灯，静静的黑夜，她有些害怕，躲在院墙阴影中心焦意乱，眼巴巴地望着墙上。远处传来更夫的打更声，二更天了，韩公子为何还没来？难道他胆怯不来了吗？忽听得一声异响，有一条黑影自墙而下，侍女迎上去，仔细一看，正是韩寿，侍女说道："韩公子真好功夫。"

韩寿笑道："让姐姐久等了。区区矮墙，一跃可入，我若无此伎俩，也不敢前来赴约了。"

说罢，便拉着侍女的手，跟着侍女向贾午的闺房走去。

贾午自从侍女走后，更是心神不宁，坐也不是，站也不是，不知该如何是好，一会儿照照镜子，看看自己是否打扮好，一会儿推开窗户向外看看，并一次次推开绣门向外张望。正在望眼欲穿之际，侍女推门而入，身后跟进的正是日夜盼望的韩郎。贾午毕竟青春年少，初涉情场，忽见情郎，不知如何应对才相宜，她呆呆地站在那里，眼睛一眨不眨地盯着如意郎君，好像要把他吞进肚里一般。韩寿已走到贾午身边，贾午才回过神来，急忙敛衣施礼道："小女拜见公子。"

韩寿急忙上前施礼回答，并将贾午双手握住，仔细端详这位小情人。灯下观美人，别有一番风味，在烛光辉映下，姑娘那满是羞涩的脸如盛开的芙蓉花，娇美可爱。那略为瘦小的身躯倒也柔弱玲珑，透着一番灵秀。一双丹凤眼顾盼有神，如一汪秋水，带着绵绵深情。那樱桃小嘴说起话来如吐珍珠，清脆悦耳。韩寿从头看到脚，又从脚看到头，看在眼里，爱在心上，恨不得马上把小姐抱在怀里，一亲芳泽。侍女见此，急忙退出屋去，屋内只剩下这对情投意合的青年男女，一个情火欲烧，一个柔情似水。这一宵男欢女爱，缱绻缠绵，道不尽的相思，说不尽的恩爱，枕上山盟，衾里海誓，无奈欢愉嫌夜短，转眼便是鸡鸣天亮了。

临别前，韩寿问贾午道："小姐，绣房内放的是何种香料，如此长久地芬芳，沁人心脾？这绝不是普通的兰香，也不是麝香。"

贾午说："公子所言极是。这被底下放的是一种西域进贡的奇香，是皇上赐给家父的，我从父亲那要了少许，一直珍藏至今方用。"

韩寿道："此香真乃人间少有，不知小姐可否赠与小生些许，小生闻得此香，如同闻得小姐身上幽香一般。"

贾午犹豫一会儿，说道："此香甚为珍贵，一直在家父那里保存，郎君若要，明晚再来，我当赠君若干。"

二人难舍难分地告别了。贾午躺在床上，心情舒畅地酣然入睡，日上三竿，方才起床。此时已全无病态，神清气爽，满脸春色，满眼笑容。郭槐和众丫鬟不知何故，以为小姐病已痊愈，贾府上下一片欢庆，大家一颗悬着的心都落了下来。贾充上朝未归，贾午借看父亲为名，溜进贾充书房，偷得奇香，回绣楼休息去了。

挨至夜晚，韩寿轻车熟路地从原路入室，与贾午再续鸾交。贾午从枕底拿出白天从父亲那里偷来的奇香，放在韩寿手上说："公子，这可是我从父亲那里偷来的，你千万要藏好，万不可让别人知道。"

韩寿笑道："娘子放心，小生要像珍惜娘子一样把奇香珍藏起来，保护好。"

二人说说笑笑，千般恩爱，万般柔情，直至天明，才依依不舍地分手。

韩寿与贾午表面上都不露声色，想明修栈道，暗度陈仓，过着浪漫而又刺激的神秘夫妻生活。不料，贾午赠给韩寿的奇香，泄露了他们的机密。

韩寿得到奇香，如获珍宝，藏在怀里回府，偷偷地藏了起来。偏偏此香一经着身，香味经月不散，韩寿身上便长久地散发着幽香。韩寿在贾府当差，同僚闻得韩寿身上有香味，便开玩笑地查问道："韩公子，身上藏着何家小姐赠与的香囊，如此清香扑鼻？"

韩寿连忙否认道："兄台别拿小生开心，小生身上哪有什么香囊。"

同僚说："韩公子，若无香囊，为何公子身上有扑鼻香味？"

韩寿说："断无此事，如若不信，兄台可以搜查。"

众同僚开玩笑似的搜遍韩寿全身，果真未见有香囊之类的带香之物，大家非常奇怪，议论纷纷。不料，此事传到贾充的耳中，贾充甚觉奇怪，他借口令韩寿办事，亲自闻得韩寿身上的香味。真是怪事，韩寿身上的淡淡幽香怎么与圣上赠给的西域奇香的香味相似？但此香为圣上所有，唯有自己得邀宠赏，而自己只分给妻女少许，视若奇珍，怎么会落到韩寿之手？贾充苦苦思索，不得其解。回到书房查看珍藏的奇香，果然少了，难道是韩寿入府盗走的吗？不，这绝不可能。韩寿不知老夫藏有此香，况相府门闱森严，外人难以入内，更何况是老夫的书房呢，这一定有家贼！知道老夫藏香之处只有妻子和爱女，郭槐绝不会做出此事，难道是女儿斗胆盗香，赠给韩寿的吗？说也奇怪，女儿病卧床榻已逾旬月，为何忽然痊愈？而且女儿满面春色，整日笑声不断，比从前无病时还有精神，这其中定有缘故。难道女儿与韩寿私通吗？这高墙大院的，女儿又未尝出外，如何得与韩寿来往呢？他左思右想，疑窦百出，决定晚上搜查一次。

贾充与往常一样，入夜便上床休息了。他躺在床上静静地听着外面的动静，直至半夜，也未听到半点异响。他决定趁此半夜，对全府进行认真搜查，遂披衣坐起来，大声喊道："来人啊，府里有贼！"

众童仆听到主人的喊声，睡眼蒙眬地爬起来，拿起灯笼火把跑向主人房间，惊问道："主人，贼人在哪里？"

贾充说："刚才老夫听到声响，起来向外看时，有一黑影在窗前闪过，快，给我搜！"

众童仆开始全府搜查，并无盗踪，一个童仆在后花园的东北墙上发现留有足迹，仿佛狐狸行处。众童仆纷纷向贾充报告，未见异常。那个童仆说："报告主人，奴才发现后花园东北角墙上留有痕迹，像狐狸爬过似的，莫非贼人从此逃跑了？"

贾充听罢，心中一沉，这东北墙与内室相近，穿过后花园，只有一道小门，便是女儿的绣房，一定是韩寿色胆包天，从此与女儿幽会。但此事事关重大，万不可张扬，便对众仆役说："贼人逃走了，你们都下去休息吧。"

众人都退下了，贾充躺在床上辗转反侧，难以入眠，此事该如何处理呢？从何处入手才能查清真相呢？女儿不可能亲自去约韩寿，这中间一定有牵线搭桥之人，这人不会是别人，一定是女儿的贴身丫鬟，明天审问这个小奴婢，定能弄清事情真相。

第二天清晨，雄鸡刚刚报晓，天才蒙蒙亮，贾充便差人将贾午的贴身侍女唤至书房。贾充满脸威严，端坐在书房之中，侍女知道昨晚府中捉贼之事，暗想，小姐与韩公子之事是不是走漏了风声？为何老爷大清早便把我唤到书房？

侍女一边走，一边想着。一进书房，见主人威严坐在那里，满脸怒容，心里便明白了。贾充问侍女道："圣上赐予老夫的奇香藏此书房，昨天发现被盗，有人看见前几天你曾进此书房，奇香是否被你拿走？给我从实招来。"

侍女见问此事，便遮掩道："启禀老爷，奴婢实在不知此事，前几日来老爷书房，是小姐差奴婢来取书籍，奴婢未看到什么奇香。"

贾充拍桌吼道："胆大的奴才，竟敢欺骗老夫，今天若从实招来，老夫免你一死；如若抵赖，老夫定将你送交官府，问罪处斩！"

侍女一听要送交官府，吓得脸色苍白，只好承认道："老爷息怒，此香实在不是奴婢盗取，是小姐拿去了。"

贾充追问道："现在香在何处？"

侍女支支吾吾道："香，香被小姐送给韩公子了。"

贾充见事情果真如此，便说道："把事情的真相告诉老夫，若要隐瞒，定要家法伺候。"

侍女无奈，事已至此，只好把事情的前前后后如实地告诉了贾充，最后恳求道："老爷饶命，奴婢不忍见小姐受磨难，才斗胆做此牵线搭桥之事，实出好意，望老爷开恩，饶奴婢一次。"

贾充听罢，气愤地挥手道："你这狗奴才，给我滚！"

气愤归气愤，但事关家风与女儿的名誉，必须尽快解决。他急忙回卧房，将正在梦中的郭槐叫醒。郭槐惊问道："老爷，发生何事如此惊慌？"

贾充道："夫人，你的宝贝女儿干的好事。"

"女儿怎么了？女儿干什么好事了？"

郭槐迫不及待地问着。贾充便将贾午如何偷情、如何盗香之事一五一十地告诉了郭槐，郭槐半信半疑，说道："这或许是奴婢造谣，我得亲自去问女儿，问明白后再想办法。"

郭槐起身来到贾午的闺房，贾午已从侍女那里得知此事，正在焦急地想办法，见母亲进来，知道母亲定为此事而来，决定与母亲摊牌。郭槐见女儿面带忧愁，脸色苍白，心里已明白。她坐在贾午身边，抚摸着女儿的头说："好女儿，侍女所说之事是真的吗？别瞒妈妈，说实话，由妈妈做主。"

贾午听郭槐这么说，鼻子一酸，掉下泪来，她抽泣着扑到母亲的怀里，哽咽着说："妈妈，救救女儿吧。侍女所说句句是实，现女儿已是韩郎的人了，女儿生是韩家人，死是韩家鬼，终生决不再嫁别人，望母亲成全女儿，否则，女儿就死在这里。"

女儿是郭槐的心头肉，掌上明珠，她见事情已经如此，木已成舟，无法挽回，叹口气安慰贾午道："别哭了，孩子，千万不能做傻事，妈妈去与你父亲商议商议，替你想个办法。"

贾午见母亲已经答应，便收住哭声，说道："妈妈，女儿知错了，但女儿此生非韩郎不嫁，求妈妈能说服父亲，成全女儿的心愿。"

郭槐不忍心责怪女儿，回房后，对贾充说："女儿已经认错，但事情已经出了，女儿说除韩寿以外，宁死不嫁。我看韩公子不仅人长得一表人才，且亦出于名门，我们不妨将错就错，索性把女儿嫁与韩寿，这样，既保住了女儿的名誉，又满足了女儿的心愿，岂不两全其美吗？"

贾充无奈，不敢违背郭槐的意见，便说："只好如此了。不过得有个条件，我们不能将女儿嫁到韩府，韩寿应入赘为婿，奉养我们老两口。"

郭槐亦赞成此议，便找个能说会道的门下食客到韩府说媒，韩寿正求之不得，哪能不答应呢？遂选个黄道吉日，入赘相府，喜结良缘。从此花好月圆，一对露水夫妻变为长久伴侣，相亲相爱，传为佳话。而且翁婿感情甚好，贾充特上荐牍，授韩寿散骑常侍，平步青云。

太康三年（282年），贾充病逝。贾充曾有两个儿子，都因郭槐的酷忌而夭折，致使绝嗣。贾充死后，按封建礼法，应以同宗子弟入嗣，且贾充弟有数子，可以过继为嗣，但郭槐想入非非，偏欲过继韩寿与贾午偷情所生之子韩谧为嗣。将韩谧过继与三岁而亡的黎民为子嗣，承继贾家之烟火，真是天下奇谈！当时郎中令韩咸与中尉曹轸反对，并面谏郭槐道："古礼大宗无后，即以小宗支子入嗣，从没有异姓为后的古例，此举决不可行！"

郭槐哪管什么礼法，说道："二位大人休言，此乃先夫之遗意，愿立韩谧为世孙，我无权更改。"

郭槐上书武帝，陈请此事，武帝稀里糊涂地下诏应允。韩谧奉诏旨，改姓为贾，入主丧务，从此便入嗣贾府。

贾后既是贾谧的姑母，又是他的姨母，对他格外宠爱。贾谧好学，有才思，继承其父之特长，善写文章，被贾后倚为心腹。贾谧恃宠增奢，室宇崇伟，器服珍丽，歌僮舞女，选极一时，好延宾客。凡豪门贵戚及海内文士，皆趋附之。在他的宾客中，闻名于时者有二十四人，号称"二十四友"，即渤海人石崇、欧阳建，荥阳人潘岳，吴人陆机、陆云，兰陵人缪征，京兆人杜斌、挚虞，琅邪人诸葛诠，弘农人王粹，襄城人杜育，南阳人邹捷，齐人左思，清河人崔基，沛人刘环，汝南人和郁、周恢，平安人牵秀，颍川人陈眕、太原人郭彰，高阳人许猛，彭城人刘讷，中山人刘舆、刘琨。这些人不是豪家就是名士，经常聚在一起饮酒畅谈。他们将贾谧比作汉之贾谊，使得贾谧文名享誉天下。贾后得到贾谧等文人相助，更是如虎添翼，如果有需要文字煽惑之处，皆令贾谧等起草，真是别人怀宝剑，我有笔如刀。

贾谧等人恃宠而骄，穷奢极欲，横行朝野，其中的石崇更是富甲天下。贾谧恃才傲物，目空一切。有一次，贾谧与太子遹下棋，二人争道，不肯稍让，甚至口出不逊，谩语相侵。适成都王司马颖在旁，愤感不平，怒斥贾谧道："皇太子乃国之储君，贾谧身为人臣，怎得如此无礼？"

贾谧根本不把太子放在眼里，更何况是成都王，他摔下棋子，拂袖而去。

贾谧气闷地去找贾后，添枝加叶地向贾后告了成都王一状。贾后对贾谧偏听偏信，竟出成都王颖为平北将军，镇守邺城。又怕无故调动成都王太露形迹，正好梁王肜还朝，遂将河间王颙同时简放，使镇关中。从此贾谧更是为所欲为，权过人主了。

二、养面首淫乱后宫

贾后在政治上重用张华、裴颜等人管理朝政，政权相对稳定后，她便不满足对权力的拥有，开始无所顾忌，淫荡起来。

晋惠帝憨傻愚钝，不谙世事。一次，朝臣上奏惠帝道："启禀陛下，近几年水灾频发，粮食歉收，四方饥馑，百姓无粮可食，流民成群，饿殍遍野，望陛下广开粮仓，赈济灾民。"

"爱卿，老百姓无粮可吃，为什么不喝肉粥呢？"

一句话说得众朝臣无言以对，只好面面相觑，暗自偷笑。这位痴傻皇帝不仅在政治上是傀儡，而且在龙床之上也有人替其效劳，成为戴绿帽子的"驴"。

贾后虽长相丑陋，性欲却极强。面对痴傻而不会调情的皇帝，感到寂寞孤独，旺盛的欲火无处可泄。惠帝在男女之情上，只是凭借本能，偶然地满足一下贾后，却无法夜夜相伴。可贾后需要男人的夜夜陪伴，方解其饥渴，她开始在宫中寻找可意之人，代惠帝侍寝。当时宫中有位太医令叫程据，不仅医术较好，而且长得一表人才。身材魁梧，相貌堂堂，唇红齿白，眉清目秀，说起话来温文尔雅，令贾后芳心大悦。贾后看在眼里，喜在心上，常常借身体不适，屡召程据进宫，以慰其相思之苦。但望梅焉能止渴？贾后要亲自尝尝梅子的滋味。

一天夜里，贾后躺在床上觉得心烦意乱，周身不适，难以入眠，眼前不停出现太医那俊美的容貌和伟岸的身躯。她再也无法躺下，披衣下床，下旨道："宣太医令程据入宫。"

太监和宫女们莫名其妙，不知深更半夜太后为何宣程据入宫，但他们畏贾后淫威，无人敢问。

程据接到懿旨后，急忙来到后宫，跪拜后问道："皇后娘娘，贵体何处不适？"

　　贾后见自己日思夜想的俏情郎来到近前，原本青黑的脸布满羞云，显得有些发紫。她故作忸怩地说道："我心里不适，太医把脉诊断便知。"

　　说罢，高挽袖笼，露出半截小臂。程据轻轻将手搭在贾后的脉搏上，贾后伸出另一只手，轻轻地将太医的手握住，两眼含情脉脉地望着程据。程据吃惊地抬起头来，见贾后双眼已燃起欲望之火，心里明白了皇后为何夜半相召，他急忙低下头，说："娘娘千岁，下官不才，不能诊治贵体，望娘娘千岁恕罪。"

　　贾后见程据有意推脱，便不顾母仪之尊，直言说道："本娘娘得的是心病，只要太医陪寝一宵，便可痊愈，难道太医敢抗旨吗？"

　　程据急忙跪倒，叩头说道："下官不敢，下官不敢。不过下官冒犯娘娘贵体，恐皇上知晓，降罪下来，下官要罪灭九族。"贾后亲手将程据扶起来，安慰他说道："有本官替你做主，哪个敢治你的罪，只要本宫喜欢，无人敢管。"

　　说罢，对在旁侍奉的众宫女说道："奴才们听着，今晚之事，你们若敢走漏半点风声，本宫决不饶恕，都退下吧！"

　　众宫女纷纷退下了，寝宫中只剩下贾后和太医令程据二人。说实在的，程据望着眼前这位又胖又黑的半老徐娘，没有半点儿欲望，但慑于贾后淫威，为保全性命，只好强露欢颜，讨得贾后的欢心。贾后见程据应允，万分高兴，有如此英俊潇洒的美男子共度良宵，也不枉活一生。从此后，她每隔三天五日，便令程据入宫陪寝，后竟干脆令程据住在宫中，夜夜侍寝，欢情无度，早把惠帝抛于一旁。

　　有了程据做固定情夫，贾后并不满足，她得陇望蜀，任那邪恶的淫欲肆意横流，广召京都中美貌少年，入宫交欢，多多益善。为了防止这些美男溜出宫去，传播她的秽事，每当玩腻之后，便将美男子就地处死，另寻新欢。每次所需人选，都是贾后心腹奴婢驾着黑色竹箱车四处搜寻，发现目标后便强行拉入宫中。美男子相继失踪，于是，洛阳城中开始紧张起来，所有的美男子在薄暮以后，都不敢出门，像怕见鬼一般。至于那些美男子一个个失踪，又是去了哪里，谁也不明白，也不知道是何人干的，只知道一辆辆神秘的黑竹箱车时而出现，洛阳城笼罩在恐慌之中。

俗话说得好："要想人不知，除非己莫为。"此事终于在一位小吏身上泄露出来。

事情是这样的。洛阳城南住着贾后的一房远亲，家中被盗，他向衙门盗尉部报了案。衙役们四处查寻，没有任何结果。正在无头绪的时候，尉中一名小吏的着装引起了衙役们的注意。

这名小吏长得姿容秀美，宽阔脸膛白白净净，浓眉大眼，身材高大，是个极惹人喜爱的美男子。前几天，他忽然神秘地失踪了，几天后再出现在尉中时，几乎变成另外一个人。他变得十分阔绰，身上穿着非常贵重的衣服，而且这些衣服只有官中或巨富才会有。小吏穿上华丽服装，更是一表人才，令人瞩目。人们开始议论纷纷：他的衣服从何而来？是不是偷来的呢？有人试探着问道："兄台何处发的财？这衣服太漂亮了，兄台从何买来的？"

小吏支支吾吾地说道："这……唉，老兄别问了，反正不是偷来的。"

小吏的态度更令人怀疑，他的财产来历不明，他自己又说不明白，这里一定有鬼，尉中长官决定亲自审问他。

众衙役将小吏带到堂上，尉中长官问道："你的衣服从何而来？今天若能讲清，本官放你回府；如若不然，本官定以盗窃罪论处。"

小吏跪在那里，叩头求饶道："冤枉啊，大人！小人的衣服绝不是偷来的，是别人赠送的。小人有誓言在先，其他事不能说，望大人明察！"

长官拍着惊堂木道："纯是一派胡言。你对何人发誓？为何别人会赠给你衣服？难道你要欺骗本官吗？"

小吏见长官动怒，只好如实地讲述了这几天他的离奇经历。

有一天傍晚，小吏从尉中回家，半路上突然被一位老婆婆拦住了去路。小吏问道："老婆婆，为何挡住小生？"

老婆婆上下打量着小吏，慢慢地说："这位公子，老妇有一事相求。"

小吏问："老婆婆有何事？但说无妨。"

老婆婆说："我家主人生了重病，卧床不起，请法师诊治，法师说，要治好你主人的病，需要到城南请一个年轻的男子，住几天，借其阳刚旺火，可以驱除邪魔，病人方能康复。老妇见公子文质彬彬，相貌堂堂，面善心慈，所以烦请公子与老妇到我家住几日，以救我家主人之命。"

小吏听罢老婆婆的话，有些犹豫不决，他推辞道："小生回家，告诉家人一声，再去贵府。"

老婆婆道："公子，救人要紧。你先跟我走，然后派人告诉你的家人。公子不必担心，事成之后，定当重谢。"

小吏为人憨厚，心地善良，见老婆婆如此着急救人，便说："好吧，我这就跟你去。"

于是，小吏随老婆婆而去。老婆婆带着小吏来到一辆马车前，车上用帷帐遮着，帷帐内有个黑色大竹箱，老婆婆令小吏坐进箱中，然后挡好帷帐，车夫御车而去。

竹箱里一片漆黑，小吏不知为何要把他关在箱子里，心想这大概是按法师的要求做的吧。车走了十余里，跨过六七个门槛，方停下来。有人将竹箱打开，令他下车。小吏下车后，向四周张望，这完全是个陌生的地方，楼阁高矮错致，亭转廊回，仿佛宫殿一般。他好奇地问："老婆婆，这是何地？"

老婆婆说："此乃天上。公子勿要多言，一切听从安排，不许多问。"

小吏被带到一个房间，房间内有几个婢女，替他更衣，为他准备好香汤，为他沐浴。沐浴后，为他换上非常华丽的锦衣，并为他准备好极为丰盛的晚餐。小吏不敢多问，只是好奇地听从安排。

到了天黑时，老婆婆来了，对他道："公子，走，跟老妇去见主人。"

小吏跟在老婆婆身后，穿过几道回廊，来到一个非常漂亮的房间。房间里烛火通明，烛光里坐着一位年纪三十五六岁的中年贵妇人，衣着华贵，人长得却很难看，身材肥胖且矮，脸色青黑，眉后有块青疵，有些令人恐怖。小吏战战兢兢地打量着这位贵妇人，觉得这位贵妇人虽长得丑陋，却有一种威严，令人难以抗拒。贵妇人站起身来，拉着小吏的手，一起坐在床上，当晚二人便同床共寝。几天后，那贵妇人对小吏说："你可以走了。"

临行前，那位接他来的老婆婆拿出许多贵重衣物赠给他，并嘱咐他道："此事切勿外泄，如果你告诉别人，必遭天谴。"

说完，将小吏又用黑箱车送回原地。

小吏望着长官，继续说道："长官，小生说得句句属实，因答应人家不向外泄露，故小生一直不能说这些衣物从何而来。今被疑做贼，不能再沉默，只好从实说来，望大人明察。"

贾后的娘家就在城南，她的这个远亲曾见过贾后，听罢小吏讲述的这段经历，知道小吏所说的那位"眉后有疵"的贵妇人一定是贾皇后，不禁面红耳赤，遂顺水推舟地说："长官，既然小吏的衣物不是偷盗而来，就不必再问了。"

说完，起身告辞了，那位长官也略明白了一些，对小吏道："从今后不得乱言，否则本官以诽谤论处。"

长官窃笑着退堂了，小吏还有些莫名其妙，但不能再问，此事便不了了之。

多少美男子葬身于贾后之手，而这个小吏却能侥幸出宫，显然是贾后念他憨厚无知，惹人怜爱，动了恻隐之心，不忍将他杀害。这也是小吏命不该绝，方有此造化。

贾后荒淫凶暴，引起裴𬱟等大臣的忧虑，他们开始密谋废除贾后，一场围绕废除贾后的争论开始了。

三、刚愎自用拒听谏

贾后淫秽之事，朝野皆知，大臣们议论纷纷，朝政出现新的危机。暗主尸于上，淫后横于内，王公大臣，苟且偷安；谁人来拯救司马氏大厦之将倾？朝廷"纲纪大坏，贿赂公行。势位之家，以贵陵物，忠贤路绝，谗邪得志"，尤其是贾、郭二门外戚子弟，更恃权借势，卖官鬻爵，公开受贿，门庭如市。南阳（今属河南）人鲁褒，针砭时弊，作《钱神论》，写道："钱字孔方，相亲如兄，无德反遵，无势偏热，排金门，入紫闼，危可使安，死可使活，贵可使贱，生可使杀，无论何事，非钱不行。洛中朱衣，当涂人士，爱我家兄，皆无已已。"

说得多么深刻、多么形象啊！这是当时权贵的真实写照。

侍中裴颜等，见贾后如此淫虐，忧心忡忡，就连贾后的族兄贾模也很担心，恐怕祸生不测，累及身家。二人言谈之中，流露出对贾后的不满和对朝廷的担忧。裴颜已窥透贾模之议，决定与贾模密谋，废除贾后。

一天，裴颜微服悄悄地来到贾模私第，准备与贾模商量大计。正巧张华也在场，裴颜与张华本是莫逆之交，不必避嫌，遂三人开始议论起朝政。裴颜说："当今圣上不谙朝政，皇后身为天下之母，却荒淫无度，令人担忧。我们身为朝廷重臣，不能置朝廷安危于不顾，应竭尽全力，保卫大晋之将山。如今解救危机之途，最好莫过废除皇后，更立太子遹生母谢淑媛为后。"

贾模与张华听罢，都表示不同意，齐声说道："此法恐怕行不通。主上并无废除皇后的意见，我等擅自行动，如果主上不同意，降罪下来，我们将如何是好？我们这么做，岂不成了犯上作乱了吗？且诸宗室王势力强大，各分党派，一旦挑起祸端，诸王群起，到时不仅我们身死家亡，恐怕国家亦难逃亡运，这样非但无益，岂不为国招灾吗？"

裴颜沉吟半晌，觉得贾模与张华说得有道理，现各宗室王环镇军事要塞，对朝廷虎视眈眈，觊觎着朝中政权。一旦朝中有些风吹草动，他们便会打起"清君侧"的旗号，挥师进军。况诸王势均力敌，一旦纷争起来，祸患将是无穷的。想到这里，裴颜说："公等所虑亦是，但中宫（指贾后）如此昏虐，祸乱随时都会发生，我等岂能置身事外？"

张华接口道："老夫有个想法。二位大人都是皇后的近亲，素为皇后所重，何不从亲族的角度进陈祸福，劝劝皇后呢？或许皇后能听谏言，改过迁善，易危为安，如能这样，天下不致大乱，我等亦可安度晚年了。"

前文已经介绍。贾模是贾后的族兄，裴颜的母亲是贾后的姨母，与贾后一家关系十分亲密，所以张华出此之计。贾模听罢，赞成说："张公所言极是，我等不妨一试。"

裴頠见二人如此说，不好再固执己见，叹口气说道："唉，只好试试看了。"

就这样，朝廷重臣谋废贾后的计划流产了，他们开始转向进谏之途。他们想方设法劝诫贾后，想使她弃恶从善，改邪归正。然而，现实给了他们一记响亮的耳光。

三人商量好后，裴頠决定去找姨母郭槐，来劝诫贾后。他来到贾府，对广城君郭槐说："姨母，皇后举止行为有失检点，朝臣议论纷纷，人心不稳，朝廷危机，一旦祸起，将国破家亡。您为皇后之母，应适当劝说皇后，专心于朝政，皇后若能改正，乃朝廷之幸事。"

郭槐说："皇后所作所为，老妇有所耳闻，我虽为皇后之母，但毕竟是人臣，此事只能劝诫，不能强迫，听与不听，只能任凭皇后自己，老妇只能尽力而为。"

郭槐虽凶暴酷忌，但她对女儿的荒淫无度也感到忧虑，尤其是女儿对太子的苛薄，更令她忧心忡忡，因此关系处理不当，将危及朝廷的命运和贾家的兴亡。所以，郭槐答应裴頠之请，有机会劝诫女儿。

一次，郭槐进宫去见女儿，她语重心长地说："孩子，你身为皇后，母仪天下，应以国家大事为重，垂范天下，不能任性胡为，尤其是对待太子，太子是国之储君，未来的皇帝，你应与之和睦相处，免得节外生枝，危及朝廷。"

贾后哪里听得进别人的劝告，她笑着对郭槐说："母亲，女儿自有分寸，母亲不必操心。"

郭槐见贾后不肯改正，决定有机会还要劝诫。

过了几天，郭槐病重，贾后回府省亲。床榻上，郭槐气息奄奄，她勉强睁开眼睛，拉着贾后的手说道："娘要走了，娘唯一放心不下的就是你，你要自珍自重，尤其是有两件事值得注意，一是要好好照顾太子，二是防备赵粲与贾午，她们二人心计奸诈，将来必坏你的大事。"

贾后说："母亲，您放心吧，女儿记住了。"

郭槐见女儿答应了，便带着满意的笑容离开了人世。人之将死，其言也善。然而，郭槐这番临终遗言并未被贾后所接受，她仍然为所欲为，独断专行。

贾模听从张华的建议，认为于公于私，自己都有责任向皇后进谏，向皇后指明利害。他几次三番地入宫，劝谏皇后，恳请皇后以朝廷大事为重，收敛自己的行为。贾后的荒淫习性已成，焉能是大臣的几句谏言所能改变的？郭槐是贾后的生母，向贾后进谏，贾后虽然不听，但无他恨。而贾模一再犯颜直谏，贾后大为不悦，以为贾模有异心，竟敢毁谤中宫。她知道贾模不会甘心，一定还会入宫进谏，贾后索性下令太监道："从今后，如果贾模入宫求见，一律回绝，本宫不见。"

贾模见皇后如此固执，感到大难即将来临，他忧虑过度，一病不起，不久，便带着忧恨，撒手归西了。

贾模死后，贾后下诏，进裴颜为尚书仆射，裴颜见贾后顽固不化，觉得大乱将至，想急流勇退，遂上表固辞道："贾模新亡，将臣超擢，偏重外戚，未免示人不公，恳即收回成命。"

贾后执意不允。当时有人劝告裴颜说："公为中宫亲属，可言即当尽言，言不见听，不若托病辞官。若二说不行，虽有十表，恐终未能免祸了。"

裴颜颇为感动，想辞官归田。但权力有着令人无法抗拒的魔力，裴颜无法抗拒权力的诱惑，便留下任职，最终招致灭门之灾。

贾后独揽大权，任意胡为，但她也有忧虑，那就是谢淑媛与太子。

谢淑媛名玖，贫贱出身，父以屠羊为业，家境贫寒。谢玖长得姿容貌美，性格温顺，清惠贞正，武帝时入后庭为才人（后宫的女官名）。惠帝在东宫为太子时，武帝虑太子年纪太小，不知男女帏房之事，就派谢玖前往东宫侍寝，教授司马衷行房事。

在中国古代社会，小皇帝或太子自幼生活在深宫里，在他们进入青春期以前，由小皇帝或太子贴身宦官对他们进行性启蒙教育，为的是广衍后嗣，为封建王朝传宗接代。这些宦官就利用宫中所藏的各种各样的春宫图和许多生动别致的男女交合雕塑，如欢喜佛等，向小皇帝或太子进行直观的性教育。有的时候，皇帝或太后还派出贴身侍女前去开导朦胧中的太子和小皇帝。这些侍女大多年纪稍长，懂得男女之事，长于风月。

晋武帝知道自己的儿子天赋较差，怕别种性教育难以奏效，便将自己的才人谢玖派往东宫，让她亲身教授男女之事。谢玖便成为司马衷结婚之前第一个与之发生性关系的女人，几番的蓝田种玉，到谢玖离开东宫时，已经身怀有孕，而太子司马衷并不知晓。

太子结婚后，太子妃贾南风凶悍酷忌，武帝为保司马氏后代，为怀孕的谢玖另辟一宫，将她保护起来。十月落蒂，谢玖生下个男孩，武帝非常高兴，为其取名曰遹。司马遹自幼非常聪明，善于察言观色，而且嘴甜如蜜，成为武帝的掌上明珠。在司马遹五岁时，一天晚上，他正在武帝寝宫玩耍，忽然宫外一片嘈杂，有人大声喊着："失火了，快来救火呀！"

太监、宫女们惊慌失措，纷纷奔向宫外，武帝也想登楼观看，司马遹在一旁拉着武帝的衣襟，对武帝说："陛下，这万万去不得。"

武帝以为他害怕，说："没关系，朕只是出去看看。"

司马遹却说道："夜色深沉，事发仓促，应防备意外，不可使火光照见主人，主人曝于明处，易生不测。"武帝不禁点头称道："孙儿此言有理，吾孙真乃奇儿。"

火渐渐熄灭了，人渐渐散去。宫女、太监们都返回宫中，武帝指着司马遹对众人说："朕的孙儿真是奇童，其才智酷肖宣帝（即司马懿），将来必能继承司马家的大业。"然后将司马遹所做之事向大家讲述一遍，大家纷纷夸司马遹为奇童。

武帝立司马衷为太子，引起卫瓘等大臣的非议，武帝也知道司马衷天姿较差，但他一方面碍于杨皇后之面，不忍心废除另立，另一方面则看孙子司马遹聪明过人，将来承继大统，必能将司马氏家业发扬光大，所以暂立司马衷为储君，将来由司马遹来承继父业。

太子司马衷并不知道自己已有儿子。一天，司马衷去向父皇问安，见司马遹正与弟弟们玩耍，司马衷不认识，便问武帝道："父皇，此是何家小儿，入宫与皇弟玩耍？"武帝将司马遹唤到身边，手抚其头，对司马衷说："这是你的儿子呀，遹儿，快去见父亲。"司马遹走向司马衷，跪下磕头道："孩儿叩见父亲。"

司马衷莫名其妙，惊问道："这是我的儿子？"

武帝说："是的。这是你与谢夫人所生之子，我为其取名为遹，现已四岁。"

司马衷见真是自己的儿子，自然十分高兴，他拉着司马遹的手，左看看，右看看，爱不释手。

贾南风闻知此事，大为恼怒，她对太子防之又防，为此她不知杀死多少与太子有染的宫女，险些被皇上废掉，不意这里又冒出个儿子，又被皇上保护与宠爱，真是无可奈何，谁让自己肚子不争气呢。她咽不下这口气，决定伺机除掉司马遹。

司马衷继位后，立司马遹为太子，太子之母不能没有名分，遂拜为淑媛。贾南风被立为皇后，成为六宫的主宰，她忌恨谢淑媛母子，强令其母子分开，使淑媛静处别官，软禁起来，并且，不允许太子去看望母亲。

裴頠等大臣见贾后荒淫无度，便生废黜之心，而在他们心目之中，适合母仪天下的莫过于太子之母谢淑媛了，所以提出废贾后、立谢淑媛的想法。贾后也感到了来自太子母子的危险，皇帝一旦驾崩，太子便成为新的皇帝，谢淑媛就可能成为皇太后，那么，哪里还会有自己的位置呢？她决定向太子母子下手，彻底铲除后患。

第七章

假怀孕谋废太子
丧病狂风云跌宕

一、忙内斗边患四起

在贾后执政晚期，不仅内忧重重，而且外患也迫在眉睫。朝臣裴頠、张华等小心翼翼地维系朝中各种势力关系，无暇顾及周边少数民族的情况，这些少数民族不断发展壮大，成为西晋王朝的掘墓人。

元康六年（296 年）八月，秦、雍二州（今甘肃、陕西境内）的氐族、羌族人民难以忍受西晋官员的残暴统治，推举氐族人齐万年为首领，举兵反晋，自建帝号，围攻泾阳（今甘肃平凉）。当时朝廷命梁王肜为征西将军，出镇雍、梁二州。梁王肜见齐万年军队来势凶猛，飞奏朝廷，请求援军。朝廷闻报，便派安西将军夏侯骏为统帅，率领建威将军周处、振威将军卢播，一同讨伐齐万年。

中书令陈准反对派周处前往，入谏道：

> 夏侯骏（司马师曾娶夏侯尚女为妃，武帝追尊为后。骏系尚的后裔，亦属贵戚）与梁王，俱系贵戚，非将帅之才，进不求名，退不畏罪。周处，吴人，忠勇果敢，素与梁王有怨，梁王必令其为先锋，而不给后援，令其丧身。应诏积弩将军孟观，带领精兵万人，为处做先驱，足可灭寇。否则梁王必使处前行，迫陷绝地，这样，寇不可灭，徒亡一国家良将，岂不可惜？

朝中大臣认为陈准之议偏激，不肯照行。

周处（？—297 年），字子隐，义兴阳羡（今江苏宜兴）人。父名鲂，曾仕吴为鄱阳太守。周处早年丧父，由于他膂力过人，好勇斗狠，横行乡里，父老以为祸患。周处自知父老对他不满，决心改过自新。一天，他在乡里游玩，见父老乡亲个个愁眉不展，满脸忧色，便问道："老乡，今年风调雨顺，五谷丰登，为何都闷闷不乐？"

一位老乡说："三害未除，何乐之有？"

周处惊疑问道："何为三害？"

老乡说："南山白额虎，长桥下蛟，还有……"

"还有什么？"

周处追问道。老乡支吾不言，周处一再追问，老乡才说道："那就是你呀！"

周处听罢，心里明白为何老乡将自己与虎、蛟并称为"三害"，便笑着说道："这有何患？我只身一人，就可将三害尽除，你看好吗？"

老乡道："你若能尽除，此乃一郡的大幸了。"

周处辞别乡亲，回家取出弓箭，直奔南山打虎去了，当天晚上就将白额虎打死。第二天，他又入水搏蛟，蛟或沉或浮，行数十里，周处紧追不舍，搏斗了三天三夜，才将蛟斩杀。乡里人见周处去斩蛟三日不回，以为周处已死，相互称喜庆贺。忽然，见周处回来，大家脸上又罩阴云，周处见乡亲把自己看得比虎、蛟还可怕，便感慨地对众人说："今二害已除，处亦从此改邪归正，如再作恶，定遭天谴！"

乡亲见周处说得情真意切，才欣然道谢。周处从此立志学好，步入仕途。仕吴为东观左丞，吴亡入晋，累官为御史中丞。他刚直不阿，执法如山，不避亲宠。梁王肜曾犯法胡为，周处以法绳之，故结旧怨。权贵亦恨其耿直，遂乘此机，把周处派往前线，好使梁王借刀杀人，互泄私愤。伏波将军孙秀知道，周处此去，必死无疑，劝周处道："卿有老母，何不以此辞去此行呢？"

周处亦知此次前往秦雍，绝无生还的希望，他却说："忠孝之道，安得两全！既然已辞别母亲，报效朝廷，就别无选择。今日就是我的祭日。"

氐族首领齐万年闻知周处来征伐，也慨叹道："周府君（周处）曾为新平太守，我知他文武全才，不可轻敌。若专断而来，我们只有退避一法。今闻受他人节制，必遭牵制，来此亦要被擒了。"

果然，梁王肜挟怨以报，派周处孤军上阵，断绝后援，周处被起义军团团围住，战死阵中。

　　周处战死在沙场，朝中权贵明知周处被梁王所害，却无人替其鸣冤，反而私相庆祝。朝廷的矛盾斗争带到边境前线，权贵钩心斗角，贻误战机，都在为争权夺势而置朝廷于不顾。北方各少数民族如匈奴、氐、羌、鲜卑等纷纷起来，反抗晋朝统治，并不断内徙，进入中原腹地，成为西晋朝廷极为严重的边患。齐万年率领的各族人民大起义，直至元康九年（299 年）才被积弩将军孟观率军平息，更大的风暴却在酝酿。

　　各民族起义此起彼伏，烽火连绵，朝中有识大臣忧心忡忡，太子洗马江统针对少数民族内徙、与汉族杂居、矛盾重重等问题，向朝廷献上数千言的《徙戎论》。

　　江统，字应元，陈留圉（今河南开封）人，他"深惟四夷乱华，宜杜其萌，乃作《徙戎论》。"文中提出"内诸夏而外夷狄"的观点，并请朝廷"待之有备，御之有常"，"境内获安，疆场不侵"。

　　洋洋数千言，情真意切，指出匈奴、氐、羌、鲜卑内迁构成的威胁，应将他们遣回故地。可贾后置若罔闻，而大臣们则反对徙戎。那些大地主官僚以少数民族人民为田客、奴婢，进行经济剥削，一旦迁出，便失去了大量的剥削对象。而宗室诸王，常常借助少数民族的兵力来争权夺势，并从少数民族那里招募军队。所以，朝廷上下，一致反对将少数民族迁回故地。

　　这些居于内地的少数民族人民与汉人杂居，在关中、并州、幽州一带，居住着大量的少数民族，他们受着汉族地主阶级和西晋政府的残酷剥削和压迫，民族矛盾十分尖锐。故匈奴刘宣曾说道："晋为无道，奴隶御我。"江统在《徙戎论》中甚至说到这些少数民族"与关中之人，户皆为仇"，民族矛盾一触即发。

　　元康末年，不仅边患重重，而且流民问题亦令当政者头疼。

　　齐万年起义失败后，关西大乱，居住在天水（今属甘肃）、略阳（今甘肃秦安）、扶风（今陕西泾阳）、始平（今陕西兴平）、阴平（今甘肃文县）、武都（今甘肃成县）等六郡的汉、氐、羌、賨、叟等族的豪强和百姓数万家，十多万人被迫外出逃荒，背井离乡。这些流亡异地的人被称为"流人"或"流民"。

流民大部分经过汉中，流入巴蜀（今四川）、益州（今四川成都）和梁州（今陕西西南部）一带。当流民进入汉中时，曾上表朝廷，要求朝廷同意他们寄食巴蜀。可当政者哪管百姓死活，朝议不许，并派侍御史李苾，持节前往汉中，安抚流民。流民千方百计贿赂李苾，李苾便上表朝廷，称流民十余万口，非汉中一郡所能安置，应从流民所请，前往巴蜀。朝廷无奈，只好准奏。于是，流民遍布蜀中各地。

蜀汉荆襄是流民集中的地区，也是社会矛盾最尖锐的地区。流民流入这些地方，常与当地居民发生冲突，流民"为旧百姓之所侵苦，并怀怨恨"，当双方发生冲突时，政府处理不当，便会激起流民的武装反抗，当时最大的一股流民潮就是賨人李特、李庠、李流兄弟率领的，他们率流民进入绵竹（今四川德阳）。这支流民队伍无法忍受西晋朝廷和地方官吏的压迫，在贾后死后第二年，便爆发了历史上著名的流民大起义。

贾后执政晚期，朝臣钩心斗角，尔虞我诈，宗室诸王手握重兵，环镇要冲，虎视眈眈；北方的匈奴、鲜卑、羯、氐、羌少数民族厉兵秣马，横刀相向；流民遍地，起义不断，整个政权真如同坐在火山之上，随时都可能爆发、灭亡。贾后却对此置若罔闻，醉心于如何对付太子、怎样长久掌握政权之上，最后因杀太子，引爆了这座酝酿已久的火山，将西晋王朝推向灭亡。

二、假怀孕再起风云

贾后执政后，唯一令其放心不下的便是太子遹。而且，随着时间的推移，来自太子的威胁令她日夜不安，皇帝百岁后，这个非自己所生的太子将为皇帝，自己若落入他手，那将是一个极其悲惨的结局。于是，贾后开始绞尽脑汁，决心废除太子。

太子遹，字熙祖，惠帝长子。自幼聪明伶俐，深得武帝的欢心，常常跟随在武帝左右，颇受宠爱。一次，司马遹跟随武帝去观看宫内猪圈，司马遹见一头头肥壮的猪，对武帝说："陛下，猪已如此之肥，何不杀之以赏将士？"

武帝见孙子如此小的年纪便知笼络人心，非常高兴，马上下诏，杀猪赏士。武帝抚着司马遹的背，对廷尉傅祗说："此儿当兴我家！"

武帝将振兴大晋的厚望寄托在司马遹身上，并煞费苦心对他进行教育和保护。以刘寔为师，孟珩为友，杨准、冯荪为文学先生，对其言传身教，当时有个阴阳先生，自称善望气，说广陵（今江苏扬州）有天子气，此言传到武帝那里，武帝便下诏，封司马遹为广陵王，封邑五万户，可见武帝对司马遹的厚爱。

惠帝即位，按武帝遗嘱，立司马遹为太子，并盛选有德望的人为太子的师傅：以何劭为太师，王戎为太傅，杨济为太保，裴楷为少师，张华为少傅，和峤为少保。这些人都是当时的名士，太子出居东宫，选太保卫瓘子庭、司空泰子略、太子太傅杨济子惢、太子少师裴楷子宪、太子少傅张华子讳、尚书令华歆子恒等名门子弟入宫，陪伴太子左右，与之游戏学习。

然而，事情并不按人们所希望的那样发展，太子长大后，并没有出息成国之栋梁，而是不务正业，只知游狎，并且对那些左师右保也不加礼敬。他整日在后宫与宦官、宫妾恣意淫乐，朝廷之事不闻不问。

贾后素忌太子，武帝在时，对太子严加保护，她无从下手。如今太子不学无术，游手好闲，正中她的下怀，她密令东宫太监，让他们领太子学坏，她好借端废立，太监们得到贾后的命令，便带领太子横行霸道，为所欲为，他们劝太子道："殿下正值青春年少，应趁此大好时光，及时行乐，何必用各种礼教条规来约束自己呢？人生得意须尽欢嘛。"

太子深以为是。

有时，一些有正义感的太监或役吏见太子被那些邪恶之徒带坏，便劝谏太子应勤学向上，而那些邪恶之徒便对太子说："殿下，这些胆大狂徒之所以敢在殿下面前胡言乱语、指手画脚，是因为殿下您太宽厚、太仁慈了，他们便不把您放在眼里。对于这些狂徒，若不加威刑，怎能使他们畏惧服从呢？"太子觉得此话有理，做人不能心慈手软，于是对那些敢于违背他意愿的人严加责罚，甚至亲自动手，对下人捶击。

常言道："近朱者赤，近墨者黑。""习善则善，习恶则恶。"东宫之中虽有三五师傅，但怎禁得住这些奸佞小人的朝夕鼓煽勾引呢？虽其生性聪慧，但毕竟年岁尚小，难辨是非，从此陷入恶途，成为习惯了。他崇尚侈靡，浪费成性。一次，太子所宠幸的蒋美人生了一个男孩，那些太监为讨太子的欢心，对太子说："恭喜殿下，殿下喜得贵子，应大行赏赐，普天同庆呀！再说，殿下应多为皇孙造些玩弄之器，以体现太子之威风。"

太子被这些奸佞小人恭维得晕头转向，安能辨是非善恶？对他们言听计从，进行大规模赏赐。按东宫旧制，按月请钱五十万缗，作为费用；太子因月费不足，尝索取两月俸钱，供给嬖宠。随手赏赐，亦是不计其数。

太子生母谢淑媛，幼时贫贱，家世业屠，而太子偏秉遗传，很有经济头脑，善做买卖。他下令在宫中设立市场，让太监宫女们杀猪卖肉，他常用手掂斤揣两，几乎不差分毫。又令西园卖葵菜、篮子、鸡、面等类，他从中估本牟利。而所得之钱，却又毫不吝惜，每日收入，随手赏赐花掉。

太子不仅善于此道，而且非常讲究迷信。宫中若要修墙缮壁，泥抹小修、破土动工，总是先请阴阳先生看看，选出黄道吉日，方可动工。

太子的所作所为，引起一些朝臣的忧心。太子洗马江统见太子屡阙朝觐、奢费过度且多诸禁忌，便直言上书，上陈五事，规谏太子：一是请随时朝省；二是请尊敬师保；三是请减省杂役；四是请撤销市酤；五是请破除迷信。太子只顾吃喝享乐，江统所言，无一依从。

太子舍人杜锡，为人正直善良，他不忍心见太子一天天堕落下去，便经常劝告太子说："殿下，您身为储君，国之希望，应多修德进善，不要让别人说三道四，影响殿下的形象。"

太子见其总是唠唠叨叨，心里非常反感，得想办法治治他，让他闭嘴，但不能太露骨，否则别人会说他不纳谏言，伤害忠良。思来想去，后来在太监的帮助下，想出个绝妙的好主意。

第二天，太子宣杜锡入宫觐见，杜锡不知太子何事唤他，便急匆匆地来到东宫。只见太子在客厅中端坐，满脸威严，杜锡急忙跪拜行礼，太子傲慢地说："杜卿，免礼平身，赐座。"

太监搬来一个圆圆的座椅，上面铺着一个厚厚的座毡。杜锡受宠若惊，因为太子殿下从未对他如此客气，便实实在在地坐下。忽听杜锡"啊"地大叫一声从座位上站起来，脸色苍白，不一会儿，一股鲜红的血从官服中流下来。太子见状，哈哈大笑，杜锡这才明白，自己上了太子的当。原来，太子令太监在座毡上插满寸长铁针，杜锡哪里知道，一屁股坐下来，被扎得血满裤裆，真是哑巴吃黄连——有苦说不出。杜锡满脸羞红，急忙告别太子，灰溜溜地回府了。

太子养在深宫，与外界没有任何接触，而身边的宦官、宫女及仆役对他唯命是从，渐渐形成唯我独尊、刁蛮任性、喜怒无常的孤僻性格。他争强好胜，不把任何人放在眼里，为所欲为，不计后果。

贾谧是贾后的外甥，又是贾后名义上的侄儿，是贾后的心腹亲信，权倾朝野，太子却不把他放在眼里，二人关系日益恶化。

太子成年后，贾后的母亲郭槐想将小女贾午的女儿嫁给太子为妃，以便加固贾家的地位，太子也愿意娶韩寿之女为妃，巩固自己的地位。但事出意外，贾午不同意这门亲事，而另有打算的贾后更不赞成这门亲事，此事便不了了之。贾后另为太子聘王衍之女。王衍有两个女儿，大女儿貌若天仙，娇柔妩媚，二女儿却相貌丑陋，如同东施。爱美之心，人皆有之，太子既然娶不上韩家之女，当然转向娶王衍长女为妃了。然而，贾后做伐，将王衍的长女嫁给了贾谧，却把王衍丑陋的二女儿塞给太子。太子娶了个丑妇，心里对贾后及贾谧充满了仇恨，但贾后当权，他无可奈何，只好借机拿贾谧出气。

贾谧与太子年龄相仿，并且二人名义上是中表弟兄，所以贾谧经常出入东宫，在一起嬉戏。太子对贾谧有恨，所以对贾谧的态度喜怒无常，有时与贾谧大开玩笑，互相取乐，有时恶语相向，有时让贾谧自己坐在那里，而太子自己到后庭，与妃子们嬉戏去了，将贾谧晾在那里。贾谧屡遭白眼，自然对太子怀恨在心。詹事裴权见此情景，劝太子道："太子殿下，做事应从长远看，小不忍则乱大谋；贾谧为中宫（贾后）宠侄，你与他不睦，他势必经常向皇后进谗言诽谤于您，对您未来大业非常不利。殿下何不暂屈尊相待，免得滋生祸乱，到那时悔之晚矣。"

太子一听要自己"屈尊相待"，想到贾谧这个势利小人夺走了自己的美人，对自己不臣服，竟然连下棋都不相让，不禁勃然大怒，他拍几吼道："可恨！可恨！"

裴权见太子如此恼怒，不敢再言，低着头告辞了。

贾谧见太子对他心怀怨恨，心中不安，心想，现在皇后掌政，太子奈何不了我，但若太子掌政，岂有自己的活路？遂不停地向贾后进谗言，诽谤太子，多亏贾后的母亲郭槐周旋，贾后才迟迟没有动手害太子。郭槐以为，自己的女儿没有生儿子，将来的天下是太子的天下，所以她劝贾后要爱抚太子，给自己留条后路。太子对郭槐亦很孝顺，郭槐病重期间，太子亲自伺候，端汤喂药，甚是周道，郭槐深深被感动，所以临死之前，留下遗言，要贾后保护好太子。

郭槐死后，太子少了一顶保护伞，贾谧觉得铲除太子的时机已成熟，决定游说贾后，对太子下手。

一天傍晚，贾谧气喘吁吁地跑到后宫，上气不接下气地对贾后说："娘娘千岁，最近太子广买田业，蓄私财，结小人，这是对着我们贾家来的。臣今天听别人说，太子扬言：'皇后万岁后，吾当鱼肉之。'皇后娘娘，若宫车晏驾，太子居大位，将置娘娘于何地？他势必依杨氏（杨皇后）故事，诛杀臣等，而将皇后娘娘囚禁于金墉城，那该多么可怕啊！"

贾后听罢，脸色苍白，回想起杨皇后当年惨死在金墉城里的景象，冷汗顺着后脊梁淌了下来，她自言自语道："不，绝不能重蹈覆辙！"

贾谧见贾后动心，便趁机说："皇后娘娘，常言道：'先下手为强，后下手遭殃。'我们不能坐以待毙，得想个办法啊！"贾后想了想，对贾谧说："你快出宫，把你母亲叫来，我同她及赵充华商量商量。"

贾谧领旨，回府找他母亲去了。

贾午和赵粲来到后宫，贾后对二人说："如今天子要对本宫下毒手，若本宫被废，你们二人恐怕也要遭殃，所以找你们两个商量个对策。"

　　贾午和赵粲都是贾后心腹，贾午是贾后亲妹妹，自不必言。那赵粲在武帝时，武帝想废除贾南风的太子妃地位，将其囚于金墉城，是赵粲赵充华力保，贾南风才免此劫。贾南风当上皇后后，没有忘记赵充华的恩德，对她百般照顾，并倚为心腹。

　　贾午见贾后一副急相，笑了笑说道："皇姐，小妹倒有一计，不知可否合适。"

　　贾后问道："什么计？说来听听。"

　　贾午说；"小妹适生一男孩，为了姐姐，我忍痛割爱，把他送给姐姐做儿子，找个机会将太子废掉，立他为太子，这样不就没有后顾之忧了吗？"

　　贾后听罢，摇摇头说："我又没怀孕，突然冒出个儿子，谁能相信，我看此计不妥。"

　　贾午说："要想怀孕，那有何难？姐姐每日多往肚子上缠些布，或塞些东西，不就怀孕了嘛，至于真假，何人敢问？"

　　贾后觉得有道理，便采纳了贾午的意见。

　　贾后下令将贾午的儿子偷偷地送入后宫，喂养起来，一面对外佯称自己身怀有孕，准备产房、产具及产婆，将自己的肚子塞得鼓鼓的，仿佛马上就临产一般。另一方面，她令内史、太监等不断散播谣言，说太子荒淫奢侈，不务朝政，私结小人，阴谋造反，等等，一时间京城谣言四起，整个京城都知道太子不仁、图谋不轨等。而宫廷内外，大臣们都识破贾后要李代桃僵的阴谋，但无人敢言，都为太子担心。

　　中护军赵俊较有正义之感，他见太子危机四伏，便秘密对太子说："太子殿下，外面谣言四起，风声很紧，看来太后要对殿下不利，殿下何不乘此时机，举兵造反，废除皇后，只有这样，才能保住您的性命和大晋的江山社稷。"

　　太子只知享乐，胸无大志，虽身处险境，却不思反抗，他摇头说道："身为人子，怎能犯上作乱，这万万使不得。"

　　赵俊见太子如此胆小无能，叹息地说道："大势去矣，大势去矣！"便离开了太子。

　　左卫军刘卞也觉得贾后所作所为危及朝廷的命运，他乘黑夜微服来到张华的府邸，对张华说："张公，皇后欲废太子，已是人人皆知的阴谋，您身为国之宰相，应替国家社稷着想，设法阻止悲剧的发生。"

张华问："以刘将军之见，我该如何去做呢？"

刘卞道："东宫之中，俊义如林，卫兵不下万人。公若下令，拥立太子，废黜皇后，将其徙居金墉城，只要叫两个太监出力，便可办成此事。"

张华听罢，大吃一惊，急忙说道，"今天子正当壮年，太子乃是人子，我又未有辅政重任，怎胆敢与太子行此大事。若那样，我岂不成了无父无君的贼子了。即使成功了，亦难脱罪责，况且权臣贵戚满朝，威柄不一，怎能做成此等大事？罢了，罢了，任她去吧！"

刘卞见张华如此说，叹息而去。不料，刚过了一宵，第二天早晨，朝廷下诏，出卞为雍州刺史。刘卞怀疑有人泄谋，才有此诏，非常害怕，便服药自尽了。

贾后与太子的关系到了剑拔弩张的地步，整个朝廷大有山雨欲来风满楼之势，新的一次宫廷流血政变即将开始。

三、使计谋强废太子

贾后欲废太子，与赵粲、贾午使用李代桃僵之计，一切准备工作均已做好，万事俱备，只欠东风，只要再捏造一个太子欲造反的口实，便可行大计了。

元康九年（299年）十二月，太子的长子彭患病，卧床不起，屡请大夫不见起色。太子非常焦急，亲自设坛，为儿子祷祀求福。一天，他正在祈祷，来了两个后宫太监，手拿内廷密诏，对太子说："太子殿下，皇后懿旨，圣上龙体不豫，令殿下立即入朝。"

太子接旨后，小心翼翼地问二位太监："两位公公，父皇怎么了，怎么忽然病了？"

两位太监支吾道："奴才不知，殿下前去探望便知。"

太子将信将疑地跟着太监来到后宫。

太子刚入后宫，宫中迎出一个宫女，对太子说："殿下，皇后有令，让太子到别室暂时休息一会儿，等皇后下令入见，再出来省见圣上。"

太子莫名其妙，不知贾后耍的是什么花招儿，但无奈，只好跟宫女来到一间房内，静待后命。太子坐了一会儿，忽然进来一个宫女，左手拿着一盘枣，右手拿着一壶酒，走到太子面前，面带微笑地说：

"殿下，奴婢陈舞奉皇后娘娘之命，前来陪殿下小酌几杯，殿下，请。"

太子说："父皇有病在身，我尚不知如何，怎么能在此饮酒呢？你端走吧，本人无此雅兴。"

陈舞把脸一沉，说道："殿下，这是皇后亲赐的御酒，殿下难道想抗旨不遵吗？"

太子见陈舞如此说，无奈，只好慢慢地喝起来。

太子酒量小，平时也不能喝酒，但皇后有命，不能不喝，只饮半壶，便醉意醺醺，他摇手对陈舞道："我醉了，不能再饮了，我要去见父皇。"

陈舞剑眉倒立，一下把太子按在座位上，说道："皇后有令，让殿下将酒全部饮光，方可入见圣上。皇后赐酒，殿下不肯饮尽，难道殿下故意违抗皇后的旨意，还怀疑酒有毒吗？"太子无可奈何，见自己别无选择，只好把剩下的酒一饮而尽。喝完，便醉得趴在桌子上，不能动了。

陈舞见太子醉得差不多了，便悄悄退下。过了一会儿，又进来一个叫承福的宫女，她一手拿着纸墨，一手拿着两张写满字的纸，来到太子面前，笔、墨、纸预备好，便大声唤太子道："殿下快醒醒，皇上有旨。"

太子被强行拉起，他神志不清，醉眼蒙眬地问道："何事把我唤醒？"

承福拉着太子道："圣上命殿下将此信抄录一遍。"

说罢，便将写好字的两张纸递过去。太子手不能自已，便说："不，不行了，我喝多了，今天不能抄了，你去回禀父皇，我改日再抄。"

说完，又趴在桌上不动了。承福又将太子拉起，命令道："圣上让你马上就抄，不得有误，难道你要抗旨造反吗？"

太子醉得神志不清，但他仍知道不能抗旨，便哆哆嗦嗦地拿起笔，也不知原稿是什么，糊里糊涂，依样画葫芦地抄着，字迹歪歪斜斜，残缺不全，好容易抄完两张纸，交给承福，趴在桌上又睡着了。

承福拿着太子所写的东西去交给了贾后，几个内侍将尚未醒酒的太子抬到轿上，送回东宫。

贾后拿到太子所写的两张纸，欣喜若狂，虽说太子所写的字东倒西歪，缺笔短画，但仍能辨认出是太子的笔迹，只见第一张纸上写着：

陛下宜自了（自己了断）；不自了，吾当入了之。中宫又宜速自了；不了，吾当手了之。

第二张纸上写着：

并谢妃共要克期而两发，勿疑犹豫，致后患。茹毛饮血于三辰之下，皇天许当扫除患害，立道文（司马遹的长子彭表字）为王，蒋（太子所宠爱的美人）为内主。愿成，当三牲祠北君，大赦天下，要疏如律令。

贾后看罢，满脸绽放出笑容，继而，她又觉得有些不足，便喊道："来人哪！"

一个贴身太监走进来，贾后说："你快出宫，把黄门侍郎潘岳带来见我。"小太监走了，贾后拿着两张纸一边等着，一边认真地琢磨着。

潘岳，字安仁，荥阳中牟（今河南鹤壁）人，以聪颖多才而见称于世，善于诗赋，是贾谧二十四友首脑人物。谄事贾谧，每当贾谧有事外出，潘岳与石崇等"望尘而拜"，亦得到贾后重用，倚为心腹，是贾后一把以文杀人的刀。贾后欲废太子，想诬陷太子造反，需要仿写两封造反之信，何人合适呢？贾后反复考虑，觉得潘岳比较合适，遂令潘岳写了两封造反的信。潘岳按贾后的意图，写了两封置太子于死地的信，贾后派人将太子灌醉，令太子将两封信抄了一遍，这就是太子所抄两张纸的来历。潘岳知道这两张纸的分量，但贾后的命令，怎敢违抗？遂昧着良心写了两封信。

这天晚上，潘岳正在书房看书，忽见贾后的心腹太监来见，急忙迎出来，问道："公公深夜来敝府，有何贵干？"

太监小声对潘岳说："皇后令潘公随奴才马上进宫，有要事相商。"

潘岳安敢怠慢？匆忙换上官服，随太监入宫去见贾后。

潘岳来到后宫，见贾后手中拿着纸，正在那里沉思，见潘岳进来，见过礼后，对潘岳说："潘侍郎，大功告成。今晚将你召入宫来，是让你把太子所写之信缺字短笔的地方补齐，我好面见圣上。"

潘岳道："愿为娘娘千岁效犬马之劳。"

遂拿过笔墨，刷刷点点，模仿太子的笔迹，将太子所写缺笔画的补齐，然后交给贾后，贾后看罢，夸赞道："潘侍郎真是人才出众，文笔不凡啊，日后定予重用。"

潘岳千恩万谢，告辞回府了。

贾后见潘岳所补后的太子书信足可以假乱真，便带着贴身侍女，直奔惠帝寝宫。一进惠帝寝宫，贾后便装成惊慌失措的样子，上气不接下气地说："陛下，不、不好了，太子要杀陛下，反了！反了！"

惠帝已安寝，见贾后深更半夜慌慌张张地闯进寝宫，不知发生何事，急忙披衣下地，听贾后说："反了！反了！"惊问道："爱妻，谁反了？"

贾后一边将手中信件递给惠帝，一边说："太子要造反，要杀陛下和妾。"

惠帝吃惊地问道："真的吗？"

贾后说："陛下看看这两封信便知道了。"

惠帝接过两张纸认真地看着，脸色逐渐变得苍白，手也不停地抖着，看完后，怒骂道："这个该死的畜牲，竟要造反，看朕不杀了你。"

贾后见惠帝动了怒，在旁添油加醋地说："陛下平日待太子不薄，没想到，他竟心似毒蝎，要杀害陛下，是可忍，孰不可忍，望陛下为了大晋江山，忍痛割爱，大义灭亲。"

其实，自从贾后要废太子之日起，她从未间断地在惠帝耳边说太子坏话，并让内史、太监不断造谣诽谤太子，早已给惠帝灌满了迷魂汤，此时已是水到渠成了。惠帝一向听命于贾后，愚顽无知，他不问此书信从何而来，亦不问问如何到的贾后手中。他不辨真伪，只看到笔迹像太子笔迹，便信以为真，现听贾后如此一说，更是怒不可遏。他虽憨傻，却也知道皇帝宝座的重要，现在有人要夺它，怎么能行！他询问贾后道："贤妻，你看这事如何处理？"

贾后道："王子犯法，与庶民同罪。太子欲犯上作乱，命犯死罪，且平日所为，多为不法，今罪在不赦，陛下应下诏处斩。"

惠帝说："废立太子乃国之大事，是否明天征求一下大臣们的意见？若不然，定会谣言四起，影响朝政的。"

贾后觉得惠帝言之有理，征求大臣们的意见只不过是走过场，粉饰而已，废除太子已势在必行，遂赞成地说道："陛下言之有理，不过事情宜早不宜迟，若不然恐生他变。"

惠帝点头道："明天早朝，就先议此事。"

第二天早晨，天刚蒙蒙亮，大臣们便来上早朝了，惠帝在式乾殿召见王公大臣。大臣们陆续来到式乾殿，只见惠帝坐在御座上，满脸威严，透着怒容和杀气。大臣们不知道发生了什么事，面面相觑，不敢出声。

朝拜后，惠帝说："朕今天将你们召集在式乾殿，有要事相商。来人哪，把东西拿出来。"

大臣们不知道皇上要拿出什么东西，你看看我，我看看你，心里不停地猜测着。只见太监黄门令董猛拿出两张纸，呈给惠帝，惠帝说："拿下去，给大臣们看看。"

董猛首先将两张纸递给张华、裴颀，二人急急看了一遍，并相互交换看着，脸上都露出惊诧之色。二人看完后，王公大臣相互传阅着，惊得个个目瞪口呆。惠帝见大臣们传阅完毕，愤怒地说道："这是不肖子遹所书，如此猖狂悖逆，看来只好赐死吧。你们以为如何？"

　　大臣们见惠帝说出自己的意见，事关重大，为了性命和乌纱帽，无人敢言。整个大殿，空气异常沉闷，仿佛就要爆炸一般。时间一分一秒地过着，张华的大脑在不停地思索，事出突然，使他有些措手不及，然而，他觉得事情蹊跷，其中定有缘故。他思前想后，觉得不应该不管，便独自走到御座前，启奏道："陛下，太子谋反，乃国家之大不幸事，只是事关国之安危，应三思而后行。从古至今，有多少朝廷因废黜正嫡，而招丧乱。今事出仓促，陛下应核实后再行处决。"

　　裴頠见张华出列直谏，他亦觉得事情有诈，便接着张华的话说道："陛下，张公所言极是。若东宫果有此书，那么究竟是由何人传入宫中？且安知非他人伪造，诬陷太子？恳请陛下验明真伪，再做处理。"

　　惠帝坐在那里，好似痴聋一般，对张华、裴頠所奏，不回一言。张华、裴頠见圣上装聋作哑，知道皇上的决心已定，难道就这样使太子稀里糊涂地丧命吗？二人心急如焚，但又无计可施。贾后坐在屏风后面，见张华、裴頠二人要验书信之真伪，更是万分着急，她坐立不安，用什么办法能堵住大臣们的嘴呢？

　　她想了一会儿，对身边的太监说："快去找太子平日所写书信送给陛下。"

　　太监领旨，找来平时太子所书信札十余件，送到惠帝手中，惠帝看了看，对大臣们说："众爱卿，此乃不肖子遹平时所写书信，你们若不信，可以拿着对对。"

　　张华和裴頠等接过太子平日所写信札，与那两张纸认真对照，笔迹大致相符，只是一个写得认真，笔画端正，一个是急书，字迹潦草，一时辨别不出真伪，无从指驳。大臣们沉默不言，裴頠双眉紧锁，思索用何办法来解救太子。

　　他想了一会儿，说："陛下，单凭几张纸字迹相同，还不足以说明问题，尚不能因此而草草废黜太子。陛下试想，犯上作乱本应是件极秘密的事，太子天姿聪慧，若想造反，怎能将此重要信件落入他人之手呢？究竟是何人将此书信传于陛下的呢？何不召来追问追问？"

　　惠帝无言以对，一言不发地呆坐在那里。张华在旁亦言道："陛下，太子就在东宫，何不请来对质，真假便可分明。千万不能草率行事，以免酿成大祸。"

张华、裴颜及个别正直大臣你一言、我一语地反对此事，千方百计地阻止惠帝废除太子，而其他大臣依违两可，争论不决。那惠帝端坐在那里，如同木雕泥塑一般，任大臣们絮聒，真是你有千条妙计，我有一定之规，就是一言不发。这可急坏了屏风后面的贾后，她万万没有想到，自己信任和重用的张华和裴颜，在此关键时刻，竟会如此坚决地反对自己，破坏她千辛万苦设好的计谋。她非常恼怒，恨不得走将出去，喝住众口，独断专行，速了此事。但又一想，在这大庭广众之下，自己若如此越礼，会被天下人耻笑，大臣也会不服，看样子只好耐着性子等下去了。

日影渐渐西斜，大臣们还在争论不休，惠帝任大臣们争论，也不做出裁决。贾后心急如焚，再这样争论下去，岂不坏了自己的大事？

她将黄门令董猛唤到身边，对董猛说："你去传言陛下，事宜速决。为何议了半天，尚未定夺？若群臣不从诏，宜以军法从事。"

董猛来到式乾殿，对惠帝及群臣说道："陛下，皇后有言，请陛下速下诏裁决，若有不从诏者，军法处置。"

张华见太监董猛口传皇后懿旨，心中万分恼怒，他怒斥董猛道："国家大政，应由圣上主裁，你是何人，竟敢妄传内旨，淆乱圣听。"

裴颜亦喝道："董猛休得多言，此处无你说话之地。圣上明明在殿上主政，难道我等不奉明诏，反依内旨不成？"

董猛无言以对，气得满脸通红，灰溜溜地回去报告贾后。

贾后听完董猛的话，觉得事情不能再拖下去，时间一长，恐怕其中有变，便令侍臣起草奏表，请废太子为庶人。惠帝接到奏表，也不管大臣们有何意见，依议准奏，拂袖退朝，众大臣不欢而散。于是，派尚书和郁持节，解结为副及大将军梁王肜、镇东将军淮南王允、前将军东武公澹、赵王伦、太保何劭一行人到东宫，宣读圣旨，废太子为庶人。

这天，太子正在玄圃游玩，闻听有使者至，知道昨日已闯下大祸，大难即将临头。他回宫改服接旨，然后徒步走出承华门，改乘破牛车，由前将军东武公澹带军队护送，跟太子妃王氏、三个儿子一起迁往金墉城。贾后下令，将太子所宠的美人蒋氏，以蛊惑太子的罪名，活活杖毙，并将自己怀恨已久的太子之母一并赐死。贾后出了一口恶气，终于如愿以偿。

第八章

杀太子狂澜迭起

饮鸩酒贾后身亡

一、害太子挑起祸端

太子被废后，朝野一片哗然，各种言论风云而起，异议沸腾。更有不怕死的大臣，直言犯谏，力保太子。当时的西戎校尉司马阁缵，令人抬着自己的棺椁，入阙上书道：

> 汉代戾太子称兵拒命，尚有人主从轻减，说是罪不过笞，今逼罪不如戾太子，理应重选师傅，先加严诲，若不悛改，废弃未迟。

但哪里有人肯听他的谏言呢？

第二年，改元永康（300年）。贾后见朝臣议论纷纷，终究不妙，太子住在京都，难保不再生祸患，不如趁热打铁，将太子赶出京城，置他于死地，方可永绝后患。用什么方法才能将太子赶走呢？她找来心腹太监董猛商量计策。董猛对贾后说："娘娘千岁，老奴倒有一计。"

贾后忙问："董公公，是何计策？"

董猛在贾后耳边嘀咕了一阵，贾后眉开眼笑地点头说道："好，好计策，就按你说的去办，事成之后，定有重赏。"

董猛高高兴兴地出去了。

第二天，董猛拿着一张表文，急匆匆地来见惠帝，说："启禀陛下，刚才金墉城的太监欲见万岁，他说有要事禀报陛下，老奴问其何事，他将此表文递与老奴，求老奴转呈圣上。老奴不敢耽搁，遂急忙求见。"

说罢，将手中的表文交给惠帝。惠帝打开一看，是金墉城的一个小太监的自首表文，文中写着废太子司马遹欲行谋逆，令小太监为其联络朝臣及兵力，重新举事。惠帝看罢，脸气得蜡白，说道：

"孽子，上次朕看在大臣的面子上，没有将你处斩，你不思前过，竟敢还想造反，此次定给你点颜色看看。"

贾后在旁添油加醋说道："陛下息怒，别伤了龙体。那司马遹被囚禁在京城，就在陛下眼皮底下，有大臣们为他撑腰，再说还有原来东宫的卫士，难免他会有非分之想，为何陛下不将他迁徙到许昌宫，远离京城，他也就没了这个念头。"

惠帝点头道："言之有理，言之有理。"

第二天早朝，惠帝下诏将小太监的自首表文给大臣们传阅，并说："这个孽子想再行不义，但念在他是朕的儿子分上，朕不想杀他，将他囚禁许昌宫，终身不得返京。同时，不许任何大臣替其求情，也不许为其送行，明日就起程。"

大臣们无可奈何，只好听天由命了。

原来，董猛用重金买通金墉城中司马遹身边的小太监，对他说："只要你假装自首，说司马遹与你勾结，要谋反，事成之后，本公公保你无事，并另有重赏。"

这小太监见钱眼开，遂演出这场谋害司马遹之戏。然而，贾后不会让这个知道内情的人活在世上，她命董猛以谋逆罪，将这小太监处死，又一个冤魂上了西天。

在太子被废、消息传到他的岳父王衍府里时，王衍惊慌失措。王衍身为朝廷重臣、名震天下的清谈家，整日手拿拂麈，口谈黄老，却是个无耻之徒，他见太子被废，势必连累自己，便急忙奏请贾后，请求准许女儿与太子离婚。贾后正想落井下石，哪有不批准之理，王衍的女儿王惠风倒是有情有义之人，虽然当初太子娶她时，嫌她貌丑，但结婚后，夫妻的感情却逐渐好转，倒也恩爱。她见夫君有难，不想在丈夫危难之时离开，她哭着恳请父亲收回奏表，然而，王衍的铁石心肠焉能是几滴眼泪所能感动的？诏书下来，王惠风无奈，只好恸哭一场，与太子诀别，回到娘家。

司马遹见自己再次被诬陷，有冤无处申，万分痛苦。临行前，他写信留给已离婚的妻子王惠风，说明事情原委，并请求岳父大人帮助申冤。信中写道："我虽顽愚，但心地是善良的，欲尽忠孝之节，绝无叛逆之心。我虽非中宫（贾后）所生，但侍奉中宫如同亲生母亲。自从被立为太子以来，如同被囚禁，从未见过生母。自宜城君（郭槐）亡，更不被中宫所存恤，此次被唤入宫去见父皇，被带到殿内后，宫人陈舞让我坐在空屋子里。中宫远远呼喊陈舞，拿来三升酒给我喝，又拿来一大盘枣给我吃，还命令我必须把酒喝完。我从来不惯喝酒，声明喝不了三升，但陈舞传来中宫的话，说我不孝，问我是不是怀疑酒中有毒。无奈，我喝了二升，请求将剩下的一升带回去喝，陈舞不许，立逼我喝完。酒后，我头脑昏乱，难以自持。一个宫人拿来信件，说父皇命我抄信，逼我快抄，不容分辩。因为是父母命令做的事，不敢相疑，实在不知道自己抄的是什么。现在遭到如此诬陷，真是有口难辩。望贤妻看在昔日夫妻情分上，以旧情为重，托岳父大人代为申明。"

这封信当然是泥牛入海，不会有半点音讯，王衍躲还怕来不及，明知司马遹被贾后所诬陷，也不会替他申冤的。

太子被卫士押往许昌宫，贾后恐司马遹乱说，让惠帝下诏，不许大臣们去送行。太子洗马江统、潘滔，舍人王敦、杜蕤、鲁瑶等，犯禁前去为司马遹送行。众人来到伊水旁，痛哭流涕，互道珍重，洒泪告别。这时，司隶校尉满奋奉贾后之命策马赶到，将江统等人一并拘捕，关进河南、洛阳两个牢狱中。众人对贾后所作所为非常不满，但也只好叹息而已，无可奈何。

贾后设计陷害太子，朝臣们都心照不宣，在贾后淫威之下，无人敢言，但一股谋废贾后的暗流，正在酝酿形成，一场更大的风暴即将来临。

右卫督司马雅，是晋室的远亲，平时在东宫，侍奉太子，得到太子的宠爱，二人关系较密。司马雅见太子无罪被废，极为不满，常想为司马遹效力，设法恢复太子之位。他找到密友从督许超、殿中郎中猗等，商量计策。

司马雅说："当初，圣上欲废太子，张华与裴頠曾力保太子，现在单凭我们几人力量，很难替太子申冤，扳倒皇后，为太子复位。何不游说张、裴二公与我们联手，共同完成此项大业呢？"

许超摇头道："将军此言差矣。张华、裴頠当时力保太子，但他们绝不会与我们联手，共复太子之位。他们为官数十载，贪恋禄位，胆小怕事，尤其是怕皇后之威，所以，不足与他们共图大事。我倒是有个人选，可以联合。"

众人忙问："将军所言何人？"

许超道："那就是右军将军赵王伦。他既是宗室王，又握有兵权，本人贪功好强，可假借他手中兵权，来行大事。"

众人以为此计可用。但如何说服赵王伦呢？这时殿中郎士猗说："我们直接去说服赵王伦恐有不便，应找个赵王伦比较信任的人为中介，方才稳妥。"

司马雅道："我与赵王心上红人孙秀素有交情，不妨请他出面，此事定能成功。"

孙秀，琅邪人，曾是赵王伦舍人。此人奸诈多谋，被赵王伦倚为心腹，成为他重要的谋臣。当年赵王伦为征西大将军，都督雍、梁二州军事，前往雍、梁二州去镇压齐万年起义时，赵王伦不谙韬略，一切权柄被孙秀独揽。结果，贻误战机，起义烽火遍地燃起，二人无计可施，无功而返。赵王伦奉召还都，有人上书弹劾赵王伦，并请诛孙秀。张华也知道孙秀所行不法，便秘密令梁王肜收诛孙秀，不料走漏了风声。孙秀知道消息后，便重金贿赂梁王参军傅仁，替他排解，方免此难。

孙秀与赵王伦进京后，见贾后势力炙手可热，便劝赵王伦道："将军，若想在京中立于不败之地，就得与贾后搞好关系，只有这样，才能青云直上。如今，贾谧与郭彰都是贾后身边红人，我们何不与他们交好，讨得贾后之欢心呢？"

赵王伦问："如何才能与贾、郭拉上关系呢？"

孙秀笑笑说道："有钱能使鬼推磨，此事不必将军挂心，一切交与小的去办。"

果然，钱可通神，不但贾、郭与他交好，就是贾后，对他们也另眼看待，每当赵王伦上奏，不论是非曲直，一律准奏。从此，赵王伦在朝中势力日益强大起来，难怪司马雅他们会想到利用他。

一天，司马雅对孙秀说："太子无罪被废，群臣激愤不平，我想，这恐怕对赵王和先生不利。”

孙秀不明白司马雅为何说出这话，问道：“太子被废，与赵王有何关系？将军何出此言？”

司马雅淡淡地笑了笑，说道：“先生试想，中宫凶妒，与贾谧等诬废太子。今国无嫡嗣，社稷垂危，大臣心怀不满，早晚会行大事，废黜悍后，迎还太子。而赵王与先生素与中宫密切，与贾、郭亲善。现外人都说先生与赵王都参与了废太子的阴谋，一旦朝廷发生政变，必将累及你们。先生为何不说服赵王事先做好预防呢？”

司马雅的一席话说到了孙秀心里，孙秀也觉得形势对自己很不利，一旦朝廷有风吹草动，势必危及自己，看样子得先下手为强。

于是，他问司马雅道：“将军有何妙计，能使赵王做好预防呢？”

司马雅低声道：“我们何不联手，废除中宫，迎还太子，这样，既解救了国家社稷，先生等亦可永无后顾之忧，岂不一举两得？”

孙秀同意了司马雅的想法，说：“将军稍等一段日子，我去说服赵王。”

赵王伦，字子彝，司马懿的第九子，惠帝之叔祖父。司马伦平庸残暴，无智策，宠信孙秀，对孙秀的话言听计从。太子被废后，他领右军将军，深得贾后的信任，正觉得春风得意。孙秀却对赵王伦说：“将军，现在我们身处险境，应设法脱身。”

赵王不知孙秀所言何意，惊问道：“此话从何说起？我们现在正是大权在握、大展宏图的好时机，怎么说身处险境呢？”

孙秀说：“将军此话差矣。中宫无罪废黜太子，朝野群情激愤，纷纷密谋废黜中宫，迎复太子。并且，朝野都说，将军参与谋废太子。将军试想，大臣们一旦举事，将军将会有什么样的下场呢？恐怕是不敢想象。所以，我说我们身处险境。”

赵王伦听罢，不觉心中一寒，孙秀的话有道理。

他征询地问道：“那么，有何办法解除此难呢？”

孙秀说：“唯一的办法是将军先下手，大义灭亲，掌握主动权。”

"如何才能掌握主动权呢？"赵王问。

孙秀答道："将军手握重兵，可与朝中忠于太子、反对皇后的人联手，举兵起事，废黜皇后，迎回太子，为国家除害，又有迎立之功，岂不永无后顾之忧了吗？"

赵王伦同意了孙秀的意见，联络通事令史张林及省事张衡、殿中侍御史段浑、右卫司马督路始为内应，准备同时举事，

事情商议妥当，准备举事时，孙秀改变了主意，他对赵王伦说："将军，此时不是举事的好时机，应缓行一段日子。"

赵王问："为什么？"

孙秀说："将军想想，太子为人聪明刚猛，不徇私情，若得还东宫，必图报复。明公素事贾后，朝野皆以公为贾氏私党，今虽为太子建立大功，太子且未必见德，一有衅隙，仍然加罪，不若迁延缓期，等贾后害死太子，然后以为太子报仇为名，入废贾后，名正言顺，更无他患，岂不一举两得吗？"

孙秀的一番话，说得赵王伦拍手叫绝，连连说："好计，好计！先生真乃孔明再世也。"

为了使自己的好计早点实现，孙秀来到贾谧府中，非常神秘地对贾谧说："贾公，现在朝野谣言四起，说殿中有人欲废皇后，迎回太子。我想，这绝不会是空穴来风。贾公何不劝皇后早些动手，除掉太子，杜绝众望呢？"

贾谧对朝野风言风语的议论早有耳闻，也觉得让太子活在世上一天，威胁就存在一天，现听孙秀一说，更是动心。他立刻进宫，去禀报皇后。贾后也听到外面谣传，正准备下手，见贾谧进来，便说："贤侄来得正好，我正要找你进宫商量大事呢。"

贾谧问："娘娘千岁，是何大事？"

贾后说："听说有人打算造反，想把废太子接回来，看样子，我们动手的时候到了。"

贾谧说："臣进宫正为此事，不知娘娘有何高见？"

贾后说："斩草除根，永绝后患。去，把程太医给我叫来。"

不一会儿，贾后的情夫程据来见贾后，贾后问："程郎，你能否替本宫制一种毒药，令人食后，立刻死亡？"

程据道："这雕虫小技，有何难处，不知娘娘何时要？"

贾后说："越快越好，你立刻去办。"

程据说："明天早晨，一定完成。"

第二天，程据入宫，将一药丸交给贾后。贾后问："这是何药？"

程据说："这是小臣用巴豆、杏仁做成的毒药丸，人服之后，便无法可救。"

贾后看着药丸，咬牙切齿地说道："司马遹，你的末日到了！"

贾后唤来心腹太监孙虑，对他说："皇上命令你去趟许昌宫，将此毒药丸令太子服下，人死之后方可回来复命，不得有误，事成之后，定有重赏。"

废太子司马遹到许昌后，知道贾后心狠手辣，绝不会善罢甘休，所以格外注意。他怕别人用毒药药死自己，所有饮食，必令宫人当面煮熟，才敢吃。孙虑到许昌后，先与监守官刘振说明，刘振便将司马遹移到一间小屋内，断绝其饮食。宫人见太子可怜，平日太子对她又很好，便想法从墙上给太子递些食物，聊以充饥。孙虑急着回宫复命，见此法不行，便手拿毒药，闯进屋内，对太子说："此乃圣上所赐药丸，令你马上服下。"

司马遹知道是毒药，哪里肯服，他对孙虑说："公公，我先去趟厕所，回来再服。"

说罢，转身欲往外走。孙虑恐其逃脱，自己无法复命，便将事先藏在袖中的药杵拿出来，照司马遹的后脑狠狠砸去，随着一声惨叫，司马遹倒地身亡，年仅二十三岁。

孙虑回京复命后，惠帝没有半点儿悲哀，要以庶人礼葬之。贾后流下几滴鳄鱼的眼泪，假惺惺地上表惠帝曰：

> 遹不幸丧亡，伤其迷悖，又早短折，悲痛之怀，不能自己。妾私
> 心冀其刻肌刻骨，更思孝道，使得复正名号，此志不遂，重以酸恨。
> 遹虽罪大，犹是王者子孙，便以匹庶送终，情实可悯，特乞天恩，赐

以王礼。妾诚暗浅，未识礼义，不胜至情，冒昧陈闻。

好一份假仁假义假慈悲的奏表，足以以假乱真，令人感动。惠帝收回成命，将司马遹以广陵王礼厚葬，贾后拍手称快，终于彻底消除了心头之患。但她焉知，螳螂捕蝉，黄雀在后，一只恶毒的黄雀正在死死盯着她这只黑心的螳螂，又一场血雨腥风的宫廷政变马上开始了。

二、贾后死战乱再起

贾后害死废太子司马遹，以为永无后患，可以高枕无忧了，万没想到，这正中赵王伦和孙秀的下怀。贾后的暴戾激起朝野公愤，人人欲诛之，赵王伦与孙秀趁此兴兵，废黜贾后。

司马遹被贾后杀害后，孙秀认为时机已经成熟，但又觉得势力有些单薄，便派司马雅去劝张华共举大计。司马雅来到张府，屏退下人，对张华道："张公，小生此番前来，有要事相告。"

张华问："将军有何要事？不妨直说。"

司马雅低声说道："赵王欲与公共匡社稷，为天下除害，使雅以实情告公，请公勿疑！"

张华知道孙秀等必行不义，贾后大势已去，但不想与赵王等为伍，遂摇头道："臣已老矣，无力匡复社稷，况身为人臣，安可犯上作乱？"

司马雅见张华不肯合作，气得拂袖而去。临出门时，对张华道："死到临头，刃将加颈，还装什么！"

说罢，头也不回地离开张府，直奔赵王伦府。

赵王伦派人秘密联络齐王冏。齐王冏，字景治，司马攸之子。司马攸被武帝逼死，司马冏继承父位。贾后当政后，拜为散骑常侍，领左军将军、翊军校尉。得知赵王伦欲起兵废黜贾后，他欲报杀父之仇，唯恐其不乱，现有此机会，焉有不从之理？遂答应与赵王伦共同举事。

赵王伦还派人游说梁王肜，身为尚书令的梁王肜见贾后残暴无道，也赞同赵王伦此举，答应与赵王伦共废贾后。

永康元年（300 年）四月三日夜，天空乌云密布，没有一丝光亮，伸手不见五指。赵王伦手拿伪造的圣旨，对驻京的三部司马说："皇帝诏曰：中宫与贾谧等杀我太子，为此命车骑将军兼领右军将军赵王伦，入废中宫，汝等皆当从命！事成当赐爵关内侯。如或不从，罪及三族。"

三部司马亦不满贾后暴政，接了此诏，哪有不从之理？遂派齐王冏率军入宫。

齐王冏带领军队进入后宫，天黑路生，不知何往，这时作为内应的华林令骆休赶来，带领齐王冏等直奔惠帝寝宫。惠帝已经安寝，忽见齐王冏率领卫队明火执仗地冲进来，吓得缩成一团，哆哆嗦嗦地问："众爱卿，你们要干什么？"

齐王说："陛下不必惊慌，也不必多问，我们不会伤害陛下，请陛下随我们走。"

卫士们将惊慌失措的惠帝搀到东堂，齐王对惠帝说："陛下速诏贾谧进殿。"

太监们急唤贾谧进宫，贾谧不知何故皇上半夜宣他进殿，急急忙忙赶来，一入宫，见到处是手持武器的卫士，觉得大事不好，拔腿便跑，跑到西钟下面，大声喊着："皇后快来救我！皇后快来救我！"

这时，一个卫士追上来，追至身后，拔刀砍去，只听"啊"的一声惨叫，贾谧便身首异处，命丧黄泉了。

贾后听到贾谧的呼救声，不知发生何事，披衣欲外出观看，走至门口，正与齐王冏相遇。贾后见齐王冏已率兵将后宫围住，知道大事不好，便惊慌地问道："深更半夜，卿为何率兵闯入后宫？来此做什么？"

齐王冏答道："我们奉圣上诏命，前来收捕皇后。"

贾后说："诏当从我发出，这是何处诏旨？"

说罢，转身回房，手扶门大声喊道："陛下有妇，使人废之，亦行自废。"

齐王冏道："休得多言，跟我们走。"

贾后跟着齐王冏离开后宫，路上，她问齐王："此次起事，何人主谋？"

齐王道："梁王彤和赵王伦。"

贾后听罢，深深叹口气，说道："系狗当系脖子，我却系住狗尾，难怪遭狗咬。当初若不祖护二逆贼，哪能有今天？命该如此啊！"

贾后被迁至建始殿，齐王派兵把守，将其囚禁起来。

赵王伦派兵将参与废黜太子的贾午与赵粲连夜收捕，送入暴室，一阵棍棒过后，几声惨叫，这两个如花似玉、貌美心毒的妇人，便到阴曹地府报到去了。赵王伦素与张华、裴頠有仇，趁势将他们拿下。当年，他身为征西大将军，都督雍、梁二州军事，出征雍、梁二州少数民族起义时，无功返京，他欲求为录尚书事，贾后已同意，偏偏张华、裴頠二人固言不可。赵王伦又求为尚书令，张、裴二人再度阻挠，没有实现。所以赵王伦对张、裴二人恨之入骨，势不两立。

此次正是除去二人的好时机，所以，一并将他们捕来。张华问通事张林道："你们以废除贾后，为太子报仇为名，发动宫廷政变，为何要杀害我等忠臣？"

张林矫诏斥责道："卿为宰相，不能保全太子，及太子废死，又复不能死节，怎得称忠？"

张华驳斥道："昔日式乾殿中的争议，臣尝力谏，有案可查。"

张林不等张华说完，便接口道："既然力谏不从，何不辞职去位？"

张华听到此言，无话可说，只好俯首就刑，与裴頠一同被杀害，并至夷族，时年已六十九岁。裴頠死时，年仅三十四岁。赵王伦大兴冤狱，大杀无辜，所有与贾后关系密切及裴、张二家亲属，一并杀戮。

一夜的杀戮，彻底清除了贾后在朝中的势力，赵王伦挟持着痴傻皇帝，掌握了朝廷大政。赵王伦以孙秀为耳目，孙秀说可杀即杀，说不可杀便不杀，言听计从，成了孙秀的傀儡，不知有多少无辜死于这奸佞小人之手。

第二天早朝，孙秀奏曰："皇后荒淫暴虐，残害太子，秽乱中宫，丧失妇德，扰乱朝政，重用亲信，有违礼制，不宜再母仪天下，应废为庶人，迁居金墉城。"

孙秀所言，正合赵王伦之意，他焉能让自己的政敌安稳地生活在宫中？岂不太便宜了她？遂代惠帝准奏。那惠帝已成为赵王伦手中的木偶，任其摆布，全无主意。赵王伦派人将贾南风迁往金墉城，囚禁起来。她的死党董猛、孙虑、刘振等被处决，她的老情人程据也被处死。

赵王伦掌政后，托称诏制，大赦天下，自封为都督中外诸军事兼相国侍中，欲效法当年司马懿辅魏故事，独断朝纲。封孙秀为中书令，司马雅、张林等，皆封为侯，掌握兵权。百官总己，听伦指挥。孙秀从中主政，威震朝廷，"天下皆事秀而无求于伦"，朝政一片混乱。

赵王伦与孙秀的所作所为，引起了淮南王允和齐王冏的不满，他们私养死士，密谋诛伦。司马伦乃庸俗之辈，哪能察知，只有那狡诈的孙秀看透三分，他对赵王伦说："明公，如今政权尚未稳定，淮南王与齐王对明公心怀不满，明公应多加防备。"

赵王伦问："我该如何防备？"

孙秀献计道："单凭淮南王与齐王二人势力，还不足为患，只是怕他们勾结金墉城中的贾南风，死灰复燃，其后果就难测了。"

赵王伦问："那该如何是好？"

孙秀道："目前，淮南王与齐王势力尚未成气候，当务之急是彻底解决贾南风，令不法之徒无望。另外，立即册立皇太孙，令他们无机可乘，那样政权便稳定了。"

赵王伦点头称是，又问道："该用何办法处决贾南风呢？"

孙秀笑了笑，说："当然是以其人之道，还治其人之身了，她用什么办法害死太子，就让她尝尝这办法的滋味。"

赵王伦拍手叫绝，吩咐道："快，你马上去办，以免夜长梦多。"

金墉城，三国曹魏明帝时建，是当时洛阳城西北角上一个小城，城小而固。从曹魏以来，被废的帝、后等，都安置在这里。贾南风对金墉城自然十分熟悉,她曾亲手将杨皇后、太子送到这里,结束他们的一生。万万没有想到,自己也会被送到这里。此时,她坐在这凄凉的金墉城内,心潮起伏,思绪万千。自从被立为皇后,自己为所欲为,享尽人间之欢乐。昔日号令天下,无人敢违背自己的命令。而今成为阶下囚,任人宰割,真是天上人间之别啊!每当夜幕降临,贾南风都难以入眠。独对青灯,她想到在宫中,与情人缠绵、欢乐,孤独寂寞更是难以忍受,即使蒙眬入睡,亦被那些冤死在自己手中的鬼魂吓醒。她常常梦见自己的婆母、昔日的杨皇后,披头散发向她扑来,索要她的性命。如今度日如年,生不如死啊!正当此时,孙秀派尚书刘弘来到金墉城,赐贾南风一杯金屑酒,演出了本书开头的一幕,一代悍后惨死在毒酒之下,成了赵王伦一箭双雕之计的牺牲品。

执政十年、凶狠残暴、荒淫绝伦的一代悍后就这样走了,然而,她给大晋朝廷留下的灾难没有结束,由她点燃的"八王之乱"战火愈燃愈烈,直至将整个大晋王朝化为灰烬,才算终结。

三、诸王混战洛阳城

豆釜相煎何太急?瓜台屡摘自然稀。

试看骨肉摧残尽,典午从兹慨式微。

这首诗描写的是西晋王朝长达十六年之久的"八王之乱",骨肉残杀、国危朝衰的情景。"八王之乱"的"八王",指的是司马氏宗室中八个诸侯王,即汝南王司马亮(宣帝第四子)、楚王司马玮(武帝第五子)、齐王司马冏(齐王之子)、赵王司马伦(宣帝第九子)、成都王司马颖(武帝第十六子)、河间王司马颙(宣帝弟司马孚之孙)、长沙王司马乂(武帝第六子)、东海王司马越(宣帝弟司马馗之孙)。在《晋书》中,将此八王合为一传,并写道:

　　西晋之政乱朝危，虽由时主，然而煽其风、速其祸者，咎在八王，故序而论之，总为其传云尔。

　　所谓的"八王之乱"，是始于元康元年（291年）至光熙元年（306年）长达十六年之久的西晋王朝内部，后党与后党、后党与司马氏宗室之间、司马氏宗室内部的争权夺利斗争，斗争错综复杂，尖锐激烈，先后有八次大规模的宫廷政变与武装冲突，先后有八个诸侯王参与这场战争，故称"八王之乱"。实际上，卷入"八王之乱"的不止八王，大概这八王关系最大。

　　在这八次大规模宫廷政变中，有三次是贾后发动或由贾后引起的，那就是第一次铲除杨皇后的杨氏外戚集团，第二次消灭汝南王司马亮及楚王司马玮。从此掌握政权，实行她"专制天下，威服内外"的"女主专政"。从元康二年（292年）至永康元年（300年），这八年乃是"八王之乱"中小康之年，没有大规模的宫廷政变或战乱发生，这也是贾后为政期间值得称道的相对和平时期。永康元年（300年），因贾后杀害太子，引起赵王伦发动了第三次宫廷政变，贾后也在此次政变中丧命。贾后的死，并没有使朝廷动乱结束，相反，由于惠帝痴傻无能，执政达十年之久的贾后已死，围绕权力的斗争变得越来越激烈，越来越残酷。从永康元年（300年）至光熙元年（306年），仅六年期间，就发生了五次大规模的宫廷政变和战乱，几乎葬送了西晋王朝。

　　当司马伦一箭双雕除掉贾氏后党和太子司马遹以后，宠信孙秀等奸佞小人，私树党羽，无恶不作。淮南王允与齐王冏对此心怀不平，欲起兵讨伐司马伦。孙秀得知，乃出齐王冏镇许昌（今属河南），夺下淮南王允兵权，淮南王允起兵反抗，被镇压，一次宫廷政变流产了。

　　赵王伦大权独揽后，便开始觊觎皇帝的宝座。永宁元年（301年）一月，他胡编司马懿要他做皇帝的"神语"，逼惠帝"禅让"帝位与他，并强行从惠帝手中抢来皇帝御玺，当上了皇帝，将惠帝送到金墉城囚禁起来。孙秀派重兵防守，唯恐这痴傻皇帝被人劫去，成为他人的工具。

赵王伦眼睛有点瞎，人们说是"瞎儿做天子"。这个"瞎儿"皇帝即位后，大封自己的爪牙爵号，连他的奴卒厮役也都"加以爵位"。按照官爵服饰规定，有些高官的冠饰是"貂蝉"，即在冠的前部加黄金珰，附蝉为纹，貂尾为饰。头戴这种冠饰的官也称作"貂蝉"，一时间，朝廷之上，"貂蝉盈坐"，甚至达到"貂不足，狗尾续"的地步。

司马伦的篡位行为，激起了朝臣的愤恨和其他宗室王的反对。永宁元年（301年）三月，被司马伦出镇许昌的齐王冏，联合成都王颖、河间王颙起兵，发动了规模空前的第四次宫廷政变。

司马伦见"三王"带兵讨伐自己，也派兵迎战，双方军队在洛阳附近激战六十多天，死了十万多人。当时洛阳的百官将士都想诛灭司马伦及其亲信孙秀"以谢天下"，司马伦的部将王舆率营兵七百余人倒戈，杀死孙秀，废黜司马伦，从金墉城中接回痴傻皇帝，一时满城百姓齐呼万岁。

齐王冏带领数十万兵士进驻洛阳，威震朝野。因其光复朝廷功居第一，以大司马之职入朝辅政，官加九锡，与皇帝位仅差一步。齐王冏执掌朝政后，变得日益骄奢无礼，他私立党羽，自擅威权，并沉迷于酒色，不理朝政，引起"朝廷侧目，海内失望"。这也引起了长沙王乂和河间王颙的极端不满。河间王颙宣称司马冏"有无君之心"，于太安元年（302年）十二月，联合长沙王乂、成都王颖起兵讨伐齐王冏，爆发了第五次宫廷政变。

长沙王司马乂深知，如今谁能拥有惠帝，便可以"挟天子以令诸侯"，遂率左右驰入宫中，夺得惠帝，讨伐司马冏。司马冏宣称长沙王乂"假传圣旨"，司马乂宣称"大司马司马冏谋反"，双方在洛阳城内摆开了战场。一时间，飞箭如雨，火光冲天，鬼哭狼嚎。惠帝躲到上东门，险些成了箭下之鬼。恶战进行了三日，终于以司马冏失败被斩而告终，从此，长沙王司马乂又成了最有权威的人物。

这次宫廷政变主谋为河间王颙，而长沙王乂从中得利，掌握了朝政，司马颙安可罢休？原来，司马颙有自己的计谋，即他以为司马冏兵力强大，司马乂兵力弱，司马乂先攻打司马冏，必为司马冏擒获，然后自己以此为借口，宣告四方，共讨司马冏，废除惠帝，立成都王司马颖为帝，"己为宰相，专制天下"。不料如意算盘被打乱，司马乂战胜司马冏，执掌了政权。

太安二年（303年）八月，司马颙派部将张方为都督，率军七万攻打洛阳，司马颖也派军助战，司马乂自为大都督，率军迎战。双方在洛阳地区连续大战三个多月，东海王越与部分禁军将领把司马乂拘禁起来，向司马颙、司马颖求和，结果，司马乂被张方秘密烧死，这就是第六次宫廷政变。

司马乂死后，司马颙因自己不是嫡支，没有继承大统的希望，便立在邺城（今河北临漳）的司马颖为皇太弟，都督中外诸军事。司马颙在长安任太宰、大都督。

司马颖长得仪表堂堂，风度潇洒，开始时受到一致的拥护。但他金玉其外，败絮其中，其实是个庸才。他委任佞臣，"僭侈日甚，有无君之心"，引起"大失众望"。这就引发了第七次宫廷政变。

永光元年（304年）七月，东海王司马越组织十多万兵力声讨司马颖，抢到了惠帝，并挟持着前往司马颖的老巢邺城。司马颖听说惠帝亲自出征，派五万兵力迎战，并对部下说："除了皇帝外，见一个杀一个！"

司马颖的部下奋力拼杀，大败司马越部队，夺下惠帝。八月，安北将军王浚、宁北将军东嬴公司马腾（司马越之弟）联兵攻打邺城，司马颖兵败，率帐下几十骑拥着皇帝坐着牛车，南奔洛阳。一路上，他们急急如丧家之犬，惶惶如漏网之鱼。经过温（今河南温县）时，惠帝下车拜谒祖陵，因路上匆忙丢了鞋，只好穿随从的鞋子拜陵，痛哭一场。

司马颖逃走后，在洛阳把持朝政的是司马颙的部下张方。张方强行将惠帝从洛阳迁到长安。十二月，司马颙在长安废掉司马颖，立豫章王司马炽（武帝第二十五子）为皇太弟，自己都督中外诸军事，控制了皇权。

司马颙掌权后，独断专行，又引起其他诸王的不满。王浚等公推东海王司马越为盟主，开始了第八次宫廷政变。

司马越北征司马颖失败后，逃归自己的封国东海（今山东郯城）。司马颙挟惠帝发诏，罢免了司马越等的朝廷官职。永兴二年（305年）七月，王浚等公推司马越为"唱义奉迎大驾、还复旧都（洛阳）"的盟主，司马越东山再起，攻打司马颙。司马越经过近一年的争战，攻下长安，司马颙逃亡山中。光熙元年（306年）六月，司马越用牛车将惠帝又拉回洛阳。

惠帝返回洛阳不久，便食饼中毒而死。至于何人下毒，无从考究。这一年，司马颖、司马颙也先后被杀。司马越立皇太弟司马炽为怀帝，司马越从此"专擅威权"，历时十六年之久的"八王之乱"宣告结束。但从此，西晋王朝也就名存实亡了。

"八王之乱"是"司马氏父子兄弟迭相残杀"的大混战，是西晋王朝的"国家之祸，至亲之乱"，使司马氏的统治陷入"政乱朝危"的危机。"八王之乱"的混战，主要是在以洛阳为中心的中原地区进行。洛阳地区自曹魏以来，中经晋代，已成为全国政治、经济中心，繁华的都市，发达的经济，经过这场混战，都已化为灰烬。对于无辜百姓的灾难，更是无法用语言来描绘。从此，西晋王朝元气丧尽，最终被北方少数民族政权——刘渊所建的前汉政权所灭。

追究"八王之乱"之因，贾后难推其责。虽然造成"八王之乱"原因多种，如武帝分封宗室王，并使其出镇军事重镇，拥有兵权；立痴傻的司马衷为继承人，无力掌握全局；中央集权不够强大；等等。但贾后掌政后，若不暴虐，杀害辅政大臣及宗室王，不为私利而废太子，而与朝臣同心辅助惠帝，恐怕西晋的历史会是另一番景象。然而，历史不容假设，无法改写。所以，贾后将会与"八王之乱"一样，被钉在历史罪恶的耻辱柱上。因为从此后，中国历史进入了一个空前大分裂、大混战的时期，中华民族迎来了空前的灾难。

贾皇后生平大事年表

晋泰始八年（272年）二月，贾南风被册封为太子妃。

晋太熙元年（290年）四月，晋武帝司马炎病死，子司马衷继为惠帝，立妃贾南风为皇后，太傅杨骏专权。

晋永平元年（291年）正月，改元永平，三月，贾后诛杀杨骏等，夷三族。改元元康。六月，贾后使楚王司马玮杀太宰、汝南王司马亮、太保卫瓘，又以司马玮擅害司马亮、卫瓘之罪名杀司马玮。贾后专政。"八王之乱"开始。

元康二年（292年），贾后弑皇太后杨氏。

晋元康九年（299年）十二月，皇后废皇太子司马遹为庶人，及其三子幽于金墉城，杀太子母谢氏。

晋永康元年（300年）三月，贾后废皇太子司马遹于许昌。四月，赵王司马伦废贾后为庶人，并杀之，诛灭贾谧及其党羽。司马伦自为相国，专政。

北魏王朝掘墓人

胡太后

第一章

红光紫电千金生
倾国倾城入掖庭

一、拓跋兴中原安定

北魏高祖太和年间（477—499 年），在夏季一个炎热的夜晚，劳碌一天的人们都已酣然入睡，而长安城（今陕西西安）内一个高门大院的府邸里，却一片灯火通明，人们进进出出，忙里忙外，人影幢幢。府邸的男主人也焦躁不安地在院里走来走去，并不停地用扇子扇着风。或许由于天热，或许由于焦急，汗水不停地顺脸往下淌，早已湿透了衣裤。忽然，"哇"的一声，传来一阵婴儿的啼哭声，男主人的脸上露出了笑容。这时，从产房跑出个侍女，兴奋地说："主人，夫人生了！"男主人急忙问："是男是女？"侍女说："是位千金。"

男主人听罢，脸上露出沮丧之色。他多么希望夫人能为他生个儿子啊！侍女见主人脸有不悦，走到主人身边，神秘兮兮地对主人说："主人，您这位千金非同寻常，将来必会大富大贵。"

男主人叹口气说："唉，有何不同寻常、大富大贵，长大后嫁人罢了。"

侍女说："夫人生千金时，有个极好的兆头，产房内红光四绕，紫电时作，仿佛神仙降临一般，这绝不是常人所有。主人若不信，可问问夫人。"

男主人听罢，满脸疑惑，将信将疑，怎会有这种事发生呢？他在院里徘徊了一会儿，还是忍不住，走进了夫人的产房。

产房内静悄悄的，夫人和孩子都在安静地躺着。男主人轻轻地走进来，夫人慢慢地睁开眼睛，疲惫地说："对不起，夫君，没有满足你的愿望。不过，我们的女儿将来必会不同寻常，她一出生时，一道红光照亮屋宇，我不知是吉是凶，但定非常人所有。"

男主人安慰道："贤妻，休要多想，只要你们母女平安，我也就放心了，你安心地休息吧。"说完，走出了产房。

这个新生婴儿不是别人，正是本篇主人公，曾两度执掌北魏朝政的胡太后，男主人便是他的父亲——胡国珍。

胡国珍，字世玉，安定临泾（今甘肃镇原）人。他的祖父名略，事后秦姚兴，为渤海公姚逯平北府谘议参军，举家迁往长安。父亲名渊，入仕于大夏，为赫连屈丐给事黄门侍郎。北魏世祖讨平大夏，胡渊投降，以功赐爵武始侯，拜河州刺史。胡国珍年少好学，素有清俭之名，太和十五年（491年）袭父爵，例降为伯，故为武始伯。

胡国珍新得此女，又惊又喜，不知出现此兆是凶是吉。他听说京兆山北县（今属陕西西安）有个叫赵胡的人，善于卜相，并且卜算很准，便派人将赵胡请到府上，准备为小女卜相。

赵胡走进胡府，惊讶地说："有一贵人藏身此府，此人贵不可言。"

胡国珍听罢，心中大喜，便故意问道："先生，我可是那贵人？"

赵胡看了看胡国珍说："胡公将来必位居三公，大富大贵，但府上还有一人，比胡公更贵。"

胡国珍问："先生，此人是男是女？"

赵胡算了算，说："是一位千金。"

胡国珍见赵胡所说与自己女儿相符，便命仆人将小女抱出，让赵胡卜相。赵胡一看，惊叹道："此女贵不可言！"

胡国珍忙问："贵到何种程度？"

赵胡摇头说："此言不当讲。"

胡国珍见赵胡不肯讲，便屏退众人，小声对赵胡说："先生但讲无妨，我决不会泄露。"

赵胡在胡国珍耳边轻言道："恭喜胡公了，此女日后必大富大贵，必为天地母，生天地主。请胡公保守秘密，勿过三人知也。"

胡国珍听罢，心中大喜，如果女儿为天子母，那么自己岂不为天子之外公吗？他重重地酬谢了赵胡，开始做他的美梦了。

当然，所谓的"红光""紫电"都是后人的牵强附会，纯属无稽之谈，是谶纬者的迷信之说，不足为信。但是，后来两度主宰北魏朝政的胡太后确实来到了人间，开始了她的人生旅程。

　　胡太后的童年是快乐幸福的，母亲皇甫氏亦是大家闺秀，知书达理，温柔贤惠，父亲在朝廷为官，家境富裕。胡国珍夫妇视女儿若掌上明珠，对她百般娇宠，并教女儿识书明理、棋琴书画等诸多技艺。胡太后自幼聪明过人，悟性极强，无论学什么，一教便会，样样精通。她不仅聪颖，而且长得也漂亮，貌若天仙，性格开朗，活泼好动，只是有些任性。她深得父母的欢心，并成为远近闻名的才貌双全的美女。长大后，她出落得更加楚楚动人，长安城内富户子弟、高官之子纷纷慕名前来求婚，媒人络绎不绝，而胡国珍夫妇不为所动，因为他们听信术士赵胡之言，女儿必将大富大贵，决不能嫁与凡人。所以，他们耐心地等待着，等待有时机，将女儿嫁与真龙天子，实现他们的美梦。

　　胡太后出生的时代是一个相对和平的时代，历史经过西晋末年及十六国长期动荡，进入南北对峙的相对稳定时期。此时的南方政权是萧道成所建的南齐政权，已进入晚期，以萧氏为首的统治集团忙于内部争权夺利的斗争，无暇北顾，亦无力与北方拓跋魏政权抗争，遂南北之间没有大规模的战争。而北方拓跋魏政权经过孝文帝元宏的改革，已进入繁荣鼎盛时期。

　　北魏是鲜卑拓跋氏建立的国家，所以亦称拓跋魏。拓跋部是鲜卑部族中比较落后的一支。他们的发式是索发，即辫发，所以南朝汉族地主蔑称他们为"索虏"。《宋书》中便有了《索虏传》。拓跋部的祖先生活在今天的黑龙江省嫩江流域大兴安岭附近，经过几代人的不断南迁，到拓跋力微为部落酋长时，迁居至定襄的盛乐（今内蒙古和林格尔县北），部落日益壮大，"诸部大人悉皆款服，控弦上马二十余万"，建立起部落联盟组织。景元二年（261年），曹魏元帝时，拓跋力微派遣他的儿子沙漠汗入朝，从此正式与中原王朝发生政治关系，从此后，"聘问交市，往来不绝"。不断吸收中原汉族文化。拓跋禄官时，统一的部落分成三个部分，由禄官、猗㐌、猗卢分别统率，不断向外扩张，曾打败匈奴及乌桓，成为北方一支强悍的部族。时值西晋末年，中原大乱，刘渊起兵，西晋并州刺史东瀛公司马腾和刘琨曾利用他们来和刘渊、石勒对抗。并请求晋朝封已经统一三个部落的拓跋猗卢为代公，从此拓跋氏便进入了中原的边地，在平城（今山西大同东）和盛乐建立起政治中心，开始了半定居生活。

到拓跋什翼犍时期，部落内部开始明显的贫富分化，国家机构亦趋完备，于东晋咸康四年（338年），什翼犍在繁峙（今山西浑源县西）北即代王位，建立代国，都于盛乐。前秦建元十二年（376年），代国被前秦苻坚征服，国灭，拓跋氏的历史发生中断。

淝水之战，前秦苻坚被东晋击败，北方再度分裂，各族贵族纷纷建立政权，拓跋部新起首领拓跋珪也乘机纠合旧部，东山再起，于登国元年（386年）在牛川（今内蒙古锡拉木林河）召开部落大会，即代王位，定都平城。天兴元年（398年）改国号为魏，拓跋珪亦改称皇帝。

拓跋珪时期是北魏迅速发展壮大时期，拓跋珪一边加强国家建设，一边开疆拓土。他首先平定内部叛乱，然后征服匈奴别部刘库仁、刘卫辰两部，登国十年（395年）于参合陂（今内蒙古凉城西北）大败后燕慕容垂之子慕容宝的军队，消灭后燕，尽有山西、河北之地，接着又占领整个关东地区，成为北方实力最强的政权。到太武帝拓跋焘时，北方仅存的政权只有西秦、北燕、夏和北凉。拓跋焘更是勇猛无比，继承父辈的事业，继续完成统一北方大业。神䴥四年（431年）夏灭西秦，魏灭夏，太延二年（436年）魏灭北燕，太延五年（439年）魏灭北凉，完全统一北方，结束了自西晋末年，北方割据政权林立纷乱的局面，与南方的刘宋政权形成南北对峙局面，南北历史进入了相对的安定时期。

拓跋氏凭借本民族的剽悍英勇，以武力统一了北方，但其统治并不稳定，民族矛盾与阶级矛盾十分尖锐，各民族人民反抗斗争此起彼伏，波涛汹涌。其原因极为复杂，但主要是两种经济制度的矛盾所造成的。拓跋氏进入中原较晚，文明程度较低，刚刚由部落联盟进入奴隶社会。当他们进入已经是发达的封建社会的中原时，自然会将其落后成分带入中原，使得中原大地奴隶遍地，广大自由农民沦落为奴隶，给北方社会生产带来极大破坏。另外，拓跋贵族成年累月地进行掠夺战争，将掠夺视为重要手段，无疑会给北方广大人民带来巨大灾难。"虏（魏）之残害，古今未有，屠剥之苦，众所共见。其中幸者，不过驱还北国，做奴婢耳。"人民或转死沟壑，或沦为奴隶，生活在水深火热之中。面对拓跋统治者的野蛮统治，广大人民奋起反抗，据统计，从拓跋珪攻占中山到孝文帝改制的九十年中，有记载的各族人民起义就超过了七十次，地域遍及整个北方，参加起义的群众有奴隶、隶户、百工、牧子、编户和徙民等各被压迫阶层，参加起义的民族包括了拓跋部以外所有各民族。其中规模最大的是卢水胡盖吴领导的起义，使得魏主拓跋焘"倾资倒库"，亲自调集大军镇压，最后在敕勒族骑兵帮助下，才平息了这场农民大起义。

面对如此汹涌的各民族人民大起义，拓跋统治者一面以武力镇压，一面实行政治改革。从进入中原之日起，拓跋统治者便认识到要利用汉族士大夫的才识与文化，来帮助他们治理国家，遂实行了诸多重用汉族士大夫的政策，使得一些有识之士投入拓跋氏怀抱，帮助他们完善政权建设，加速拓跋族的汉化和封建化。在拓跋统治者中，孝文帝元宏是最开明的，他在文明太后冯氏和以李冲为首的汉族士大夫的支持与帮助下，完成了历史上著名的孝文帝改革。

孝文帝名元宏，显祖献文帝拓跋弘之长子，母为李夫人。皇兴元年（467年）八月，生于平城紫宫，据载其生时，"神光照于室内，天地氛氲，和气充塞"。而且相貌出众，"绰然有君人之表"。元宏出生后，便由执政的祖母冯太后抚养。冯太后，长乐信都（今属河北衡水）人。父冯朗，秦、雍二州刺史，西城郡公，母乐浪王氏。父因事被诛，冯氏被没入宫。十四岁时，高宗文成帝拓跋濬即位，选为贵人。因其颇有姿色，博学多识，贤惠而有妇德，被立为皇后。高宗驾崩后，显祖拓跋弘即位，尊为皇太后。丞相乙浑欲行谋逆，而显祖还是个十二岁的顽童，冯太后密定大策，力挽狂澜，诛杀乙浑，稳定了朝政。从此后，冯太后开始代替显祖，临朝听政。

冯太后为抚养元宏，还政于显祖，皇兴三年（469年）六月，元宏被立为皇太子。按北魏旧制，子贵母死，一旦皇子被立为太子，其母即被赐死，元宏生母自然不会例外。元宏亦不知何人是母亲，自幼便在祖母身边成长。

皇兴五年（471年），显祖因笃信佛法，不耐人间烦事，"常有遗世之心"，便想禅位于京兆王子推。子推是文成帝之弟，是显祖之叔父，因其器宇深沉，故显祖欲传位于他，在任城王拓跋云等大臣的反对下，遂将皇位传给年仅五岁的元宏，十八岁的显祖乐得逍遥，袖手做起了太上皇。元宏即位于太华前殿。然五岁孩童焉能理政？冯太后再次出山，临朝听政。孝文帝元宏"雅性孝谨"，对冯太后言听计从，"事无巨细，一禀于太后"。而冯太后并非平凡的女流之辈，她聪明果敢，足智多谋，史称"太后多智略，猜忍，能行大事，生杀赏罚，决之俄顷，多有不关高祖者。是以威福兼作，震动内外"。

冯太后非常具有政治头脑和手腕，她大胆地重用那些有才识的汉族地主及出身寒微的士大夫，唯才是用，如河西集团的李冲、出身低贱的李彪等，都倚为心腹，在这些汉族士大夫的帮助下，实行了均田制和租役制、三长制及官吏俸禄制度，基本上完成了北魏向封建经济形态的转变过程，加强了北魏封建统治，发展了北方的社会经济。

但生活中的冯太后是风流放荡的。高宗驾崩时，冯太后年仅二十七岁，如此年轻便寡居，自然是孤寂难耐。正巧尚书李敷之弟李奕入宫宿卫，冯太后见其年少美貌，遂引入宫中，与之苟且偷欢。宫女们惧太后之神威，焉敢议论？李奕遂明目张胆地出入宫禁，与太后成欢。众人皆知，只瞒着显祖一人。

常言道："若想人不知，除非己莫为。"显祖拓跋弘长大成人，对母后之事已有耳闻，见太后如此不修帷幕，与李奕朝欢暮乐，自然对李奕有所怨恨。时值尚书李䜣出为相州刺史，贪赃枉法，被人揭发。尚书李敷利用职权，暗中袒护李䜣，替他掩饰。此事偏为皇上闻知，皇上正苦于诛杀李敷兄弟而无借口，趁此之机，正好除之，遂令李䜣揭发李敷兄弟阴私，免其不死。生死关头，李䜣焉顾得旧时僚谊？乃列李敷兄弟罪状三十余条，奏陈皇上。皇上以此为据，诛杀了李敷及太后的情人李奕，复任李䜣为尚书。

然而，冯太后正与李奕贪欢恋爱，浓情蜜意，平白地将情夫诛死，怎不痛恨交并？焉肯善罢甘休？她视显祖为眼中钉，密令左右在太上皇拓跋弘的食物中暗加鸩毒，拓跋弘食后，肝肠寸断，七窍流血，一命呜呼，年仅二十三岁。追谥为献文帝，庙号为显祖。冯太后就这样心狠手毒，不留情面，史载"后性平明，假有宠待，亦无所纵。左右纤介之愆，动加捶楚，多至百余，少亦数十，然性不宿憾，寻亦待之如初，或因此更加富贵"。所以，其虽严酷，但大臣们并不怨恨她，人人愿为其效力，帮助她治理朝政。

太和十四年（490 年），冯太后病逝，高祖元宏亲政，年已二十三岁，此时元宏已出落成才华横溢的开明君主。他"雅好读书，手不释卷，《五经》之义，览之便讲，学不师受，探其精奥。史传百家，无不该涉。善谈《庄老》，尤精释义。才藻富赡，好为文章，诗赋铭颂，任兴而作。有大文笔，马上口授，及其成也，不改一字"。此番记载虽有些溢美之词，但应足以说明，此时的孝文帝元宏已非其前辈所能比拟，已没有胡族落后的思想存在，成为活脱脱的封建化的汉化君主，具有较高的文化修养。

元宏亲政后，继续完成冯太后未竟的事业，继续实行封建化和汉化政策，来完成拓跋部向封建社会的转变和拓跋部的汉化，加速中原地区的民族融合。

元宏实行改革的第一项措施便是迁都。北魏当时的首都平城，原来是适应拓跋部早期经济特点而选择的。此时北方农业经济已经恢复，拓跋部民已由游牧经济转变为农业经济，所以，中原更适合北魏政权的发展。另外，平城是拓跋鲜卑贵族的建国根据地，这里守旧势力较强，旧风俗习惯保留得也较浓厚，"移风易俗，信为困难"。元宏欲发展北魏大业，推行汉化，必须离开此地，定都中原。他日思夜想，决定迁都洛阳。然而，迁都绝非易事，它必将遭到拓跋贵族保守势力的强烈反对。他决定以伐齐为名，乘便徙都。他说服在拓跋贵族中较有影响的任城王元澄。

一天，元宏将元澄召入宫内，屏退众人，语重心长地对元澄道："爱卿，你难道真以为朕要伐齐么？朕思国家肇兴北土，徙都平城，地势虽固，但只便用武，不便修文，如欲移风易俗，必须迁都中原。朕欲借南征名目，就势移居，卿意以为如何？"

元澄听罢高祖一番话，欣然道："陛下欲卜宅中土，经略四海，这是周汉兴隆的规制，臣亦极愿赞成！"

高祖见元澄赞成迁都，心里很高兴，但其他旧臣如何呢？想至此，不禁皱眉道："北人习常恋故，必将惊扰，如何是好！"

元澄道："陛下此言差矣，非常事业，原非常人所能晓，陛下果断圣裁，想彼亦无能为了。"

高祖笑道："任城王不愧朕之子房也。"

遂于太和十七年（493年）率军声言南伐。时值秋季，阴雨连绵，寒气袭人。高祖自著戎服上马，执鞭挥麾。行至洛阳，众人皆不愿再南行，高祖乘势道："若不愿南伐，朕便定都于此。因此次大举南来，震动远近，若一无成功，如何示后？今不南伐，而迁都于此，庶不至师出无名。卿等如赞成迁都，可立左首，否则立右。"

安定王拓跋休等均立于右，南安王拓跋桢进言道："天下事欲成大功，不能专徇众议，陛下诚撤回南伐，迁都洛邑，这也是臣等所深愿，民众之福。"

群臣无奈，只好同意迁都。第二年，遂将都城迁于洛阳。

迁都后，高祖元宏又实行了一系列汉化政策。禁胡服，鲜卑族索发左衽，衣着皆适用于游牧骑射，如妇女服装为夹领小袖，此时一律改穿汉族服装。禁止使用鲜卑语言，并下诏道："断诸北语（鲜卑语），一从正音（汉语）。其年三十以上，习性已久，容不可猝革；三十以下，见在朝廷之人，语音不听仍旧。若有故为，当加降黜。"改鲜卑姓氏，鲜卑姓氏多为复姓，与汉族姓氏有显著差别，如拓跋、丘穆陵、步六孤等，孝文帝一律下诏改为单姓，拓跋改姓元，步六孤改姓陆等。并下令胡汉通婚，他自己带头纳汉族大姓崔、卢、李、郑及李冲女为妃嫔，并替五个弟弟娶汉族高门之女为妻，孝文帝这些强制性的汉化政策，无疑加速了拓跋族发展的速度。

孝文帝改制以后，北方的社会经济得到了进一步恢复与发展，人民安居乐业，出现了欣欣向荣的景象。北方的这一历史变化，致使南方汉族士大夫都感到惊异。南齐陈庆之就曾对朱异说："自晋宋以来，号洛阳为荒土，此中谓长江以北，尽是夷狄。昨至洛阳，始知衣冠士族，并在中原，礼仪富盛，人物殷阜。"

胡太后便出生在这安定时代，并度过了幸福快乐的童年。生活的稳定与安逸，在胡太后性格形成过程中，产生重要影响。她没有经受战乱之苦，不知安定之可贵，更不知道饥馑之苦楚，故其执政后，不思进取，任情挥霍，最终导致国败人亡。

二、巧运筹胡氏入宫

　　胡家之女是如何得以上嫁天子，进入宫掖的呢？这多亏她的姑母。她的姑母出家为尼，经常进入皇宫宣经讲道，为她的侄女铺好了通往后宫之路。

　　北魏是少数民族鲜卑拓跋部所建立的胡汉联合政权，从太祖道武帝拓跋珪建立北魏，定都平城（今山西大同）起，佛教便成为国教。佛教自东汉明帝时传入中国，中经三国、西晋及十六国时期，长期的战乱，为佛教的传播与发展提供了契机。广大人民处于战乱的水深火热之中，他们对残酷现实表现出软弱无力和无可奈何，必然会对美好的来世生活充满幻想。佛教迎合人们的这种心理，主张忍受现实生活中遭受到的一切苦痛，可换取来世的幸福。统治阶级也正是利用佛教的这一点，把佛教作为缓和阶级矛盾或民族矛盾以巩固其统治权力的一种有效工具。

　　北魏作为入主中原的一个少数民族政权，其统治者为求得长治久安和统治文化比较发达的汉族人民，就在精神上利用佛教来统治。从拓跋珪建都平城到孝文帝迁都洛阳的百年间（398—495年），北魏京城内寺院，新旧且百所，僧尼二千余人。四方诸寺六千四百七十八，僧尼七万七千二百五十八人。可见佛教在北魏发展规模之大，速度之快。孝文帝迁都洛阳后，佛教得到进一步传播。孝文帝元宏便是个虔诚的佛教徒，他"善谈老庄，尤精释义"，"每与名德沙门，谈论往复"。他的继承人世宗宣武帝更笃信佛教，他"笃好佛理，每年常从禁中亲讲经论，广集名僧，标明义旨"。皇帝如此，上行下效，后宫之中，上至皇后、皇太后，下至宫女、宦官，大都笃信佛教。这些人到寺庙中听僧人讲经布道有诸多不便，所以常请一些有名望的僧尼，到后宫为皇上、皇后、嫔妃及宫女讲经。

　　在世宗元恪时，洛阳城内有个姓胡的尼姑，这就是胡太后的姑母。她不仅人长得端庄标致，而且口才极好，道行高深，善于宣扬佛法，闻名于洛阳城。高门大族纷纷请她入府，讲授佛法。高皇后也是个佛教徒，听说此事，便派人将胡尼召入后宫，为皇后及众嫔妃讲法，高皇后及众嫔妃见胡尼不仅人长得漂亮，而且佛法讲得通俗易懂，众人很是喜欢，便约她常来后宫讲法。时间一长，胡尼便与上至皇后，下至宫女、太监等众人都混得很熟。胡尼是个非常有心机、极会巴结奉承之人，她见后宫众人享受荣华富贵，犹如人间天堂，便想将自己那漂亮的侄女送入后宫，自己也好与皇家拉上关系，并借此抬高自己的地位。她想：要办成此事，必须有皇帝身边的人帮助，同时还不能让高皇后阻拦，她思谋多日，终于想出个妙计。

一天，胡尼奉召入宫讲经，借机便与宫中的一位受宠太监清谈起来，二人你一言、我一语地谈起佛法，并不时地唠上几句家常。太监望着胡尼道："师父貌美倾城，何以出家为尼呢？"

胡尼叹息道："贫尼自幼百病缠身，父母便为我许下此愿。也许是我与佛祖有缘吧。"

太监又问道："师父府居何地，家中尚有何人？"

胡尼见机会到了，便接言道："贫道家居长安，父母已亡，现有兄长名讳国珍，在朝中为官。家兄有几个侄女，个个都貌美无比，尤其是长女，美若天仙，简直是天上难找、地下难寻的美人。她不仅人长得美，而且诗琴书画及女工样样精通，人又温柔贤惠，善解人意，是兄嫂心头肉。媒人不绝于庭，家兄不忍嫁之，不知何人有此艳福，能娶得我家侄女。"

小太监听说胡尼有如此美貌动人的侄女，便说："何不送入宫来，奉献给皇上？"

胡尼假惺惺地说："小门小户，如何敢高攀皇家？况且，皇上不知小女，又无人作伐，怎能冒昧地将小女送到宫中呢？"

小太监笑笑说："这有何难，皇上是怜香惜玉之人，你家侄女若能入宫，定会受宠。今天我若帮得此忙，日后可别忘了我啊！"

胡尼见小太监答应帮忙，便感谢道："多谢公公成全，侄女若得侍圣上，乃我胡家之福分，公公的大恩大德，岂能忘记？"

小太监又神秘地凑到胡尼耳边，小声对胡尼说："此事万万不能让皇后娘娘知道，否则就无望了。"

胡尼点头示意，二人便散了。

小太监觉得单凭自己的力量难以完成此事，他便找到几个在皇上身边说得上话的太监、宫女谈及此事，众人出于好奇，也愿意成全此事，于是众人开始轮番向皇帝进攻，他们一有时机便向皇帝讲胡家之女如何如何美，如何如何知书达理、贤惠善良，等等。世宗早些时候曾听说胡国珍之女在出生之时，有红光紫电出现，心觉惊奇，又听说此女美若天仙，早已心有所动，现在众太监、宫女又说及此女如何漂亮，便勾起他的情肠，他决定将胡女召入后宫。

胡国珍亦正在为女儿发愁，求婚的人络绎不绝，都被自己回绝，女儿已到出嫁年龄，当年术士赵胡所说之事，还没有半点儿迹象，这该如何是好？难道就这样等下去，贻误女儿青春大好年华吗？正在此时，忽见府上来了两名太监，手中拿着皇帝的圣旨。胡国珍不知是福是祸，急忙迎了上去。一个年长些的太监高声道："胡国珍接旨！"

胡国珍急忙跪下接旨，那个太监打开圣旨，高声读道："皇帝诏曰：宣胡国珍之女明日入宫，不得有误。"

胡国珍大吃一惊，真是喜从天降。他领旨后，给两位太监一些银两，两位太监回去复旨了。

两位太监走后，胡国珍急忙跑到夫人房间，大声喊道："夫人，夫人，好事来了，女儿的好事来了！"

胡夫人不知发生何事，问道："何事使夫君如此高兴？"

胡国珍说："刚才圣上下诏，让我们的女儿明天入宫，看来赵术士的话要实现了，我们快有好日子了。"

胡夫人淡淡地说："这有什么可喜可贺的，后宫之内，佳丽三千，有几个能得到皇上恩宠的？哪个不是在孤独寂寞中度过一生的？"

胡国珍道："夫人此言差矣。我们的女儿非同寻常女子，上苍将她降到人间，就是为了与圣上匹配的，难道夫人忘了女儿出生时的吉兆了？这可是千载难逢的好机会啊！"

胡夫人道："女儿的富贵之兆怎能忘记？只是我有些舍不得，女儿一旦入宫，见一面都很难啊！也不知女儿是否愿意。"

胡国珍道："夫人快去问问女儿，也好早些做做准备。"

胡夫人来到女儿的绣房，见女儿正在凭窗抚琴，便笑着对女儿说："乖女儿，今天皇上下诏，宣你明日入宫见圣上，不知女儿愿意否？"

胡氏女脸色绯红，轻声说道："这有何愿意不愿意，皇上有旨，何人敢抗旨不遵呢？"

胡夫人见女儿如此说，知道女儿心里同意，便说："时间仓促，娘为你做些准备去。"

母亲走了，胡氏女面露喜色，心里别提有多高兴了。自己从小就幻想有朝一日，进入那富丽堂皇的皇宫，成为六宫的主宰，吃、穿、住都是天下最好的，并有众多宫女、仆人侍奉自己，那该是多么荣耀自豪啊！也不枉费我这张美丽如画的脸，也不白来世上一回啊！没想到机会真的来了，虽然后宫之内粉黛如云，但凭我的美貌、智慧和才艺，定会博得皇上的欢心和宠爱。只要进得后宫，一切都会实现。她一边憧憬着未来的美好生活，一边为第二天入宫做准备。

第二天，胡氏女在太监、宫女的陪伴下，走进巍峨壮观的皇宫，来到正殿，见自己思慕已久的皇帝陛下威严地端坐在御座之上，胡氏女飘然下拜，轻启朱唇说道："民女叩见皇上，皇上万岁，万岁，万万岁！"

声音清脆悦耳，宛如黄鹂啼鸣，世宗呆呆地望着这如花似玉的美女，半天也没回过神来。身边的太监轻声提醒道："陛下，陛下，人还跪着呢。"

世宗如梦方醒，连忙说道："美人免礼平身，近前令朕观看。"

胡氏女站起身来，轻挪金莲，飘飘落在世宗面前，抬起头来，令世宗仔细观看。这哪是人间女子，分明是仙女下凡嘛。

世宗直盯盯地看着美人，恨不得立即搂到怀里，一亲芳泽，云雨一番。胡氏女被世宗看得脸色绯红，羞怯得低下头，显得更加妩媚动人。世宗立即下旨道：

"封胡氏女为承华世妇（妃嫔的一种称号），速送到后宫。"

太监和宫女急忙上前搀扶胡承华，来到后宫早已为她准备好的房间，安置下来。

第二章

入深宫苦害相思
废旧制充华得宠

一、被冷落苦受相思

当天夜里，世宗当然要临幸这位新入宫的胡美人。灯下看美人，别有一番风韵。世宗如同馋嘴的猫儿看见小鱼，迫不及待地宽衣解带，享受着这带雨梨花之娇嫩。胡承华得到皇帝的临幸，自然欢乐无比，她带着少女的羞怯，对初次性生活的好奇与恐惧及其所带来的欢愉，度过了这难忘的洞房花烛，一夜几番云雨，皇上对她百般恩爱，她对皇上万般柔情，二人枕上山盟，衾下海誓，如胶似漆。

次日清晨，世宗恋恋不舍地上朝去了，从此一去不返，再也没到胡承华那里过夜。胡承华朝也盼，暮也盼，盼她的郎君——当今的圣上能来看望她，以慰她相思之苦。她百思不得其解，为何圣上一去不返了呢？是自己哪里做得不好吗？她茶不思，饭不想，整日病恹恹的。后宫众姐妹见她如此，纷纷来看望她，并为她讲述了后宫内部的秘密。

现今的中宫（皇后）高氏不是皇上的第一位皇后，皇上的原配皇后是于氏，是太尉于烈弟弟于劲的女儿，人长得端庄秀美，而且温柔贤淑，善解人意。世宗元恪即位后，便册封于氏为皇后。小夫妻恩恩爱爱，朝夕相欢，如胶似漆，大臣高肇见皇上如此迷恋女色，为了使自己权高势重，他把兄长高偃之女送入后宫。高氏貌美色娇，乖巧柔媚，深得世宗欢心，世宗封为贵嫔。贵嫔乃后宫之中三夫人之一，仅次于皇后。曹魏初，皇后以下嫔妃分夫人、昭仪、婕妤、容华、美人等。魏明帝时，又增设淑妃、昭华、修仪三等。晋承魏制，并做了改动。晋设三夫人，即贵嫔、夫人、贵人；九嫔，即淑妃、淑媛、淑仪、修华、修容、修仪、婕妤、容华、充华。另有美人、才人、中才人。北魏承袭魏晋后宫制度，孝文帝元宏时，对内官进行改革，规定出相应的品次。规定：左右昭仪位视大司马，三夫人视三公，三嫔视三卿，六嫔视六卿，世妇视中大夫，御女视元士。后来又置女职，以典内事：内司视尚书令、仆；作司、太监、女侍中三官视二品；监、女尚书、美人，女史、女贤人、女书史、书女、小书女五官视三品；中才人、供人、中使、女生才人、恭使宫人视四品；青衣、女酒、女飧、女食、奚官女奴视五品。

高氏见世宗对自己如此宠爱，野心大增，她与高肇互为表里，狼狈为奸，前朝后宫，一手遮天。于皇后性格温驯，对高贵嫔处处谦让，高贵嫔更肆意妄为，无所顾忌。世宗是个多情种，亦是薄情郎，自从纳高贵嫔后，对于皇后的宠遇渐衰。正始四年（507年），于皇后无病暴亡。至于皇后死于何因，无从考察，当时后宫之内，皆言于皇后为高贵嫔所害，不过畏于她的权势，无人敢言。

正始五年（508年）三月，于皇后之子元昌，年仅三岁，突然得了重病，世宗派御医王显前去医治。王显得到高贵嫔的密嘱，装模作样地为元昌看了看，很不用心，任其啼哭，不到三日，元昌便一命呜呼，追他母亲去了。

于皇后的死对于世宗元恪来说，是无所谓的，只是略表哀痛而已。元昌的死，世宗却很悲伤，因为世宗仅此一子，想由他嗣位，不幸夭折，焉能不伤心？然而，有如花似玉的高贵嫔陪伴，再加上高贵嫔口生莲花，妙语相劝，不久世宗便将于后母子撇诸脑后。铲除于后母子，高贵嫔格外欢欣，自己距皇后宝位仅一步之遥，尚且没有任何障碍，她施展她的魅力，对世宗千般柔情，使出浑身解数，迫使世宗立她为后。就在于后死去仅几个月，世宗便立高氏为后，高氏终于登上了皇后的宝座，成为六宫之主。

高皇后不仅善媚，而且酷嫉。她将皇上视为独有，不许后宫其他人染指，若是有哪个宫女敢在皇上面前露出几分姿色，她便借题发挥，寻茬整治。因此，宫女们十分惧怕高皇后，见了她，如同老鼠见猫一般，整日提心吊胆，战战兢兢，深恐惹恼皇后娘娘。皇上对高皇后十分宠爱，凡是高皇后有所请求，无有不允，只差摘星揽月取悦他的美人了。由于他对高皇后百依百顺，高皇后更加放纵，为所欲为，常常大发脾气，殴打宫女，简直是个"暴君"。皇上也无可奈何，甚至有些惧怕，真个是"忽闻河东狮子吼，拄杖落手心茫然"。

当高皇后闻知皇上纳一媚娘为承华时，自然醋性大发。第一夜，她无可奈何，只好让皇上到胡承华那里过夜，但她绝不允许皇上去第二次，她将皇上严密地监视起来，不允许他到别处过夜。世宗无奈，恐怕高皇后大吵大闹，只好忍痛割爱，不再到胡美人那里去了。

这可苦了胡承华，她初入宫门，对未来充满美好的憧憬，初尝男女之欢，情郎却一去不返，焉能不令她心碎？她日日等，夜夜盼，终不见皇上的影子，只好在孤独寂寞中打发着时光，虚度青春。她常常独自一人，凭栏远眺，反复吟唱着司马相如为阿娇所写的《长门赋》。阿娇乃汉武帝刘彻的皇后，因汉武帝移情别恋卫皇后，阿娇被废，囚禁长门宫。阿娇记起武帝喜欢赋，便用重金聘请闻名天下的才子司马相如，为她写下了这首千古绝唱《长门赋》。

夫何一佳人兮，步逍遥以自虞。

魂逾佚而不反兮，形枯槁而独居。

言我朝往而暮来兮，饮食乐而忘人。

心慊移而不省故兮，交得意而相亲。

伊予志之慢愚兮，怀贞悫之欢心。

愿赐问而自进兮，得尚君之玉音。

奉虚言而望诚兮，期城南之离宫。

修薄具而自设兮，君曾不肯乎幸临。

廓独潜而专精兮，天漂漂而疾风。

登兰台而遥望兮，神怳怳而外淫。

浮云郁而四塞兮，天窈窈而昼阴。

雷殷殷而响起兮，声象君之车音。

飘风回而起闺兮，举帷幄之襜襜。

桂树交而相纷兮，芳酷烈之闿闿。

孔雀集而相存兮，玄猿啸而长吟。

翡翠胁翼而来萃兮，鸾凤翔而北南。

心凭噫而不舒兮，邪气壮而攻中。

下兰台而周览兮，步从容于深宫。

正殿块以造天兮，郁并起而穹崇，

间徙倚于东厢兮，观夫靡靡而无穷。

挤玉户以撼金铺兮，声噌吰而似钟音。

刻木兰以为椽兮，饰文杏以为梁。

罗丰茸之游树兮，离楼梧而相撑。

施瑰木之欂栌兮，委参差以槺梁。

时仿佛以物类兮，象积石之将将。

五色炫以相曜兮，烂耀耀而成光，

致错石之瓴甓兮，象瑇瑁之文章。

张罗绮之幔帷兮，垂楚组之连纲。

抚柱楣以从容兮，览曲台之央央。

白鹤噭以哀号兮，孤雌跱于枯杨。

日黄昏而望绝兮，怅独托于空堂。

悬明月以自照兮，徂清夜于洞房。

援雅琴以变调兮，奏愁思之不可长。

案流徵以却转兮，声幼眇而复扬。

贯历览其中操兮，意慷慨而自印。

左右悲而垂泪兮，涕流离而纵横。

舒息悒而增欷兮，蹝履起而彷徨。

揄长袂以自翳兮，数昔日之愆殃。

无面目之可显兮，遂颓思而就床。

抟芬若以为枕兮，席荃兰而茝香。

忽寝寐而梦想兮，魄若君之在旁。

惕寤觉而无见兮，魂迋迋若有亡。

众鸡鸣而愁予兮，起视月之精光。

观众星之行列兮，毕昴出于东方。

望中庭之蔼蔼兮，若季秋之降霜。

夜曼曼其若岁兮，怀郁郁其不可再更。

澹偃蹇而待曙兮，荒亭亭而复明。

妾人窃自悲兮，究年岁而不敢忘。

多么令人撕心裂肺的一幅弃妇思君图啊！胡承华虽未被废囚禁，但亦有被弃之感，她有着与阿娇相同的感慨。为相思肝肠寸断的胡承华，独坐宫门旁，流着泪，咀嚼着天边如血的夕阳。多少个黎明，多少个黄昏，多少个辗转反侧的漫漫长夜啊！为相思，她人渐消瘦，脸色灰白，容颜暗淡。夜深人静，她泪水涟涟地在冷寂的屋中徘徊，望着惨白的明月，难以入眠。抚琴独奏一曲，可是，琴弦中流淌的尽是无穷的相思，无边的哀怨——愁思太苦了，不能再长；长夜如年，没有尽头！难道自己真的要在深宫中，孤寂地走完人生的旅程吗？不，决不能这样，我应寻找机遇，重见天日，亦不枉进后宫一次。胡承华暗下决心，她鼓励自己振作起来，留心观察宫中一切动静，做好准备，伺机而动。

二、被临幸喜得贵子

时光荏苒，斗转星移，若干年后，胡承华在后宫这没有刀枪剑戟的战场中逐渐地成熟了。她不再是过去那个为情郎害相思、日夜啼哭的单纯女孩了。她深深懂得，在这阴云密布、血雨腥风的后宫，若想立于不败之地，不仅要斗色，而且还要斗智、斗法、斗勇。她凭借自己娇柔美貌，外表单纯天真，花言巧语，努力维系好与众嫔妃的关系。即使是善妒的高皇后亦为这纤丽动人、巧言善辩、对人体贴入微的小女人所感动，对她另眼看待。世宗看在眼里，喜在心上，一有时机，便背着高皇后，偷偷地溜到胡承华房里，临幸一番。胡承华极会掩饰自己，她忍住寒夜的落寞，自我调节，自我慰藉，把一颗滴着血的嫉妒之心深藏起来，在静夜中舔净伤口，故作淡然、镇静、与世无争。其实，她的内心深处，嫉妒、仇恨之火在熊熊燃烧着，一有机遇，便会像火山一样，喷薄而出。

时机终于来了。自从高氏被立为继后，曾为世宗生下一子一女，没到一岁，都不幸夭折了。于皇后为世宗所生的儿子元昌早已夭亡，高皇后又不允许世宗临幸其他宫女，即使世宗偷偷蓝田种玉，一经被高皇后发现，不是被害死，就是被驱逐出宫。所以，世宗已年近中年，尚无子嗣，未免心焦。有心另宠得嗣，又恐高皇后大闹，后宫不得安宁。他思谋很久，决定委婉地向高皇后道出自己的心思与此事的重要性。

一天夜晚，世宗到皇后寝宫过夜。世宗对高皇后格外殷勤，一番云雨后，他躺在皇后怀里，轻轻地叹着气。高皇后不知皇上为何忽然不开心，便体贴地问道："陛下，何事使陛下忽然不开心？"

世宗作出欲言又止的样子，说道："别问了，说出来你又该不高兴了。"

高皇后见世宗吞吞吐吐不肯说，便追问道："陛下说说有何妨，妾身怎会不高兴呢？"

世宗见高皇后执意要他说，便做出不情愿的样子，说道："唉，朕今年已二十有六，尚无子嗣，将来何人承继朕之大业？朕将如何面对列祖列宗？又如何能使元氏基业长治久安呢？"

高皇后听罢世宗的一番话，明白了皇上的用意，不禁怒火中烧，可转眼一想，自己已不能再为皇上生育子女，若再不允许皇上临幸其他嫔妃，皇上真的断绝子嗣，将来无人继承元家大业，自己岂不落得千古罪名？况且，若将皇上逼急了，说不定会危及自己的后位。与其冒险禁止，不如让皇上另幸她宫，也好遮掩一下自己悍妒的坏名声。再说，凭自己在朝中与后宫的势力，无论皇帝临幸哪个女子，都要将其置于自己控制之下。倘若为皇上生一龙子，得立太子，按祖宗旧制，当皇子被立为太子时，皇子的母亲就要被赐死，到那时，太子岂不是自己掌上之物，任我驱使？

原来，在北魏太祖道武帝拓跋珪时，效仿汉武帝"立其子而杀其母"，目的是"不令妇人参与国政，使外家为乱"。汉武帝鉴于吕氏擅权，乱汉之大政，故立此残酷的后宫制度。拓跋氏建立北魏后，在汉族士大夫帮助下，迅速汉化。他们不仅吸收了汉族先进优秀的典章制度，也吸收了汉族统治者为巩固政权而实行的残酷制度。从道武帝拓跋珪开始，杀母恶习便在后宫实行。此项制度的第一个牺牲品便是太宗明元帝拓跋嗣的嫡母刘氏。《魏书·道武宣穆皇后刘氏传》明确记载："魏故事，后宫产子将为储贰（太子），其母皆赐死。太祖末年，后以旧法薨。"这位刘氏便是道武帝之皇后，太宗之亲生母亲。其实，在北魏道武帝之前，并没有此项制度，道武帝是效法汉制，是北魏子贵母死的始作俑者。明元帝贵嫔、太武帝拓跋焘之母杜氏、显祖献文帝拓跋弘之母李氏及高祖孝文帝元宏之母李氏，均惨死在此项制度之下。据传说，高皇后当年为世宗生得一子，排次当长，高皇后怕子贵母死之制落在自己头上，便下狠心，将未满周岁的亲生儿子毒死，保住了自己的性命和后位。所以，有此制度为背景，她根本不怕哪个嫔妃为皇上生儿子，这对她构不成任何威胁。

世宗见高皇后沉思不语，以为高皇后不同意，哀叹道："贤妻休要恼怒，此事就算朕未曾说过，至于子嗣，听其自然吧！"

高皇后淡淡一笑，对世宗说道："陛下此言差矣。陛下已至中年，尚未得嗣位之子，妾亦深为陛下担忧，妾无此功德，深感歉疚。愿陛下不必以妾为虑，广幸他宫，早得嗣子，以解陛下与妾后顾之忧。此乃国之大计，妾安有不同意之理？"

高皇后的一番话，大出世宗意料，他万万没有料到高皇后会这么开通，精神为之一振，真是喜出望外。他不敢过于外露，脸上装出一副不得已的样子，对高皇后道："多谢贤妻深明大义，以江山社稷为重，朕会铭刻于心，只是有些委屈贤妻了。"

高皇后装出特别体贴、特别通情达理的样子，对世宗道："这些都无所谓，只望陛下应保重龙体，加强营养，多多休息，不能过于劳累，早得龙子，这是妾的心愿。"

世宗对高皇后的开明十分感激，得到皇后的应允，自己便可广御后宫众嫔妃，尤其是那秀色可餐、柔媚有加的胡承华了。世宗心里别提有多高兴了，一种挣脱笼缰，获得自由的快乐之感荡漾在脸上，高皇后见此，简直要气炸了肺，但话已说出，后悔不及，只好无可奈何地睡下。

世宗如同逃出牢笼的小鸟，满怀喜悦地飞到他朝思暮想胡承华身边。胡承华见皇上明目张胆地来到自己宫中，大惑不解，询问道："陛下何事来到妾处？"

世宗爱怜地看着自己心上的美人道："朕今夜留宿此处，难道美人不愿意吗？"

胡承华听罢，喜出望外，但又担心地说道："贱妾安敢不愿意？只是皇后娘娘眷恋着陛下，陛下还是到皇后娘娘宫里去吧。"

世宗见胡承华有些害怕，便安慰道："爱妃休得惊慌，陛下来此，乃皇后的安排。"

胡承华一颗悬着的心落下了，她不明白皇后娘娘为何如此开恩。世宗见胡承华满脸疑惑的样子，便将事情的经过原原本本地讲述一遍，胡承华这才彻底放了心。

胡承华很会为人，她见皇上迷恋自己，一连数日都不到皇后那里过夜，猜想此时皇后定会十分恼火，便对世宗说："陛下，皇后娘娘对陛下一片深情，陛下可不要冷落了娘娘的心，且尊卑有序，大小有别，陛下不要只流连妾处，应多去顾看娘娘才是，如此亦可免得他人对妾的宠擅之讥，也不负皇后娘娘的美意！"

一番话说得世宗心里美滋滋的，多么善解人意的美人啊！对她的一片苦心，世宗也心领神会，如言而行，并把胡承华的话传达给高皇后，高皇后对此很满意，对这个楚楚可怜的娇美人另眼看待，减少了对胡承华的敌意。

从此后，世宗如同一只多情的蝴蝶，在皇后、胡承华及众嫔妃这些深宫之花中穿梭，遍地播撒着他那多情的种子。众嫔妃一面渴望得到皇上的宠幸，一面又有所顾忌，因为一旦身怀有孕，生下若是男儿，被立为太子，按宫中旧制，自己就难免一死。因此，六宫嫔御，争相祈祷，求助于神灵，都愿生公主或诸王，而不愿生太子。众嫔妃听说以狗血涂床榻，可免生太子，便纷纷派心腹宫女、太监出宫，寻找狗血，不顾其血腥，涂在床上。唯有胡承华与众不同，她享受着皇上的阳光雨露，并坦然地等待着熊罴入怀的那一天。

众嫔妃不解胡承华心思，劝她道："难道你就不怕死吗？如此年轻美貌，若生得太子，命丧魂绝，岂不可惜？还是学我们那样，听说此法甚灵。"

胡承华摇摇头，慨叹道："多谢众姊妹好意，吾意已决。既然国家有此旧制，皇子一旦被立为储君（即太子），母亲即被赐死，这是非常残苛的条律。但为了江山社稷，我宁愿以身相试。圣上待我恩深似海，宠爱有加，难道我能因畏死而辜负圣意吗？若我真能有幸孕育龙子，为皇家生育一嗣君，虽死无憾。"

众妃嫔听罢，对胡承华的献身精神表示赞许，此话传到皇上那里，皇上对胡承华更是宠爱。难道胡承华真的为了北魏的江山社稷，而置性命于不顾吗？不，绝非如此。常言道：蝼蚁尚且贪生，何况胡承华这么个貌美倾城、多情多欲的人呢？胡承华吐露此言，并不是为了皇上、为了朝廷，而是野心昭昭，另有图谋。几年的风风雨雨磨炼出来的胡承华，整日小心谨慎地周旋于皇上、皇后及众妃嫔之间，提心吊胆，难抒大志。她深刻地认识到，自己只是个承华，无法与皇后相比，即使是妃嫔，自己也是低层次的。如今圣上宠爱自己，是因自己年轻貌美，花无百日红，花开总有花落时，自己一旦成为明日黄花，圣上会弃之如敝履，自己就会老死深宫，永无出头之日。自己若想翻身，必须趁年轻，为皇上生一嗣君，满足皇上的心愿，才有一线希望。至于立子杀母一事，则全在人为，车到山前必有路，船到桥头自然直！现在只有把握好时机，才会有光明的未来。所以，她打定主意，坦然接受皇上的爱。

真是苍天保佑，在多情天子的几番临幸后，美人有幸，竟暗结珠胎，身怀六甲。望着胡承华日益丰满的腰，众妃嫔代为嗟叹，私下议论纷纷。有些好心姐妹劝胡承华道："你真的要以身试法吗？后悔现在还来得及，我认识个江湖郎中，能配制堕胎之药，你若需要，我马上派人找他。"

胡承华淡淡一笑，说道："前时我已说明，焉有后悔之说？况且，我怀的是龙种，怎敢私自戕害他呢？人若有情，上天会保佑他的，你们就放心吧。"

众人见胡承华不听劝阻，只好偷偷为她捏把汗，拭目以待了。

永平二年（509年）年底的一天夜里，雪后的大地银装素裹，一片洁白。后宫院落里，在冰雪的地上放着一张供桌，桌上摆着供品，身怀有孕的胡承华虔诚地跪在雪地上，焚香祷告着，她嘴里低声说着："愿上天保佑，使我生得男儿，排行居长，即使子生身死，亦在所不辞！"

说罢，双手扶地，为上苍叩三个头。

也许胡承华的虔诚感动了上苍，十月怀胎，于永平三年（510年）竟生下一男儿。世宗喜得贵子，高兴万分，为其取名曰元诩，普天同庆，大赦天下。胡承华更是笑逐颜开，欢喜无比。

三、立太子废除旧制

胡承华喜得贵子，有了翻身的资本和希望，自然十分高兴，而世宗二十七岁才有子嗣，更是欣喜若狂。他晋封为他生子的胡承华为充华。充华亦是妃嫔的一种，乃九嫔之一，地位高于承华。世宗鉴于从前屡丧子嗣，又担心高皇后妒忌，加害孩子，致生不测，自己春秋已长，得子不易，必须严加保护。他为儿子选一单独宫殿，特意在民间取良家宜子者为乳母，悉心照料。并派众多护卫把守，明令不许皇后及孩子的母亲胡充华前去探望。胡充华对皇上的安排十分满意，皇上对儿子的周密呵护，能使儿子免遭不测，自己便无后顾之忧了。

皇子出生后，皇后见胡充华整日无忧无虑、欢颜笑语的样子，十分气恼，暗自恨道："真不知天高地厚，为皇上生个儿子就趾高气扬了吗？小美人，你高兴不了多久，难道太阳会从西边出来，你生皇子就能免遭一死吗？真是痴心妄想！想当初，我身为皇后，尚惧怕不已，为万全计，毒死亲子。如今，你就能打破旧制吗？况母子不能相见，有我主持后宫，你就休想得逞，你就安心等待死期吧！"

难道胡充华真的没有认识到危险就要降临而无忧无虑吗？不是，这正是胡充华智谋所在。她表面上视死如归，恬淡无虑，背地却一刻不停地做准备，力图改变旧制，保住性命。她利用皇上喜得龙子之机，对皇上展开媚力攻势。有时，皇上来看望心爱的胡美人，胡充华见皇上高兴，便故露戚容，有时还落下几颗伤心的泪。皇上见美人如此伤心，便问道："爱妃，何事如此不开心？是谁惹你了吗？"

胡充华满脸泪痕，忧伤地摇摇头，说道："妾今生幸甚，能侍奉圣上，得生龙子，并得到陛下的厚爱。可惜，妾恐怕今后不能再侍奉陛下，观睹龙颜了。"

世宗听罢，明白胡充华正为子贵母死的旧制而发愁，便安慰道："小美人，休要烦恼，有朕在，你就没有危险。况祖宗旧制未免苛刻，有失偏颇，朕父亲能改革旧俗（指孝文帝改革），朕为何不能改此旧制呢？爱妃，放宽心吧，朕怎会忍心将你这么可人的美人杀掉呢？"

世宗的一番话，说得胡充华戚容顿无，笑逐颜开。从此，她对皇上更温柔、更体贴，并不时柔声细语地提醒世宗改掉旧制之事。

胡充华不仅用容貌拴住世宗的心，还在宫廷内外做好准备。她知道，皇上虽然答应她改革旧制，但内有高皇后，外有权臣高肇，实行起来，定会困难重重，若一时皇上耳朵软，自己的性命就难保。必须联络皇上身边的宠臣，为自己说话，逃出此劫。她先后找到宫中红人、皇上身边太监给事中刘腾，并通过刘腾，联络到左庶子侯刚、侍中领军将军于忠。

刘腾，字青龙，平原（今属山东）人。后迁徙至南兖州谯郡（治今安徽亳州）。幼时坐事受宫刑，入宫为小黄门，后转为中黄门。高祖孝文帝时，因言幽后冯皇后与高菩萨私通之隐私，为高祖所重用，累迁为中尹、中常侍，特加龙骧将军。后为大长秋卿、金紫光禄大夫、太府卿，乃后宫中权威人氏。世宗视为心腹，倚为重臣，所以，胡充华首先找到他，为自己出力。

侯刚，字乾之，河南洛阳人，其先代人。在高祖孝文帝时，将北魏的都城从平城（今山西代县）迁至洛阳，原鲜卑拓跋旧部亦随之迁往中原，改姓氏，用汉姓，并将籍贯改为洛阳，死后葬于洛阳北邙山，不得北葬故里。所以，代北之人祖籍均为河南洛阳人。侯刚出身寒微，但少学一门绝技，善于烹饪，被召入宫，受恩宠，累迁冗从仆射、尝食曲御。世宗见他质朴耿直，赐名为刚。后迁奉车都尉、右中郎将，拜武卫将军，又加通直散骑常侍。世宗准其带刀上殿，是世宗宠幸之臣。

于忠，字思贤，代（今山西代县）人。其曾祖父于栗磾，乃北魏开国老将，官至太尉。祖父于洛拔，拜侍中、殿中尚书，迁尚书令。父于烈，为散骑常侍、车骑大将军、领军。世代高官。世宗的顺皇后于氏，乃于烈之弟于劲之女，即是于忠之堂妹，于忠亦可说是外戚。世宗即位，忠为左右郎将，领直寝。元禧谋乱，世宗车驾在外，忠与父烈严备护城，世宗还宫，嘉其忠直，赐名忠。因功累官至卫尉卿，领左卫将军，恒州大中正。因于皇后暴崩，疑为高氏所害，所以与高肇、高皇后素有旧隙，自己虽于外朝权高势重，但尚不抵高肇，且高肇有高皇后为内援，自己无法比拟，遂心甘情愿地投入胡充华怀抱，欲以胡充华为内援，除去高氏势力。

转瞬三年已过，元诩已长到三岁，世宗极欲立元诩为太子，以为储君，以安社稷。于是，下诏改元，改永平五年为延昌元年（512 年），期望国运长久、兴隆地延续下去。并大肆封官晋爵，加封尚书令高肇为司徒，清河王元怿为司空，广东王元怀为骠骑大将军。到了孟冬，便册立皇子元诩为太子。

册立太子，普天同庆，高皇后心里更高兴。她想，除去胡美人的机会到了。可时间一天天过去，却不见皇上下诏赐胡充华自尽，她心里十分焦急和恼火，便不失时机地提醒世宗道："陛下，太子已立，为国家着想，防止未来外戚扰政，该实行旧制了。"

世宗明白其意，皇后怕失宠，一心要除掉胡美人，可自己怎么忍心将如花似玉的美人赐死呢？便劝慰高皇后道："旧制过于苛刻，朕怎么忍心呢？况胡充华既无兄长，又无亲族，无外党之患，又何必置她于死地呢？贤妻放心，你永远为后宫之主，无人能与你相比，在朕心目中，你永远是第一位的。"

高皇后怎能甘心，就此罢休呢？她说："祖宗之法安可改变？难道陛下为了怜香惜玉，置祖宗之法于不顾吗？"

世宗见高皇后不折不挠，定要置胡氏于死地，大为气恼，道："高祖皇帝不就改革旧法了吗？这有何不可，只要祖宗之法不合时宜，就应改掉。你不必多言，朕主意已决。"

高皇后见世宗生气，不便再说下去，她便找她的叔父高肇商量，定要除掉胡氏。高肇借退朝之机，对世宗道："陛下，子贵母死乃沿袭多年的旧制，断不可更改啊！若外党将来一旦干政，后果将不堪设想，望陛下三思！"

世宗见高皇后与高肇串通一气，欲除胡氏，心中十分气愤，他面带怒色，道："此乃朕之家事，爱卿无须多言。"

高肇见皇上不悦，不敢再言，灰溜溜地退下了。

经过几番劝谏，几番周旋，世宗执意不肯赐死胡充华，看样子让皇上下诏已不可能。高皇后的如意算盘落空，越发愤恨，真是有我没她、有她没我，不除去胡氏，今后将永无宁日。将来皇上一旦驾崩，太子即位，胡氏为太子之母，权势过人，何人再敢动她，到那时，她将我置于何地呢？高皇后越想越怕，决定伺机下手，亲自除掉胡氏。

后宫之内，阴云密布，暗浪迭起，大有"黑云压城城欲摧"之势。聪明的胡充华安能不察觉？她想，单凭圣上的保护，恐怕难免不测。她便找到刘腾，求刘腾道："刘公公，我已陷入困境，有人欲置我于死地而后快，烦公公为我想个万全之策，解除危难，公公之恩，日后必将重重回报。"

刘腾道："娘娘请放宽心，近日饮食多加注意，老奴定为娘娘想好计策，保证娘娘平安。"

刘腾觉得事不宜迟，辞别胡充华，便找侯刚、于忠商量。三人知道，高氏势力庞大，爪牙无处不在，欲保证胡充华的安全很难。他们三人想了很久，仍未想出个万全之策。于忠道："我们不妨问问太子少傅崔光有何妙计。"

刘腾、侯刚觉得于忠言之有理，三人便到崔府去了。

崔光，本名孝伯，字长仁，东清河鄃（今山东平原）人。高祖孝文帝赐名光。少有大度，才学渊博，累官至中书令、镇东将军。延昌元年（512年）迁中书监，侍中如故，以为太子少傅。素不满高肇之所为，所以于忠等决定问计于他。

崔光闻知此事，对于忠耳语一阵，于忠等大喜，决定依计而行。

次日早朝，于忠密奏世宗道："圣上明鉴，胡充华身为太子之母，理应依旧制赐死，陛下既改旧制，有人担心胡氏扰政，臣以为宜将胡充华另置别宫，严加看护，不得随意出入，这岂不两全其美？"

世宗看罢于忠所奏，正符合自己的心意，只有这样，才能保证胡美人的安全。心里十分高兴，急忙准奏。

次日，世宗下诏，令人将胡充华迁居别宫，饬令亲军严加守卫，不得妄通一人。当然，皇上本人例外，将胡充华金屋藏娇，保护起来。胡充华当然明白皇上的苦心，高高兴兴地迁到别宫，保养天年。这一来，高皇后无从施毒，气得大闹后宫，然而也于事无补，只好认命了。从此后，世宗对胡充华恩宠有加，时常光顾别宫，与美人同欢共乐，享受人生。

四、时运迁国势衰微

胡氏入宫时，北魏政治表面上歌舞升平，貌似繁华，实际上虚有其表，粉饰而已。外戚高肇擅权，吏治腐败，经济衰退，人民流离失所，各种矛盾异常激化，孝文帝时期的繁荣景象已成明日黄花，留给未来胡太后的是一个破烂不堪的乱摊子。这是怎么一回事呢？

孝文帝迁都洛阳，完成改制后，北魏经济繁荣，国力大增。孝文帝素有统一之大志，他想凭借现有实力，趁南齐萧氏政权内乱之机，消灭南齐政权，统一全国，遂连年率兵出战，南征北讨。太和二十一年（497年），孝文帝发冀、定、瀛、相、济五州壮丁，二十万人，亲自督领，从洛阳出发，大举进攻南齐，留吏部尚书任城王澄居守京都，中尉李彪、仆射李冲为辅。命彭城王勰为中军大将军，都督行营事宜。此次南伐，志在必得，先后攻下南阳、新野、襄阳等地。由于李彪病死，北方高车南扰边境，孝文帝遂以南齐皇帝萧鸾死，牵经引礼，不伐邻丧为名，回师北归。时已是太和二十二年（498 年）了。行至悬瓠（今河南汝南）时，由于常年征战，身心疲惫，再加上皇后与人偷欢，孝文帝忧愤交并，身染重疾。

孝文帝曾纳太师冯熙二女，即冯太后之侄女，因长女庶出，封为昭仪，次女嫡出，立为皇后。冯皇后颇有德操，遵典守礼，未有逾越。冯昭仪却独工资媚，孝文帝初尚重皇后，后来觉得皇后虽坦率稳重，但缺乏情趣，总不及昭仪那么多情可人，而且昭仪长得玉貌花容，远非皇后所比，遂移情爱妾。迁都后，冯氏姊妹花同入洛阳，皇后恩宠渐衰，昭仪独得宠幸。孝文帝除视朝听政外，朝夕都在昭仪宫内，同餐同宿，形影不离。昭仪更是献出百般殷勤，使出浑身解数，讨得皇上的欢心，直把皇上的爱情，尽移到自己一人身上，不但后宫诸妃嫔无从望幸，就是中宫皇后，也只能寂寂长门。昭仪依仗自己年长于皇后，不肯遵循妾礼，又况皇上恩宠，更是傲慢无比。她野心大增，觊觎后位，视自己妹妹如眼中钉。每当与皇上枕席私谈，总是不断地说皇后的坏处。天长日久，皇上便加怒于皇后，将其废为庶人，贬入冷宫。皇后自知与皇上恩断情绝，便乞求出居瑶光寺，出家为尼，了却尘事情缘。皇上乐得做个顺水人情，便允许了皇后之请。

冯昭仪拔除眼中钉，计谋得逞，正位中宫，应该心满意足。她与皇上鱼水谐欢，无夕不共。但孝文皇帝并非贪恋女色之徒，国事远远大于儿女私情，他为实现自己统一天下的宏伟蓝图，年年挥师南下，难得回宫。冯皇后正值青春妙龄，欲火旺盛，焉能耐得住如此凄凉寂寞？宫门深深，难觅情郎，遂与宫中太监调情，聊解孤寂。适有名中官，名曰高菩萨，名义上是宦官，实际是冒名顶替进宫的假太监，与正常男人一样，而且容貌顾晰，天资聪颖。每日入侍宫闱，善解人意。当他见皇后寂寞寡欢的样子，便巧为挑逗，引起冯皇后的欲火。冯皇后非常宠爱他，便令其侍寝。二人朝欢暮乐，卿卿我我，出双入对，如同夫妻。又将阉竖双蒙等作为心腹，内外瞒蔽，真是个洞天花月，暗地春宵。

但世上之事若要人不知，除非己莫为，冯后虽百般遮掩，此事仍泄露了出去。正巧孝文帝之女彭城公主曾为刘昶儿媳，年少寡居于宫中。冯后想令其改嫁，并亲自为弟弟北平公冯夙求婚于公主，请命于皇上，皇上亦应允。但彭城公主不愿意，冯后竟想施以淫威。婚期将近，在一个漆黑的风雨之夜，彭城公主带着奴仆十余人，乘轻车，逃出皇宫，直奔孝文帝驻地悬瓠。看到父皇后，彭城公主涕泗交流，跪陈自己心愿，并陈述皇后与高菩萨私乱之情形。孝文帝听罢，急火攻心，病卧床榻，此时亦无力再南伐，遂下令返回都城。

太和二十三年（499年）孝文皇帝回到洛阳，在彭城王勰精心照料下，孝文皇帝的病渐渐痊愈。他一回宫中，便令人将高菩萨、双蒙二人拿下，当面审问。二人初尚狡赖，皇上怒不可遏，大刑伺候，二人熬受不住，便据实招供。孝文帝气得发昏，旧病复发，入卧含温室中。

到了夜间，孝文帝令人将高菩萨等捆绑在室外，召皇后入室讯问。皇后见事已泄露，惊惧万分，但皇上有召，又不敢不来，遂战战兢兢地来到含温室。孝文帝见皇后变颜变色，觉得其中有鬼，便命令宫女搜皇后之身，竟搜出一把三寸多长的匕首。皇上大怒，高喝道："来人啊，皇后欲行刺朕，推出去，斩首！"

冯皇后吓得七魂出窍，慌忙跪在地上，叩头如啄米，痛哭流涕地哀求道："陛下开恩，贱妾罪该万死，望陛下看在昔日夫妻情分上，宽恕贱人吧！"

孝文帝见昔日如花似玉的爱妻变成如此之状，心中有些不忍，便命她起来，赐座东楹，离皇上御寝约二丈远。孝文帝先命高菩萨等陈述他们私通、淫乱后宫之状，高菩萨等惧皇上之神威，不敢翻供，便照前言说明，并供出皇后使用巫术，诅咒皇上，盼皇上早死，便于她效法文明太后，另立少主，临朝称制之事。孝文帝听罢，怒喝道："胆大的贱人，你听见否？你竟敢对朕施妖术，一一道来。"

冯皇后抬头四处看看，欲言又止。皇上一再催逼，方开口乞求道："妾乞请陛下屏退众人，妾自详细禀明陛下。"

孝文帝屏退左右，为防不测，唯留长秋卿白整，手拿佩刀，站在皇后身后。孝文帝道："还有何言？还不从速招来！"

皇后仍不肯言，一双泪眼看着白整。孝文帝会其意，遂令白整用棉花将双耳塞住，再呼整名，已无所闻。皇后见无可抵赖，只好呜呜咽咽地讲述了她与高菩萨偷欢之事。孝文帝大怒，直唾其面，骂道："好一个贱货，朕如此恩宠于你，没想到你竟如此寡廉鲜耻，忘恩负义。朕若不废你，难消我心头之恨。来人哪，传彭城王勰、北海王祥入室。"

二人来到含温室，请过安后，见皇后在座，脸色苍白，泪流满面，而皇上愤怒暴躁，不知发生何事，未免局促不安。孝文帝指着皇后道："此人从前是你们的嫂子，如今已不再是了，你们尽管坐下。"

二人方才谢坐。孝文帝又道："这个老婆子想挟刀刺我，可恶至极，你们二人要认真拷问，不必畏难！"

二人见皇上盛怒，劝解道："陛下息怒，要保重龙体。皇后纵使有过，念其年轻，更何况看在文明太后面上，亦不能再废后啊！望陛下三思。"

在二人的劝解下，孝文帝渐渐消怒，叹息道："好吧，既然你们二位说冯家之女不应再废，朕不废她。但她如此不法，朕令其独处中官，总有就死的一日，你们不要再劝我对她再有余情，让她在孤寂与悔恨中过完后半生。"

二王见皇上已息怒，便退去，皇上令人将皇后送入后宫。皇后见皇上没有废自己，千恩万谢地回宫去了。

过了数日，皇上有事欲问皇后，但不愿见她，遂令中官转询。皇后见皇上没有废她，又摆起架子，耍起威风来。她叱骂中官道："我是天子之妇，有事应当面向皇上禀对，怎能用你来转述呢？"

中官无奈，只好转白皇上。皇上大怒，将后母常氏唤入宫，详述后罪，并责怪常氏道："这就是你教育出的女儿，如此淫妒，不可救药。从今后，你要严加管教，如若再行不义，朕绝不宽贷。"

常氏恐皇上加罪于她，便鞭打皇后百下，佯示无私。皇上下诏，将高菩萨、双蒙二人处斩，念在文明太后旧恩分上，没有将冯后废黜处死，但嘱咐内侍严加看管，不得放纵，实际上是将皇后软禁起来，虽六宫嫔妾仍照常敬奉，但太子元恪不得朝谒。

一波刚平，一波又起，孝文帝病情稍有好转，南方战事又起。南齐太尉陈显达、督领将军崔慧景率大军攻打雍州诸郡，魏将军元英迎战，屡为所败，齐军已夺去马圈、南乡两城。孝文帝闻讯，不顾久病之躯，率军亲征，大败齐军。但长途跋涉，奔波劳顿，病体不支，病卧行辕。

彭城王勰亲自照料皇上，送医喂药，寸步不离，所有饮食必先亲尝，然后进上，终日蓬头垢面，衣不解带。一日，孝文帝拉着彭城王的手说："朕命你为都督中外诸军事，替朕统率六军，你看如何？"

元勰推辞道："臣日夜侍陛下，无暇治军，还是另选他人为好。"

孝文帝道："朕恐怕不行了，所以才命你主持军务，安六军，保社稷，除你之外尚有何人？不要再推辞，要以社稷为重。"

元勰遂勉强受命。

孝文帝病情日益加重，遂乘卧舆北归，行次谷塘原，已不行了，他支撑着对元勰道："我已不济事了，天下未平，嗣子幼弱，倚托亲贤，唯指望你了。"

元勰泣答道："布衣下士，尚能为知己尽力，况臣托灵先皇，理应效命朝廷，竭力将事。但臣为陛下之弟，久参机要，若进任首辅，必有篡位之嫌，圣如周旦，尚且遁逃，贤如成王，尚且疑惑，臣非矫情乞免，实恐将来获罪，上累陛下圣明，下令愚臣辱戮啊！"

孝文帝沉思半晌，觉得元勰言之有理，便道："你所言甚有道理，可取过纸笔来。"

元勰拿过纸笔，皇上强起倚案，握笔疾书，写道："汝第六叔父勰，清规懋赏，与白云俱洁；厌荣舍绂，以松竹为心。吾少与绸缪，提携道趣。每请解朝缨，恬真丘壑，吾以长兄之重，未忍离远。何容仍屈素业，长婴世网。吾百年之后，其听勰辞蝉舍冕，遂其冲挹之性，无使成王之朝，翻疑姬旦之圣，不亦善乎。汝为孝子，勿违吾敕。"

书写至此，孝文帝手颤不止，乃掷笔对元勰道："你可将此谕付与太子，惬汝素怀。"

说罢，便疲惫不堪地躺下。歇息片刻，又命元勰起草遗诏，进侍中北海王详为司空，平南将军王肃为尚书令，镇南大将军广阳王嘉为尚书左仆射，尚书宋弁为吏部尚书，令与太尉咸阳王禧，尚书右仆射任城王澄，并受遗命，协同辅政。

在孝文帝弥留之际，他又想起淫乱后宫的冯皇后，留她在世，必为后患，遂对彭城王道："后宫久乖阴德，自寻死路，我死之后，可赐她自尽，葬用后礼，这就足掩冯门大过，卿可为我书敕罢！"

元勰依言而书，孝文帝看罢，长叹一口气，便闭上眼睛，永远离开了尘世，年仅三十三岁。孝文帝英年早逝，这乃北魏之大不幸，他是中国历史上难得的英才，杰出的少数民族改革家，他终于在过度操劳和爱妻对自己不忠的打击下，撒手人寰。从此北魏开始向低谷滑落。

孝文帝驾崩后，太子元恪即位，即世宗宣武皇帝。世宗乃孝文帝第二子，母为高夫人，太和七年（483年）四月，生于平城宫。孝文帝长子元恂，字元道，林皇后生，由文明太后抚养，太和十七年（493年）被立为太子，母亲被赐死。元恂素性懒惰，不甚好学，且体又肥壮，常苦河洛暑热，不愿迁居洛阳，常思北还平城。适太师冯熙病死平城，孝文帝令恂去吊丧。临行前，孝文帝嘱咐道："朕位居皇极，不便轻行，欲使汝展哀舅氏，并顺便拜谒山陵及汝母之墓。在途往返，当温读经籍，速去速归，勿违朕言。"

恂奉命北往，乐得假公济私，在平城偷图安逸，免得在洛阳受暑热之苦。他在平城一住不返，孝文帝数下诏书才迟迟返回。孝文帝斥责于他，令其在东宫勤学，不得偷懒。恂阳奉阴违，并口出怨词。中庶子高道悦屡次苦谏，恂不但不从，反而引以为恨。

太和二十年（496年），孝文帝巡幸嵩岳，留恂守金墉城。恂见孝文帝离京，便与左右密谋，欲召牧马轻骑奔代，为高道悦所阻。恂大怒，挥剑斩杀道悦。幸领军元俨勒兵守门，不使恂得擅越，一面派人禀报皇上。皇上闻讯，急速返回，召恂责问，亲加笞杖。皇弟咸阳王禧等入内劝解，皇上反令禧代杖百下。可怜元恂那金枝玉叶，哪经得起这般捶楚，宛转呻吟，不能起立。孝文帝令左右将恂拽出，幽锢城西别馆。孝文帝在清徽堂召集群臣，商议废黜太子。

太子太傅穆亮、太子少保李冲等，都免冠顿首，代为哀请。孝文帝道："卿所谢者私也，我所议者国也，古人有言，大义灭亲。今恂欲违父背尊，跨据恒朔，天下未有，无父无国，何其包藏，心与身俱。此小儿今日不灭，乃是国家之大祸，脱待我无后，恐有永嘉之乱。"

遂下诏废恂为庶人，移置河阳无辟城，所供服食，仅免饥寒。越年，便册立次子元恪为太子。

元恪即位后，当务之急便是令冯皇后自尽。他令北海王详及长秋卿白整，带着父皇遗敕，持药入宫。冯皇后怎肯服毒，骇走悲号，惊呼道："官家哪有此事，无非因诸王恨我，乃欲杀我呢！"

白整指挥内侍，将皇后牵住，强行灌下，这个妖媚淫后便一命呜呼了。诸王为北魏朝廷除去一个隐患。

此时的世宗皇帝元恪，年仅十六岁，未能决大政，曾授皇叔彭城王勰为司徒，录尚书事，总理朝政。元勰志在恬退，未几辞职归第。此时朝中，德高望重、才堪治国的大臣已无几位，当年辅佐孝文帝的那些有才识的肱股之臣，如高允、李冲、李彪等都已谢世，朝中力量已无法与昔日相比。元勰虽有才赋，但不愿理政，皇上又年幼，遂进太尉咸阳王禧为太保司空，北海王详为大将军，并引出一大奸佞之臣，即世宗生母高贵嫔的兄长高肇，封为平原王，开始篡政。世宗宽以摄政，群臣用权，政出多门，已成乱兆，再加幸臣茹皓、王仲兴、寇猛等，居中用事，故朝政开始衰败。

咸阳王见皇上柔弱寡断，朝政衰微，便阴蓄异图，欲废帝自立。谋泄被诛，诸子削籍，家产分给高肇、赵修二家。当时宫人作歌道：

可怜咸阳王，奈何作事误！
金床玉几不能眠，夜蹋霜与露；
洛水湛湛弥岸长，行人那得度！

咸阳王禧死后不久，北海王因与安定王妻元燮妃通奸，被世宗遣使暗害，至此朝中已无人与高肇抗衡，外戚开始独揽朝政。

　　肇虽为世宗皇上所重，但因其出身，素为权臣北海王详、茹皓等所轻视。高肇心怀不平，欲与北海王详、茹皓争权，一决高低。他觉得自己势单力孤，遂用美人计，铲除详等。原来，高肇之兄偃生有一女，貌美色娇，肇将其嫁与世宗，即后来的高皇后，当时封为贵嫔，深得世宗喜爱。高肇身份已变，他是贵嫔的叔父，又是皇上的舅父，亲上加亲，根深蒂固。他与高贵嫔互为表里，狼狈为奸，令高贵嫔为内应，向世宗皇上进谗言，铲除能与之抗争的权臣；他为贵嫔的外援，帮助贵嫔篡夺后位。贵嫔乃世宗心上美人，对她言听计从，高贵嫔利用皇上的宠爱，诬告北海王详与茹皓阴谋篡逆。皇上已被高氏美色迷住双眼，安辨其是非？遂于正始元年（504 年）四月，召中尉崔亮入禁中，治北海王详以贪淫之罪，废为庶人，禁锢于太府寺，不久便暴死。另劾茹皓、高聿、常季贤、陈扫静四人，专恣不法，谋为不轨，治死罪。高肇终于铲除异己，独揽朝政了。皇上见朝中除肇外，再无得力大臣，遂下诏令退隐的彭城王勰为太师，勰勉强就职，但亦有位无权。此时朝中，宗室力量远远不抵外戚之势，彭城王有职无权，勰兄广陵王羽，受职司空，但好酒渔色，因与员外郎冯浚兴妻私通，被浚兴打成重伤，不久便死去。羽弟高阳王雍，继任司空，学识短浅，无善可称。还有广陵王嘉，是太武帝拓跋焘庶孙，无才识，唯好容饰。世宗皇上的四个弟弟，如京兆王愉、清河王怿、广平王怀、汝南王悦等，资望皆轻，未足参政。所以北魏一朝，已无人能与高肇抗衡。世宗更是外宠高肇，内惑高贵嫔，疏忌宗室，一切军国大事均交于高肇处理，所以北魏政令，几乎全出于高氏之手。

　　高肇位极人臣，荣登台鼎，他没忘记高贵嫔的功劳，他要投之以桃，报之以李，遂二人合计，害死于皇后与皇子，将高贵嫔推上皇后的宝座。然而，高肇亦有忧虑，常常感到来自德高望重的彭城王勰的威胁。彭城王在孝文帝时便屡立战功，且受遗诏，立新君，辅朝政，此时虽不愿理政，但其影响依然存在。如世宗欲立高贵嫔为后，彭城王便大书谏阻，极力反对。皇上虽未听其言，但亦令高氏胆战心惊，所以高肇及高皇后视勰为仇家，伺机一定要铲除他。

　　高肇如此恃势益骄，权倾中外，广结朋党，政从己出，且妄改先朝成制，削封秩，黜勋臣，引得怨声盈路，朝野侧目。皇弟京兆王愉在信都（今属河北衡水）起兵，改元称帝，并声言高肇谋逆，皇上被弑，不得不从权继立，入讨乱臣。这是何原因引起的呢？

　　原来，京兆王愉之妻乃于皇后之妹，他喜引宾客，崇奉佛道，用度浩繁，常常入不敷出，遂纳贿营私，多为不法。高肇害死于后，常恐于氏报复，愉乃于家之婿，遂在忌恨之列。他不断向皇上进谗言，陈愉短处。世宗原对兄弟颇为友爱，曾令诸弟进入宫掖，与之共寝。但自从高肇用事，高贵嫔被宠后，对诸弟渐渐疏远，并听信肇之谗言，将愉召入宫中，面数罪恶，杖打五十，出为冀州刺史。

　　京兆王愉心中充满怨恨，无处发泄，遂起兵反抗，讨杀高肇。他自称皇帝，改元建平，并大赦天下。他觉势单力薄，便逼迫长乐太守潘僧固一同起兵，他万万没有想到，这竟葬送了彭城王勰的性命。原来潘僧固乃勰之母舅，高肇正苦于除勰无由，得此把柄，焉肯放过？他一面遣尚书李平督军讨愉，一面诬奏彭城王与愉通谋，纵舅助逆，应速除内奸，才能平息外患。世宗心知彭城王之忠诚，置高肇奏议于不理，很快平息元愉叛乱。

　　高肇怎肯罢手，他唆使侍中元晖诬陷元勰，元晖不从，他又令郎中令魏偃、前防阁高祖珍，轮番诬构元勰，世宗有些动心。再加上高后之煽惑，世宗便决计杀勰，与高肇定谋，征令勰入宫陪宴，秘密杀之。

　　次日，高肇遣中使召勰及高阳王雍、广阳王嘉、清河王怿、广平王怀等一同入宴禁中，为的是不引起元勰的怀疑，宴席散后，各王均到别室休息，卫军元珍带着武士，端着毒酒，逼勰饮下。勰愤然道：“我有何罪？愿面见圣上，虽死无恨！”

　　元珍道：“圣上不会再见你！”

　　元勰复问道：“圣上圣明，不应无罪杀我，是何人诬告于我，我愿与他一对曲直。”

　　元珍亦不答话，令武士用刀环击打元勰，勰怒喊道："苍天哪，臣冤枉啊！为何如此忠心，竟被杀戮，天理何在！"

　　说罢，便服毒自尽。翌晨，用褥裹上勰尸，载归府邸，诈称勰因醉致死。但何人不知勰乃高肇所害？出葬之日，行路士女纷纷望柩流涕，愤恨道："高肇小人，竟枉杀如此贤王，国将无宁日！"

　　高肇所作所为已引起朝臣极大愤慨，无论宗室诸王还是其他大臣，都想除之，但有皇上这把强有力的保护伞，众人亦奈何他不得，只好耐心等待时机。

第三章

除异己皇后遇害
登后位初次临朝

一、世宗驾崩高氏除

北魏延昌四年（515 年）正月，宣武帝世宗元恪忽然生了重病，遍寻名医，用尽百药，无济于事，群医无措，仅仅三天，就一命呜呼，撒手归天了。

皇帝驾崩，朝廷无主，权臣高肇此时不在朝中。高肇，字首文，渤海蓨（今河北景县）人。他是孝文帝昭皇后高氏之兄，世宗之亲舅父。世宗即位，封肇平原郡公，为尚书左仆射、领吏部、冀州大中正。后迁尚书令。他为巩固其权势，将兄长高偃之女嫁与世宗，即高皇后，他又是现今皇后的叔父。他既为皇上的舅父，又是皇后的叔父，亲上加亲。他专揽朝政，广结朋党，铲除异己，政从己出，减削封秩，抑黜勋人，由是怨声盈路矣。迁司徒，荣登台鼎。延昌三年（514 年），世宗命高肇为大将军，率步骑十万，攻蜀之益州，至今尚无捷音。

高肇出征在外，皇帝驾崩，高皇后失去了靠山，无力管理朝政。侍中领军于忠、侍中中书监崔光、詹事王显、中庶子侯刚揽起朝政。就在世宗驾崩的当天夜里，便到东宫迎出太子元诩，准备连夜登朝即位。王显是高氏心腹，见于忠等拥太子以立，而高肇尚未还朝，便阻挠道："圣上刚刚驾崩，何必匆忙拥太子登基，应多做些准备，明日登基坐殿，也为时不晚。"

崔光等明白王显的意图，是借推迟之机，另谋他图。崔光反唇相驳道："家不可一日无主，国不可一日无君，天位不可暂旷，何必等到明日呢？"

王显强辩道："即使太子即位，总要先禀告中宫（皇后），听从中宫懿旨吧？"

崔光义正词严道："皇帝驾崩，太子继立，这乃是国家常典，何须听中宫命令！"

其实于忠他们亦是出于私心，他们想借皇上驾崩，高肇在外、太子幼小之机，除掉高氏势力，拥立太子与胡充华，趁机独揽朝纲。所以，他们不容高氏势力插手，急忙请太子入立东序。于忠扶着太子，西向举哀。只哭十余声，便令停止哭泣。崔光暂代太尉之职，奉册进呈玺绶，太子元诩，跪受册玺，被服衮冕，登上太极殿，即了皇帝位。崔光等与夜间执班的大臣一起，伏殿朝贺，稽首再拜，山呼万岁，新皇帝诞生，是为肃宗孝明帝。

次日，大赦天下，召回西讨东防的各路人马，尊谥先帝元恪为宣武皇帝，庙号世宗。皇后高氏为皇太后，胡充华为皇太妃。当然，这一切都是在崔光、于忠等大臣的导演下进行的，一个刚刚五岁的幼主有何主见？不过是唯唯诺诺，听命驱使罢了。

世宗皇帝的死对于高皇后和胡充华来说，反应自然不同。高皇后是又悲又忧，悲的是失去了朝夕相伴的郎君，年纪轻轻便要寡居；忧的是失去了皇上这一靠山，叔父又不在朝，自己深居后宫，出入不便，崔光等把持朝政，自己今后若落在胡氏之手，定难活命。她整日忧愁万分，泪水涟涟。

对于胡充华来说，是又悲又喜。悲的是失去了宠爱自己的人，从此后要独对青灯；喜的是自己的儿子做了皇帝，从今后再也无人敢加害自己，自己也不必提心吊胆地生活，执政大臣均为自己心腹，多年卧薪尝胆，终于熬出了头。皇上在时，自己永远无法成为六宫之主，如今，成为后宫主宰的日子为期不远了。到那时，决不会放过几次欲害自己的高皇后。

二人各怀心机，展开一场新的较量。

于忠等自知在朝中威望较低，才能有限，无法全权处理朝政，嗣主冲幼，未能亲政，必须选在朝中有威望之人主持朝政。他来到胡太妃处，征询地问道："新主嗣位，朝野不安，人心惶惑，不知太妃有无合适人选，扶持幼主，渡过新旧交替之难关？"

胡太妃知道于忠的用意，是想借机扶持反高势力，铲除高氏。她沉思良久道："以我之见，高阳王元雍、任城王元澄均为宗室，老成持重，才堪重用，适于辅佐幼主，稳定朝政。"

于忠听胡太妃提此二人，暗暗佩服胡太妃之心机与智谋，高兴而去。

高阳王元雍，字思穆，献文帝拓跋弘之子，高祖孝文帝之弟，世宗之叔父。世宗时，累官至太尉公、侍中。素有声望，参决大议，为世宗所重。高肇擅权，高阳王甚是不满，屡次欲告老还乡，世宗不许。

任城王元澄，字道镇，乃景穆太子之孙，少而好学，有才干，深为孝文帝所重用。参与孝文帝改革，为孝文朝之重臣，累官尚书令，兼尚书右仆射。孝文帝崩，受遗诏顾命朝政。世宗即位，任城王屡次率兵南伐，为镇北大将军、定州刺史。后因高肇当朝，猜忌贤戚，屡次构陷任城王，任城王常恐性命难保，便整日饮酒为乐，以示荒败。他时常做出一些怪诞之事，时人谓之"狂人"。

胡太妃正是利用两位宗室王的威望及对高氏的不满，令他们辅佐朝政。于忠得到胡太妃的提示，当下奏白太后，请即敕授。高太后明知于忠等人的用意，但亦无奈，推托道："事出仓促，容老身三思，明日下令。"

高太后找来心腹王显，商议此事，王显也是利欲熏心之徒，本想趁此时机，弄权秉政，当然不愿意重用二王。他急忙劝阻高太后道："太后，这万万使不得。于忠等分明是冲太后而来，是欲借两位宗室王之势，排挤高大将军，好独揽朝纲，太后不能让其阴谋得逞。"

高太后叹息道："我又何尝愿意，只是叔父至今未归，无人能替我做主，我又能有何办法呢？"

王显道："太后休急，明天由臣来安排。"

次日早朝，王显矫太后之命，令高肇录尚书事，自与肇兄子猛，同为侍中。于忠等听罢，大为恼怒，先发制人，乘王显入殿之机，喝令卫士将王显拿下。王显万没料到于忠会如此胆大妄为，怒问道："于将军何故捕捉下官？"

于忠呵斥道："你身为詹事，侍疗无效，致使圣上驾崩，死有余辜，难道你还狡辩吗？"

真是欲加之罪，何患无辞，王显大喊冤枉。于忠传旨，将王显削职为民。王显在大殿之上，大哭大闹，连连喊冤，被直阁将军用刀环击伤腋下，牵送右卫府，当夜便一命呜呼。于忠等遂令皇上下诏，宣太保高阳王雍入居西柏堂，任城王澄录尚书事，百官听命二王，慑服朝野，众心忻服。

朝政安定下来，胡太妃与于忠等下一个目标就是彻底铲除高肇和高皇后，对朝廷与后官的权力进行重新分配。现高肇领兵在外，还不能对高皇后下手，以免生不测，他们在等待着高肇回朝。

高肇此番出征非出情愿，但皇上对自己已起疑心，故不便推辞。原来，高肇擅权，出京兆王愉为冀州刺史，京兆王畏高肇迫害，起兵造反，被杀。高肇又谮杀彭城王勰，宗室诸王惶恐不安。清河王怿惩彭城王覆辙，对高肇常备戒心。

一次与高肇等陪皇上宴饮，酒至半酣，清河王对高肇道："天子兄弟尚有几人，高公何故要翦灭殆尽？从前王莽头秃，借渭阳势力，遂篡汉室，今君身曲，恐终成乱阶，不可不慎！"

高肇不禁惊愕，但皇上在场，无法发作，只好扫兴退下。但清河王的一番话，却如一记警钟，震撼了世宗内心深处，他感到了来自外党的威胁。

事隔不久，正赶上天下大旱，高肇私录囚徒，释放死囚若干。清河王对世宗道："臣闻名器不可以假人，昔季氏旅泰山，孔子引为深戒，这无非为天尊地卑，君臣有别，事贵防微，不应加渎。今欲减膳录囚，应归陛下所为，司徒究是人臣，为何擅敢僭越，下陵上替，祸将不远了！"

世宗明其用意，微微一笑，不发一言，但对高肇戒备之心加强了。

延昌二年（513 年），南朝梁人李苗、淳于诞降北魏，上书世宗，请求派兵取蜀。世宗借此之机，派高肇为大将军西征。当时侍中游肇进谏道："今国家连年水旱，不宜劳役。蜀地险隘，镇戍森严，怎可轻信浮言，兴师动众！事不慎始，恐后悔无及。"

世宗道："朕意已决，爱卿休要再言。"

众官僚见皇上决意西征，无法再谏，只好作罢。他们哪里知道世宗真正意图，他是想借此之机，挫挫高肇的锐气和野心。高肇明知皇上用意，但怎敢抗旨不遵呢？只好硬着头皮出发了。

高肇与都督甄琛等二十余人到东堂面辞世宗，便起程西征。行至神虎门外，高肇所乘骏马无故惊倒，摔入沟中，鞍具瓦解，众人都觉怪异，高肇心里不安。西至函谷关，高肇所乘战车忽然折轴，高肇见恶兆频显，更是疑虑不安。不久，便接到嗣主哀书，圣上驾崩，令其回朝。凶兆已验，高肇恐内廷有变，对己不利，急得朝夕哭泣，神槁形枯。一路上，快马加鞭，星夜兼程，真是归心似箭。

然而，高肇哪里知道，朝中已布下天罗地网，只等他回去钻。高肇一心回朝，路上家人前来相迎，亦不相见，当即星夜跑至阙下，满身穿着哀服，进入太极殿，恸哭尽哀。高阳王雍与领军于忠决定立即动手，诛死高肇，断绝后患，于忠便令卫士邢豹等潜伏在中书省中。于忠见高肇哭得差不多，便迎上前去，将高肇挽起，劝慰道："大将军节哀，圣上新崩，朝中诸多事端等待高大人处理，大臣们都在中书省等待高公，走吧，跟下官到中书省处理要事为重。"

说罢，连拉带扯地将高肇拉到中书省。高肇没有防备，便跟了去。刚入大门，于忠忽然大声喊道："卫士何在？"

高肇一惊，只见邢豹等从门内冲出来，直奔高肇。高肇急呼："于将军，为何要捉老夫？"

邢豹等不容高肇再喊，双手紧紧卡住他的喉咙，卫士们将其双手绑上，不得动弹。才过片刻，高肇喉噎气塞，邢豹用力一扼，只见他目出舌伸，立即毙命。这个曾经不可一世的权臣就这样结束了生命。于忠等假借皇上之名，写一道敕书，历数高肇之罪过，然后扬言，高肇畏罪自尽，高肇亲党并未追究，只是削去高肇官爵，准其以士礼入葬。次日，从侧门偷偷将高肇尸体送回高府，无人敢为其鸣冤，高氏势力从此瓦解。

高肇被诛，高太后彻底失去了依靠，终日惶恐不安，已成了胡太妃俎上之肉，随时都有生命危险。胡太妃当然不会放过自己的仇敌，她将于忠唤至身边，问道："高肇擅权乱政，是以太后为依靠，如今高肇罪恶满盈，自尽而亡，但其罪恶不应宽恕，尤其是他的幕后操纵者，更应问罪。于将军，你看如何处理？"

于忠自然明白太妃之意，奉承道："太妃所言极是。以臣之见，太后怂恿外党，扰乱朝纲，罪在不赦，应废黜处死。"

胡太妃卖弄地说道："于将军此言差矣，太后虽有罪过，但她毕竟是太后，怎能定以死罪呢？若那样，岂不让天下人笑我以怨报德，忘恩负义吗？听说太后笃信佛法，今应成全与她，让她出家为尼，徙居瑶光寺，若无特大庆典，不得入宫，岂不更好吗？"

于忠点头道："太妃仁慈，这真是两全其美之策。"

次日，下诏勒令高太后出家瑶光寺，除非特大庆典，不得入宫。高太后势单力孤，怎敢不依命而行？能活得性命，已是万幸，悔当初让皇上宠幸这个贱人，自己落到这种地步，也是报应啊！她带着悔恨，带着对皇宫的眷恋，依依不舍地告别生活多年的天堂，到瑶光寺削发为尼了。

二、登后位初次临朝

于忠是铲除高氏的大功臣，他居功自傲，内结胡太妃，外联宿卫，做了门下省的长官，专揽朝政，权倾一时。这就引起一些大臣的不满，一场新的政变正在酝酿。

发难者是尚书裴植、仆射郭祚。

裴植，字文远，河东闻喜（今属山西）人。少而好学，览综经史，尤长释典，善谈理义。仕南齐，世宗时归降，拜为大鸿胪卿。后迁为度支尚书，加金紫光禄大夫。尝怨怀才不遇，朝廷处之不高。及为尚书，意志颇满，欲以政事为己任，常对人言："非我须尚书，尚书亦须我。"

每议政事，言语尖刻，讥毁众官。世宗驾崩，于忠擅权，他大为不满，常出毁言，于忠对他恨之入骨，决定伺机除掉他。

郭祚，字季祐，太原晋阳（今山西太原）人。出于高门，孝文帝初，举秀才，拜中书博士。为官清勤，夙夜匪懈，孝文帝知赏之。累官至吏部尚书，并州大中正。世宗时，迁尚书右仆射。孝明帝即位，于忠恃宠骄恣，崔光之徒，曲躬承奉，郭祚心恶之，与尚书裴植商量对策，决定派儿子太尉从事中郎郭景尚到高阳王元雍府，劝高阳王出于忠到州。于忠闻而大怒，假传圣旨，令裴植与郭祚自尽。

于忠逼死两位大臣尚不满意，还要杀高阳王元雍，多亏侍中崔光多方劝阻，高阳王才免遭杀身之祸，削职归家，不令执政。这场政变流产了，朝权都集中到胡太妃及其心腹手中。

胡太妃见高氏已除，政局已稳，自己下一个目标便是登上太后宝座，成为六宫之主。自从入宫以来，自己寄人篱下，唯高皇后马首是瞻，整日提心吊胆，曲意逢迎，费尽心机，巧妙周旋，活得多么累啊！如今终于翻身解放，压在身上的大山被推翻，自己儿子为皇上，谁还敢约束自己呢？从今往后，完全可以无拘无束、为所欲为了。她不想一辈子做太妃，便将于忠召来，委婉地说道："太后被废，六宫无主，皇上幼小，何人调理后宫呢？"

于忠会意，说道："六宫归由太妃所管，太妃责无旁贷嘛！"

胡太妃道："我只是个太妃，名分较低，怎能合适管理后宫事宜呢？名不正则言不顺。"

于忠道："这有何难，高太后已废，太后位缺，明日臣禀明圣上，立太妃娘娘为太后，六宫不就有主了吗？"

说完，二人相视，会意而笑。

次日，皇上下诏，尊胡太妃为皇太后，居崇训宫，进于忠为尚书令，崔光为车骑大将军，刘腾为太仆，侯刚为侍中，以胡太后为中心的新权力机构形成。于忠自知威望不高，恐群臣不服，便极力怂恿大臣，劝胡太后以皇上幼小为名临朝称制。胡太后当然满心欢喜，她终于实现了自己的夙愿，为天子之母，母仪天下，并总揽朝政，君临天下了。

常言道："一人得道，鸡犬升天。"胡氏如今已为太后，光宗耀祖，怎会让家人默默无闻呢？她封父亲胡国珍为安定郡公，兼职侍中，赐予大量布帛棉谷奴婢车马等，追封其母皇甫氏为京兆郡君，置守冢十户。她还有个妹妹，嫁与江阳王继之子元叉为妻。江阳王继是道武帝拓跋珪的曾孙，袭封为江阳王。世宗时，为青州刺史，因强夺良家女为奴婢，被弹劾，削职夺爵。胡太后怎能让妹妹嫁与无名之家？遂下诏，恢复江阳王元继爵位，并进封元继为太保。妹夫元叉为通直散骑侍郎，妹妹为新平君，并拜为女侍中。

胡太后是个聪明伶俐的钗裙，喜欢读书，善于舞文弄墨，自从临朝听政以来，内外政事，不论大小，都要亲自裁决，随手批答，不容他人染指。处理事情随心所欲，一派小人得志之相，不纳谏言，缺乏审时度势的智思。胡太后初临朝时，尚自念摄政地位，称令行事，命君臣上书奏事时，称她为殿下。可不久，便改令为诏，居然以朕自称，命群臣改称其陛下，俨然以皇帝自居了。

胡太后不仅在政治上事必躬亲，随心所欲，生活中更是如此。她性格开朗，活泼善动，多才多艺，而且争强好胜，愿意出风头，爱显示自己。如她的箭法非常好，并十分喜爱射箭，技艺娴熟，游刃有余。她不愿埋没自己的才能，经常在群臣及侍从面前炫耀。

一次，胡太后与孝明帝临幸西林园法流堂，堂前是一个练兵场。看到练兵场上的靶位，突发奇想，对群臣道："朕今天心情好，与你们来一场射箭比赛，会射的要射，不会射的也要射，以射中多少决定赏罚。"

大臣都知道太后箭法好，哪敢在太后面前卖弄，但不射也不行，只好胡乱射。胡太后见大臣们射得歪歪扭扭，乐得前仰后合。她命人拿来弓箭，说道："你们看朕的。"

说罢，一箭射出，正中靶心。大臣们拍手叫绝，胡太后道："区区小技，不足为奇，来人哪，在靶心上立根针，针孔朝上，朕射给你们看看。"

大臣们私下议论着，太后真有那么高技艺吗？只见侍从将针插好，太后搭好弓箭，认真地瞄了会儿，一箭射去，正中针孔。大臣们山呼万岁，胡太后得意扬扬。高兴之余，她下令管库官抱出许多布帛，重赏左右。

还有一次，胡太后临幸阙口温泉，登上鸡头山，来了兴致，下令随从的文武百官比赛射箭。她从头上拔下一根象牙簪，作为目标，射中者有赏。大家都知道太后想炫耀自己，箭法再好，也不敢射中。胡太后见群臣均射不中，高兴地说道："看朕给你们射！"

说罢，搭弓一箭，正中象牙簪。随从文武鼓掌叫绝。胡太后更为得意，专门派一个侍臣，骑马举着象牙簪，跑遍山上山下，让群臣观看。

胡太后每有闲暇，便到御花园练习拉弓射箭，所以箭法之准，无人能比。以崔光为首的一些汉族士大夫看不惯太后所作所为，便不断上书胡太后，谏其遵守古之礼仪。崔光为此专门为胡太后收集古代有关妇女的文章，他上表道："孔子说：'士志于道，据于德，依于仁，游于艺。'艺就是礼、乐、书、数、射、御。前四项，男女均应修习，射、御则主要是男子修习的。臣收集了古代关于妇人的文章，望太后闲暇时披览，以免挟弓带箭而劳累身体。"

胡太后接过崔光所献之书和奏表，一笑置之，随后便束之高阁，照样我行我素，射箭不误。

胡太后是否出于少数民族，史书无明确记载，亦无从考证，或许是长期生活在少数民族之中，胡太后完全具备少数民族妇女的特征。

胡太后骑马、射箭、登山、宴游无所不好，与汉族妇女大家闺秀的那种温文尔雅，大门不出、二门不迈的风范，有着天壤之别。身为皇太后，她从不约束自己的言行，而是利用自己手中权力，放纵自己，任意胡为。

有一次，在嵩高山上，出现了一种非常奇怪的景观。在陡峭的山路上，走着一支长长的队伍，有坐轿，有步行，有男有女，个个汗流满面，却不敢停下，艰难地向上爬着，这是由胡太后率领的皇家队伍，登嵩高山祭天神。原来，胡太后在宫中觉得烦闷无聊，性情暴躁，众侍女及宦官都整日战战兢兢，生怕一时触怒这只"母老虎"。她们想尽各种方法，逗太后开心，都无效，胡太后的一个心腹太监对太后说："太后陛下，金秋季节，秋高气爽，正是登山郊游的好季节，太后为何不去登山游一游呢？"

胡太后龙颜大悦，赞同地说道："这倒是个好主意。但登哪座山呢？以什么名义去呢？要不然大臣又会说三道四的。"

太监答道："这有何难，自从圣上登基以来，尚无登山祭拜天神，主上年幼，太后何不替圣上代祭？至于登何山，以奴才之见，登嵩高山较为适合，那里景色秀美，离京都也近。"

太后听罢，觉得此主意甚好，便下令道："你速去传令夫人、九嫔、公主及文武百官立刻准备车马轿辇，三天后启程，朕要亲自登嵩高山，祭拜天神。"

北魏是少数民族政权，初入中原时，将拓跋鲜卑祭拜的各种神都搬到中原，各种庙宇，各路胡神，都有人祭拜供奉。而且少数民族习俗中，允许妇女参与各种祭祀活动。随着汉化加深，这种男女共祭、胡神繁杂现象日益不适合逐步加强的中央集权需要，它需要一种统一的神来代替诸胡神。于是，佛教渐渐代替诸神，但天神仍被保留下来。至于女性参与祭祀，引起汉族士大夫的反感，当时汉族老臣高允上奏世祖拓跋焘，废黜诸多杂寺，禁止妇女参加祭祀，以杜绝妇女利用祭祀活动，祈求非分之望。经过世祖到高祖元宏的不断汉化改革，诸胡神都被废弃，妇女亦不参与祭祀活动了。

其实，胡太后只是以祭祀天神为名，游山玩水而已。崔光见胡太后率如此众多之人游幸嵩高山，招摇示众，既浪费国家大量财富，又有失太后之威仪，便上表阻谏。

崔光虽说得条条是道，但胡太后志在游乐风光一番，哪里听得进崔光的谏言，那些嫔妃、宫女及大臣心中虽有千般不愿意，也无人敢言，只好乖乖地准备好，浩浩荡荡地出发了。

嵩高山即中岳嵩山，位于今河南省境内，景色秀美，但山路崎岖陡峭，男子上去，都要费一番苦力。后宫的嫔妃们虽然坐轿，但前俯后仰，颠簸异常。这些长年生活在深宫、养尊处优的娇美人，哪里受过此等磨难，个个心里恨得咬牙切齿，但惧于太后淫威，无人敢言。胡太后却欢天喜地，坐在轿上，兴致勃勃地欣赏着大自然的景象，并不时地下轿，徒步登山，与大臣们比赛，甚至拒绝侍女的搀扶。真是个精力充沛、活泼善动的女人。她极愿逞强，爱面子，不甘落后，直到山顶，她一直情绪饱满，毫无倦意，而众宫人及大臣早已累得东倒西歪、不成样子了。

宴游更是胡太后一大嗜好，经常带着侯刚等众多宦官、侍女到大臣家游幸，那些宗戚勋旧们为讨胡太后的欢心，大肆铺张，极尽豪华，来招待胡太后。太后一行人到处寻欢作乐，有时宴到夜半，才摆驾回宫。侍中崔光有些看不过去，遂谏道："《礼记》上说：'诸侯非问疾吊丧而入诸臣之家，是谓君臣为谑。'望太后简息游幸。"

　　可荡逸飞扬的胡太后素来随心所欲，哪里肯听崔光的谏言，深居简出呢？她恼恨崔光多事，愤愤地说："当初真不该重用崔光这个婆婆嘴，什么事都管！"

　　胡太后不仅爱玩，而且很有才华，诗赋做得很好，她也十分愿意在大臣面前炫耀，借此抬高自己。

　　有一次，胡太后带着幼主元翊到华林园游玩，在都亭曲水旁，宴集群臣。胡太后诗兴大发，下令王公以下各赋七言诗。她首先随口吟道："化光造物含气贞。"

　　吟罢，命幼主元翊续接。当时元翊只有七岁，读些诗书，他是个机灵鬼，为讨母亲欢心，思索片刻，续吟道："恭己无为仰慈英。"

　　太后闻听，面带喜色，手扶元翊的头说道："七龄幼主，能续接朕的诗句，且如此得体，也算是难得了。"

　　群臣齐呼万岁。太后又令群臣续吟，一时间，你一句，我一句，凑成一篇古诗，无非是颂扬太后母德，敷誉升平之词，讨得太后的欢心。胡太后听得心花怒放，舒服极了，喜不自胜，忙唤左右取出贮存的绢银，按品级大加赏赐。群臣受到太后厚赏，自然欢呼雀跃，盛赞太后美德，到处一片歌舞升平、群臣欢乐的景象。

　　胡太后执政后，她所面临的朝政已是岌岌可危，摆在她面前的是一副破烂不堪的乱摊子，内无贤臣，外无良将，官吏贪污腐败，经济凋敝，民不聊生，各族人民的反抗斗争此起彼伏，绵延不断，北魏的社会已走到崩溃的边缘。

　　此时朝中官吏已难觅清贤之人，当年辅佐世宗的贤臣良将如彭城王勰、王肃、宋弁等，都已谢世，所剩之臣唯知搜刮民财，哪知治理国家。上自朝廷权贵，下至地方长吏，无不疯狂掠夺搜刮人民，以致出现"饿虎将军"（元晖）、"饥鹰侍中"（卢昶）称号。其实，在北魏初期，官吏并不是不贪污，如太武帝拓跋焘时，大将公孙轨在上党（今山西长治），贪纵狼藉，"其初来，单马执鞭；返去，从车百两，载物而南"。官吏贪污情况十分严重，因为那时北魏政治制度尚不健全，官吏没有俸禄，大部分官吏以贪污为生。但北魏政权对贪污行为仍要给予制裁，而且执行得很严格。如明元帝拓跋嗣便派使者到州郡巡视，检阅守宰资财，如有出入，便定为赃货，予以治罪。献文帝拓跋弘规定，如官吏受贿羊一口、酒一斛者，罪至大辟，行贿之人亦论罪。孝文帝改革，实行官吏俸禄制，官吏再贪污，定以重罪。规定贪赃布一匹，枉法无多少皆死。并派使者巡行天下，处死贪赃枉法的守宰四十余人。官吏们望而生畏，贪污现象大有好转。

随着社会经济的发展、社会财富的丰富、统治政权的稳定，北魏统治集团开始门阀化，尤其是世宗元恪执政以来，他宽以摄下，法网松弛，政治开始腐败。胡太后临政，更是放纵臣僚进行大肆搜刮，"于是帝族王侯，外戚公主，擅山海之富，居川林之饶，争修园宅，互相竞夸。崇门丰室，洞户连房，飞馆生风，重楼起雾，高台芳榭，家家而筑，花林曲池，园园而有。莫不桃李夏绿，竹柏冬青"。如咸阳王元禧，有"姬妾数十""奴婢千数"；高阳王元雍，"僮仆六千，妓女五百"；河间王元琛，有"妓女三百人"。整个统治集团已经腐化。他们为满足享乐生活的需要，不仅"田业盐铁，遍于远近，臣吏僮仆，相继经营""舟车之利，水陆无遗；山泽之饶，所在固护"，而且卖官鬻爵，贿赂公行。地方官员更是聚敛无极。当时户调绢每匹规定长四丈，可扬州刺史奚康生向人民征收户绢时，却每匹要长七八十尺，方肯收纳。租米也是如此，一大斗合三小斗，大斗入，小斗出。孝文帝时实行的均田制已遭到严重破坏，土地兼并日益严重。如大族李显甫，率领宗族数千家占垦殷州西山周围五六十里地；华州刺史杨播，以"借"的名义大肆强占民田，他弟弟杨椿在侵夺民田的同时，还盗占牧田达三万四千亩。

不仅贵族地主如此，就是寺院僧侣地主也不甘落后。北魏大兴佛教，广大人民不堪忍受胡汉贵族地主的盘剥，纷纷出家为僧尼。然而，佛门亦非净土、世外桃源，寺院中僧侣地主更是贪得无厌，他们利用"僧祇粟"去进行高利贷剥削。那些为逃避政府徭役赋税而出家的僧祇户，生活更是苦不堪言。

在僧俗地主侵逼盘剥下，广大劳动人民流离失所，不得不铤而走险。就在胡太后执政的前夕，即延昌四年（515年），北魏爆发较大规模的起义，即冀州沙门僧法庆领导的农民起义。

起义发生在冀州，基本群众是受寺院剥削的僧众和农民。他们宣布"新佛出世，除去旧魔"，到处毁灭寺院，焚烧经像，称"杀一人者为一柱菩萨"，杀死不少僧侣、官吏、地主。北魏军队人无斗志，被起义军打得狼狈不堪。后来统治者用镇压加分化的手段，才将起义镇压下去。

胡太后正是在北魏朝政每况愈下时，开始她的政治生涯，接管了北魏政权。她没有回天之力，没有扶北魏大厦于将倾，而是将它推向死亡的深渊。她对朝中腐败现象不加以治理，而是听之任之，甚至是怂恿，不做任何挽救朝政的努力，实行任何治理措施，而只是做些表面文章，旨在笼络人心。

延昌四年（515 年）九月，刚刚执政的胡太后为了显示自己求才若渴，爱民如子，下过一道诏令。不过，诏令完全是一篇安民告示，没有一点儿实际内容，足见胡太后在政治上的无能。

在胡太后初次临朝的五年里，除政权内部争权夺利斗争外，还有三大问题交叉侵逼，深令胡太后头痛，那就是天灾、南北朝之间的战争和人民的反抗斗争。

胡太后笃信佛法，然而佛祖并不保佑她，严重的水旱灾荒经常发生，至于一两州闹饥荒或者水旱损害禾稼，几乎年年都有。如熙平元年（516 年），瀛州闹饥荒，胡太后令官吏开仓赈恤。

她不采取发展社会生产的办法解救灾民，只下个罪己诏，做做样子，以示对灾民的关心。天灾却不留情，熙平二年（517 年），又发生了幽、冀、沧、瀛四州大面积的饥荒，光州亦出灾情。胡太后只好派尚书长孙稚、兼尚书邓羡、元纂等去灾区巡抚百姓，开仓赈恤，防止发生民变。正光元年（520 年），灾情又现。

这些天灾使广大人民流离失所，背井离乡，加深了北魏的社会矛盾，人民不断铤而走险，奋起反抗。在胡太后执政的五年内，每年都有民众起义。延昌四年（515 年）法庆起义；熙平二年（517 年）法庆余部再次起义，攻打瀛州。神龟元年（518 年）正月，秦州羌族人民起来反抗；三月，南秦州氐族人民起来反抗；七月，河州羌民却铁忽聚众起义，自称水池王。神龟二年（519 年），瀛州百姓刘宣民欲起兵反抗，未遂。这些各民族人民的反抗斗争规模虽小，但对以胡太后为首的统治集团的震慑是不小的，这也是为大规模的人民起义做准备，不断加速着北魏政权的灭亡。

南北朝间的战争是北魏政治统治的重要部分。孝文帝迁都洛阳后，由于洛阳在黄河以南，要巩固河南的防务，必须夺取南朝长江以北的土地，因此不断南侵。交战地点，西在宛、邓，中在义阳，东在淮上。北魏统治者无论是想扩大领土，还是保护领土，都必须与南朝作战。孝文帝便累死于南伐中。到胡太后执政时期，南北朝间的战争亦是连年不断，不过战争对象已不是孝文帝时期的萧齐政权，而是萧衍建立的南梁政权，双方主要争夺之地便是淮河流域。

寿阳（今安徽寿县）位于淮河南岸，是南北交通的要冲，也是淮南重要的军事重镇。北魏世宗景明元年（500 年），萧齐将领裴叔业以寿阳降魏，北魏便在淮南有了重要战略据点，这就严重地威胁了南朝政权的安全。所以萧衍建梁后，志在与北魏争夺寿阳，战争便围绕寿阳展开。

世宗延昌二年（513 年）五月，寿阳发大水，大水淹没了城内庐舍。当时镇守寿阳的是大将李崇，他率领士兵驻在城墙之上，大水离城头只有两块墙板的距离而已，且天雨不止，水位不断上涨。将佐皆劝李崇放弃寿阳，屯驻北山。李崇不肯，慨然道："我忝守藩岳，德薄致灾，淮南万里，系诸我身，我一动足，百姓瓦解，此城恐非我有了！但士民无辜，不忍令他同死，可结筏随高，各使自脱，决与此城俱没，幸勿多言。"

治中裴绚率众离开寿阳，南投梁将马仙琕。后水势渐退，李崇保住寿阳。这一次大水，给南梁一个启示，梁将王足献策梁武帝萧衍道："陛下，此番大水险令寿阳淹没，我们何不在淮水之上修筑堰堤，堵住淮水，令其倒灌寿阳，我们便可乘势取之。"

梁武帝听罢，连连点头称赞道："此计甚妙！"

遂遣材官将军祖暅、水工陈承伯等，相地筑堰，征发淮、扬地区的兵民，充当工役。命太子右卫率康绚督率淮上各军，看护堰堤。此堰南起浮山，北抵巉石，依岸培土，合脊中流，动用民工二十余万众。此堰从梁天监十三年（北魏延昌三年，514 年）仲冬开始，一直修到次年孟夏，才草草告成。不料一场暴风雨，水势暴涨，澎湃奔腾，顷刻之间，竟将辛辛苦苦筑成的堤堰，冲毁殆尽。梁武帝尚不甘心，还想复修，有人建议道："淮河堤岸，地质未固，堆沙筑堰，难以成功，应另想办法。"

有的大臣对武帝说："这都是蛟龙在作祟，蛟龙乘暴风雨而来，破坏了堰堤。听说蛟龙最怕铁，可将铁沉入水中，可免被水冲损。"

梁武帝觉得有道理，便下诏采运东西冶铁，达数千万斤，沉到水中，仍不起作用。此法不行，又想一法，伐树为井干，填以巨石，上加厚土，沿淮河百里内，木石无论巨细，都如数取至。那些负责运输的兵民朝夕负担，肩头都磨穿了，再加上夏日酷热，蝇蚋叮咬，都已溃烂腐坏，臭不可闻。可怜那些充劳役的民工，更是苦不堪言，死亡相踵。好容易熬过酷夏，但转眼便是寒冬，也许天公故意肆虐，天出奇的冷，朔风凛冽，民工的手足都冻僵了，兵民死于浮山堰者达十之七八，真是淮河地区人民的巨大灾难。

北魏延昌四年（515年，梁天监十四年），浮山堰尚未完工，胡太后夺取朝政，便遣平南将军杨大眼屯驻荆山，争夺淮堰。梁武帝先发制人，丞派左游击将军赵祖悦袭据魏境硖石，进逼寿阳。胡太后忙假定州刺史崔亮旌节，为镇南将军，出攻硖石。又派萧宝夤为镇东将军，进攻淮堰。梁将赵祖悦闻知崔亮来攻，出城迎战，被崔亮打败，退回城中拒守。崔亮约李崇共击赵祖悦，李崇不听调度，致使崔亮围硖石数月，仍未攻下。

胡太后见崔亮久攻硖石不下，知道必是诸将不和所致，特遣吏部尚书李平，任镇军大将军，兼尚书右仆射，率步骑二千，直抵寿阳，别为行台，节度诸军，如不听令，军法从事。李平一到寿阳，便督谕李崇，调发水陆各军，助崔亮攻打硖石，一面派萧宝夤进攻淮堰。李平亲自到硖石督阵，攻克硖石，斩梁将赵祖悦。李平又率军进攻浮山堰，援助萧宝夤。崔亮因李崇前时不出兵相助，而李平又是崇之从弟，心怀怨恨，不愿受其节制，便假装有病，带着部曲，返回京都。李平十分气恼，上奏胡太后，要求胡太后处亮以死刑。崔亮乃胡太后宠爱之臣，焉能处死？下诏令其立功补过。李平怏怏不乐，不再进攻浮山堰，索性全军退还，一次兴师动众的战争就这样不了了之了。

诸将还朝，胡太后要论功加封，晋李崇为骠骑将军，加开府仪同三司，李平为尚书右仆射，崔亮也晋为镇北将军。李平不服，到殿前争论崔亮的罪过，亮也申斥李平排斥异己，双方争得不可开交。胡太后亲自出面调解，改亮为殿中尚书，双方争执才平息，可见此时北魏朝政已混乱到何种程度！

诸将回京，萧宝夤尚留在淮北，梁武帝萧衍致书，劝其降梁。宝夤不肯，将书信陈报朝廷，胡太后下诏，大大嘉奖他，令其静守边防。

魏军退后，梁人继续修堰。天监十五年（516年）四月，淮堰筑成，长约九里，上阔四十五丈，下阔一百四十丈，高二十丈，中间杂种杞柳，并设有军垒。淮河之水被堵，水位日益高涨，李崇在硖石戍间筑桥通水，又在八公山东南修筑魏昌城，作为寿阳城保障。寿阳居民都移居高处，旧有的庐舍冢墓，多被淹没，怨声载道，决心同仇敌忾，誓死守境。

胡太后见寿阳被淹，十分焦急，更授任城王元澄为上将军，都督南讨诸军事，将东下徐州，大举进攻淮堰。尚书右仆射李平进谏道："太后陛下，休要焦虑，淮堰不会长久，无用多时，必被大水毁坏，何须兵力。"

胡太后将信将疑，命任城王暂缓进程，等待秋天汛期消息。

秋季汛期来临，淮水暴涨。九月，梁辛苦修建三年之久的淮堰崩溃，声如雷吼，震动三百里左右。沿淮水的城镇及村落都被冲毁，十多万军民漂流入海，被大水吞没，连尸骨都无着落，这是多么大的灾难啊！胡太后闻讯后，高兴得手舞足蹈，她哪里管百姓死活，认为从此南边境便可太平无事，自己可以放心享乐了。她大赏李平，认为他有先见之明。而梁武帝见自己人财两空，十分懊恼，渐渐自怨自艾，笃信佛教了。从此后，北魏与梁进入休战阶段，基本上是相安无事了。

三、任性胡为埋隐患

胡太后临朝后，事必躬亲，令人造申讼车，以便随时驾驭。有时，她亲自

227

随申讼车出游，出云龙门，进千秋门，招摇过市，遇有吏民诉讼喊冤，当时审判，不能决断的，才肯交付给有关衙署处理。凡州郡荐举的孝廉秀才，及一切下属小吏，都得由胡太后亲御朝堂，临轩发策，并且亲览试卷，评定甲乙。事无巨细，均得亲自处理。然而，胡太后虽然聪明有才华，但她的政治才能很有限，与她的曾祖婆母冯太后相比，有着天壤之别。

北魏王朝素有"女国"之称，妇女地位较高，皇后参与政事更为平常。冯太后执掌北魏朝政达十四年之久，是我国古代历史上杰出的女政治家、改革家。她执政时期，孙子高祖孝文帝元宏年幼，她与群臣合力，进行北魏历史上著名的孝文改革，虽此改革后期是由孝文帝实行的，但前期的改革应归功于冯太后，她将北魏王朝推向兴盛之巅。

胡太后没有强硬的政治手腕和措施，任人唯亲、培植群小，对侯刚、于忠等奸佞之人怂恿，任其胡作非为。

于忠为尚书令，专擅朝政，引起群臣不满。胡太后亦有察觉。一次，胡太后将门下省侍官召入宫内，问道："众位大臣，朕今召集你们，有一事相问，要如实回禀，不得虚言。众位以为尚书令于忠在朝中声望如何？"

太后突出此言，众臣莫名其妙，半晌无人答话，都在猜测太后的意图。众所周知，于忠乃太后心上红人，为何太后说出此言，难道太后对于忠有不满意之处吗？太后见众人不言，催促道："这有何难言？据实禀来。"

众人见太后强调据实汇报，便俱言于忠未能称职。胡太后领首会意，遂出于忠为征北大将军，领冀州刺史。

高阳王元雍素与于忠有旧怨，亦想借机铲除于忠，遂上表自劾道："臣初入西柏堂，每见于忠专恣，欲加裁抑，忠反欲矫诏杀臣，幸由同僚坚拒，始得免死，自思才疏学浅，无功受禄，辜负圣恩，愿返私门，终身为民。"

胡太后见高阳王此意是激她除掉于忠，她怎能下此决心除掉自己的功臣呢？她思谋良久，仍不忍论罪，便采用折中办法，下诏宽慰高阳王一番，并重用他为太师，来平息这场风波。后来，于忠病死于位，朝中群臣颇称快意，独太后忧闷不乐。关于谥号问题，礼官有所争议，太常少卿元端道："于忠刚直猛暴，专权好杀，按谥法刚强理直曰'武'，怙威肆行曰'丑'，应谥'武丑公'。"

太常卿元修义见胡太后脸有戚容，心领神会，便不同意元端之说，争辩道："于忠尽心奉上，翦除凶逆，依谥法除伪宁真曰'武'，夙夜恭事曰'敬'，谥'武敬公'较为适合。"

胡太后点头称是，赐谥于忠武敬，并厚赠葬品。这足见胡太后对于忠的袒护与厚爱。

熙平元年（516年），侍中侯刚掠杀羽林军，被御史中尉元匡弹劾。胡太后下诏，令廷尉议处。廷尉认为侯刚擅自杀戮，应处以大辟（砍头）。胡太后哪里舍得处死自己心腹之臣，犹豫再三，迟迟不肯御批。尚书令任城王明其意图，为侯刚求情道："太后陛下，侯刚历仕前朝，事有可取，纤芥之疵，未宜处死，望陛下网开一面，令其戴罪立功，报效朝廷。"

此言正中胡太后下怀，她会意道："事应如此，朕与廷尉诸卿重新商讨，再行定夺。"

遂在宣光殿召见廷尉卿裴延俊、少卿袁翻。胡太后对二人道："以朕之见，侯刚之事处理不妥，侯刚因公事掠人，邂逅（意外）致死，律文不当坐，卿处以大辟，究竟是根据何种律文呢？"

裴俊见太后为侯刚辩护，便知趣地不再言语。而少卿袁翻却刚直不阿，极力辩驳道："陛下此言差矣。按律邂逅不坐者，是指事情已经显露，而犯人拒不交代，必须严刑拷打，取其供言，若意外致死，按律不坐。至于此案，犯人已经招供自首，正宜依法结案，不应施以酷刑。而侯刚大用酷刑，本有杀心，事非意外，故应处以大辟，以正刑典。"

胡太后见袁翻说得有依有据，一时不易驳倒，便对袁翻道："卿等先回府，朕自有判决。"

次日，胡太后下令曰："廷尉执处侯刚，于法如猛。刚既意在为公，未宜便依所执。但轻剿民命，理无全舍，可削封三百户，解尝食典御。"

这桩草菅人命的大事，就这样被胡太后不了了之了，她依仗自己的权力，袒护亲信违法胡为，朝廷政治，安能清明？像侯刚这样的势利小人，因善于烹饪而被宠幸，充尝食典御达三十年，此时虽被撤职，然仍出入宫廷，参与朝政。不久，胡太后便拜其为御史中尉，常侍、卫尉如故。朝野大臣对此愤愤不平，却只敢怒不敢言而已。

胡太后以皇帝自居，不放过任何表演的机遇，甚至岁末祭祀宗庙之事，她也要代替皇帝去做。延昌四年（515年），即胡太后临朝称制第一年的十二月，按旧礼，到岁末，皇帝要祭祀宗庙，依例当由皇上亲祭。胡太后觉得此等事情应由自己亲自去做，便召集众礼官及博士，商议此事。胡太后试探地问道："皇上年幼，未能亲祭，朕欲代圣上行祭礼，众爱卿以为如何？"

礼官道："太后代圣上行祭礼，有违礼制，且宗庙之内，不得妇女入内。"

胡太后不甘心，说道："朕可以用帏幔围住，看看三公行事便可。"

礼官和博士们不同意，胡太后看看大臣们，问道："难道历史上就没有代行祭礼之事吗？"

侍中崔光上前一步奏道："昔日汉和帝（东汉刘肇）皇后邓氏曾代替和帝祭祀过宗庙，太后代圣上祭祀，又有何不可呢？"

礼官们见崔光找出依据，无话可说。太后大悦，便饬令侍卫备齐全副仪仗，亲临宗庙，摄行祭祀。

胡太后不仅代替皇上祭祀宗庙，而且还代替皇上改葬自己的婆母。

世宗元恪的亲生母亲，即肃宗的祖母高氏，是司徒公高肇的妹妹，生世宗，被孝文帝元宏的继皇后冯氏毒死。世宗元恪登基后，追尊为孝文昭皇后。原葬于洛阳城西长陵东南，因山起陵，号终宁陵。此时欲迁陵改葬，与高祖孝文帝合葬。

按传统礼制，葬礼中应该由高氏的嫡孙做丧主，主持葬礼。胡太后却要代君行事，下诏道："文昭皇太后尊配高祖，祔庙定号，促令迁奉，自终及始，太后当主，可更上尊号称太皇太后，以同汉晋之典，正姑妇之礼。庙号如旧。"

胡太后不仅要亲自管政治上及与政治有关联的事，就是大臣的家务事，她也要插手。

兰陵长公主，世宗元恪的二姐，胡太后的姑婆，嫁与太傅刘昶子刘辉为妻。这桩婚姻当然是北魏政治的产物。刘昶，字休道，是刘宋文帝刘义隆第九子，因前废帝刘子业欲害之，遂于北魏文成帝和平六年（465年）降于北魏。北魏给予重用。为了笼络南朝北投的汉族士人，尤其是南方名门望族、宗室之亲，北魏统治者将宗室之女嫁与他们，结成姻亲。如刘昶便先后纳娶北魏武邑公主、建兴公主和平阳公主。尤其是孝文帝改制以后，提倡鲜汉通婚，他带头娶汉族大族之女，像刘昶这样的帝王之家、名门之后，更是北魏宗室之女联姻的主要对象，因为两家门当户对，这也是北魏门阀制度在婚姻上的要求与反映。所以，刘昶后代亦娶公主为妻。如刘昶嫡子承绪，尚高祖妹彭城长公主，刘辉尚兰陵长公主。

兰陵长公主自幼长在后宫，在后宫众嫔妃钩心斗角、争风吃醋的作风熏染下，也形成刁蛮任性、酷虐严妒的性格。嫁与刘辉后，自倚皇上之女，金枝玉叶，胡作非为，不守妇道，肆虐仆人。刘辉曾私幸侍婢，侍婢身怀有孕，被兰陵公主发现。公主醋性大发，恼怒万分，令人将怀孕侍婢剖腹，将婴儿肢解，又将草装于侍婢腹中，赤身裸体地摆到刘辉面前，令人惨不忍睹。刘辉愤恨已极，但又无可奈何，不敢责骂公主，只好采取消极的办法，疏远公主，分床而居。

兰陵公主见惹恼夫君，自己独守空房，非常伤心与寂寞，遂将此事说与姐姐。她姐姐因入朝听讲佛经，便把此事说与胡太后。胡太后倒也古道热肠，见自己姑婆如此不幸，怎能不管？她下令她的情人清河王元怿亲自查问此事。清河王怿与高阳王雍、广平王怀详细调查后，禀明太后。清河王道："刘辉与公主如此不和，已无夫妻之情，为救公主于不幸，请太后准其离婚，削夺刘辉封位。"

胡太后亦想为姑婆出口气，便下诏令其离婚，并将公主接回宫中居住。

在北魏，由于社会长期分裂与动荡，儒家封建礼教被打破，对人们行为的束缚日益减弱，再加上北魏是少数民族建立的政权，少数民族的生活习俗带入中原，所以北魏妇女地位较高，生活比较自由。她们在婚姻上可以自己选择婚嫁对象，可以离婚，甚至已婚妇女不贞，偷情比比皆是。上至太后，下到平民，离婚、偷情不绝于史书。

　　兰陵公主虽一时气恼，与刘辉离婚，但在宫中居住，寂寞难耐，便又想起丈夫的种种好处来。她不便亲口向太后提起，便求太后面前红人高阳王雍与刘腾前去为其求情。刘辉也因离婚失去封位而感到后悔，求高阳王雍与刘腾为他向太后求情，胡太后恐刘辉恶习不改，不顾二人的请托，没有答应。兰陵公主与刘辉都不死心，多次求人向太后求情，胡太后见二人如此执着，便答应二人可以复婚。

　　兰陵公主在宫中住了一年多，与胡太后感情很好。临行前，胡太后流泪将公主送出宫门，并叮嘱道："此番回去，要恪守妇道，善待夫君与仆人，不能再生事端，否则我再也不管了。"

　　公主回去后，夫妻二人和美地过了一段日子。但好景不长，刘辉恶习难改，又与张、陈二女私通，淫乱更甚，公主也毫不忍让，二人大打出手，刘辉将公主从床上推下，拳脚相加。时公主已身怀有孕，流产而亡。刘辉见公主被打死，畏惧潜逃。胡太后闻讯后，命清河王处理此事，将陈、张二女髡笞付官，兄弟皆受鞭刑，发配敦煌为兵。

　　公主出丧之日，胡太后恸哭不已，举哀太极东堂，出葬城西，太后亲送数里，尽哀而还。她悲痛地对侍中崔光说："朕之所以伤心，是因为公主被刘辉殴打已非一次，她隐瞒不言与朕，才有今日之事。朕真悔不该令其复婚！"

　　后刘辉在河内温县被捉，幽于司州，太后判其死刑，以为公主报仇。正赶上大赦，刘辉死里逃生，得到赦免。

　　胡太后就是这样精力充沛，事必躬亲。然这并非治国之道，常言道："智者千虑，必有一失。"一个人的智慧终不如群策群力，胡太后若能重用人才，即使高枕而卧，也不会有后来的亡国之忧。

第四章

兴寺庙笃信佛法
尽荒唐叔嫂偷情

一、笃信佛法兴佛寺

胡太后执政时期，正是北魏佛教发展的鼎盛时期。太后本人笃信佛法，大造佛寺，极大地耗费着北魏政权的人力和财力，加速了北魏政权的灭亡。

前文提到胡太后有一姑母，出家为尼，好谈佛事，精通佛理，是洛阳城内著名的尼姑，常出入禁中，为皇后、嫔妃及公主、夫人等讲经布法。太后自幼与姑母共处，姑母很喜欢自己这位聪明伶俐的小侄女，便经常给她讲些佛法。天长日久，耳濡目染，太后渐渐喜爱佛理，成为一个虔诚的佛教徒。

胡太后称制执政后，因略通佛义，崇奉佛教，广建佛寺。熙平年间（516—517 年），她特地令人在城内太社西建起佛教史上最为辉煌的佛寺——永宁寺。初建时，胡太后亲自率领百官表基立刹。永宁寺有僧房楼观大小一千余间。寺内有九级浮屠（塔），均用木制，高九十丈，佛塔上有柱，高十丈，共一百丈。上有金宝瓶，能容二十五石。宝瓶下有承露盘三十重，周围悬有金铃铎，大小如坛子，上下共有一百二十个。每当夜深人静之时，铃铎被风一吹，声韵铿锵，声传十里之外。所有佛殿僧房，尽是珠玉锦绣装饰而成，五光十色，金碧辉煌。浮屠北面有座佛殿，供奉一尊丈八的金像，三尊绣珠像，五尊金织像，两尊玉像，制作十分奇巧。自从佛教传入中国，寺刹从未有这般林立，这般华丽。待佛寺落成之时，胡太后率领王公大臣、命妇、夫人等，前去烧香礼佛，自信自己如此虔诚，佛祖定赐福予她，令她福如东海，寿比南山。京城内外，僧尼士女，争相效尤，都入寺瞻仰膜拜，络绎不绝，不下十万人。

太后如此笃信佛法，上行下效，一时间，京城内外，全国各地，遍地修建寺院。善男信女，不法之徒，为了信仰，为了逃避赋税，纷纷出家为僧尼。据统计，北魏肃宗神龟元年（518）洛阳城内有佛寺五百所；到孝武帝永熙三年（534 年），竟激增到一千三百六十七所。各州郡佛寺，更是遍地开花，此时已有三万多所，僧尼多到二百万人。

在洛阳南面的伊阙（山名，又名阙塞山、龙门山。因两山相对如阙门，伊水流经其间，故名），山崖峭拔，北魏皇帝在这里为他们的父母凿石造像，营建了三个巨大石窟，即伊阙石窟，亦称龙门石窟。最早二窟始建于世宗景明元年（500年），是世宗为高祖孝文帝和文昭皇太后修建的。永平年间（508—512年），中尹刘腾上奏，为世宗元恪复建一窟。三窟直至正光四年（523年）才完工，用了八十多万人工，持续建了二十四年。熙平二年（517年），胡太后率群臣临幸伊阙石窟，以示她对佛之虔诚和对此事之重视。

佛寺激增，劳动力大量出家，如同洪水猛兽，吞噬着北魏政权的机体，引起一些有识之士的恐慌与不安。他们对太后佞佛指出谏言，提出了大兴佛法之危害。

李玚，字琚罗，赵郡（治今河北邯郸）人。北魏相州刺史、赵郡公李安世之子，出于名门望族，累世高官。玚博涉经史，颇有文才，并且气尚豪爽，公强当世。延昌末年，累官司徒长、主簿，见当时"民多绝户而为沙门"，玚上书胡太后，措辞激烈，斥佛教为"鬼教"，激怒了沙门都统僧暹。他急忙求见胡太后，哭泣着对太后说："太后陛下，李玚口出狂言，谤毁佛理，称佛教为'鬼教'，这是对佛祖之不尊，对僧尼之污辱，望陛下为贫僧做主，讨还公道。"

胡太后自己笃信佛法，对李玚之词自然反感，她召来李玚，质问道："李卿何故轻毁佛法，视佛教为'鬼教'呢？"

李玚见太后责怪自己，便理辩道："臣本想清明佛法，使道俗兼通，非敢捐弃真学，妄出毁言。况且鬼神之名，皆是灵达之称，百代正典，叙三皇五帝，皆号为鬼，天地曰神祇，人死曰鬼。《礼》曰：'明则有礼乐，幽则有鬼神。'因此明者为堂堂，幽者为鬼教。佛非天非地，本出于人，应世导俗，其道义幽深隐讳，故名之为鬼，非愚臣诽谤。"

李玚振振有词、引经据典地理辩，胡太后一时难以被说服，亦知李玚并无恶意，为息事宁人，安慰僧暹，下令道："李玚休得狡辩，对佛法不尊，理应重处于你，但朕念你本无恶意，处罚黄金一两。"

胡太后就这样袒护僧尼，捍卫佛法。但面对佛教之害，众臣不甘寂寞，仍纷纷上书。如崔光有《谏灵太后（胡太后）登永宁寺九层佛屠表》。神龟二年（519年），胡太后率群臣临幸永宁寺，太后兴致很高，亲自登上九层浮屠。回朝后，崔光上表，劝谏太后身为人主，不可轻举妄动，否则上行下效，无法制止。

李崇也在《灭佛寺功材以修学校表》中指出：

> 宜罢尚方雕靡之作，颇省永宁土木之工，并减瑶光瓦材之力，兼分石窟镌琢之劳，及诸事役非急者。

神龟元年（518年），司空公、尚书令任城王元澄奏请严禁私建寺庙广占田宅。

胡太后准奏，然而佛教泛滥现象并未因此而减。到北魏末年，所在编户之民相与入道，假借沙门，逃避调役，猥滥之极，自中国有佛法以来，未曾有过。这与当政的胡太后笃信佛法、提倡佛教、大兴寺庙是分不开的。胡太后从内心深处便不想禁止佛法的繁盛，故虽屡下诏令，仍无改观。

二、厚葬父毒死高后

熙平三年（518年），有人向胡太后进献一只奇龟，龟背纹线呈五彩色，并且龟足较普通的龟多出几只。胡太后视作神奇之物，思为长治久安之吉兆，遂下诏改年号为神龟，大赦天下，宴集群臣。

然而，神龟并未给胡太后带来多少好运，改元后的第二个月，即神龟元年（518年）四月，她的父亲司徒安定公胡国珍病死。

胡太后是一孝顺之女，对父亲情深义重。胡国珍病笃期间，太后归省回府，亲自服侍父亲，端汤喂药，衣不解带，人渐消瘦。国珍临死前，拉着太后的手，嘱咐道："你身为天子之母，君临天下，要善待圣上，母子同心，治理好天下，以民为重，不要放纵臣下，任其胡作非为。"

说罢，又唤来儿子胡详，交给胡太后，并恳求道："详乃我唯一一子，我死后，你不要对他像以前那样刻薄，你们姐弟要相亲友爱，不要反目成仇。你弟弟年少，你要多照顾他。"

千叮咛，万嘱咐，胡太后泪流满面，哽咽着说："父亲，您尽管安心，今后女儿定会善待弟弟，照顾好他，您就静养休息吧。"

胡国珍又昏迷过去，胡太后令人为父亲准备后事。但父亲百年之后，葬于何处呢？在父亲健朗时，每当谈起死后安葬地时，胡国珍就流露出要归葬故里之意。但自从高祖孝文帝迁都洛城以来，代北鲜卑及各方少数民族迁居洛阳的人一律葬于洛阳城北的北邙山，明令规定，不得归葬故里。无论帝王贵族还是普通士庶、平民，均葬此地，并将其籍贯一律改为洛阳。后代唐朝诗人王建作《北邙行》，便有：

北邙山头少闲土，尽是洛阳人旧墓。

胡国珍见皇帝诸王都安葬于洛，不便说出归葬故里之意。一次，胡太后带领崔光等大臣回府宴游，闲谈之中，又提及此事。崔光当着太后面问胡国珍道："胡公万年后将在此安厝，还是回归长安？"

胡国珍犹豫片刻，说道："当然在此安厝，臣下应陪葬天子山陵。"

胡太后知道父亲言不由衷，趁父亲归天之前，必须问明此事。她在父亲耳边轻轻呼唤父亲，良久，胡国珍才慢慢睁开眼睛，胡太后急问道："父亲，您若百年后，愿意何处安葬？"

胡国珍气息微弱地说："父死之后，愿就你祖父西葬安定故里。"

说罢，又闭上了眼睛，从此告别人世。

胡太后厚葬父亲，因父亲生前雅敬佛法，下诏自始薨至七七，皆为设千僧斋，令七人出家；百日设万人斋，二七人出家。及下葬之时，胡太后与清河王元怿、崔光商议安葬地，胡太后道："父亲临终遗言，欲归葬安定，二位以为如何？"

崔光道："此乃司徒公病笃，神志昏乱之言，不足为信，太后陛下难道忘了司徒公先言吗？"

清河王元怿亦道："自高祖以来，前世诸公悉葬洛阳，太后若归葬司徒公，有违祖训，且影响颇坏。人死之后，入土为安，还是从崔公之言，不要远葬安定了。"

胡太后思虑再三，点头道："好吧，就按二位意见办。"

胡太后虽表面同意元怿与崔光意见，但内心深处很惭愧，耳畔不时响起父亲临终之言，常叹息道："我父远慕二亲，就像我思念父母一样啊！"

太后下诏，追尊胡国珍为相国、太师，号太上秦公，加九锡。并迎太后母皇甫氏灵柩，同墓合葬，称为太上秦孝穆君。

对于太后赠胡国珍夫妇称号问题，引起朝臣们的议论，首先提出反对意见的是谏议大夫张普惠。

张普惠，字洪赈，常山九门（治今河北正定）人。专心坟典，精通文史，尤长《三礼》《春秋》及百家之说，博学多才。为人率直，敢于据理力争，犯颜直谏。累官为谏议大夫。他认为，前世后父无"太上"之号，不合情理，不符典制。"太上"之称，不应施之于臣。他上奏表道：

> 臣观陛下诏书，以司徒为太上秦公，夫人为太上秦君，夫人蒙号于前，司徒系之于后，为之不妥。且皇上之父尊为"太上皇"，司徒位尊属重，但毕竟为人臣，安能以"太上"称之？

胡太后看过奏表后，亲至国珍府，召集王公、八座、卿尹及五品以上，博议其事。王公大臣明知此号不当，但畏太后之威，何人敢反对？众人为取悦太后，与张普惠进行辩论。

任城王澄首先发难，问张普惠道："汉高祖做皇帝，尊父为太上皇。如今圣母临朝，赠父太上公，与汉高祖有何区别？"

张普惠辩道："天子称诏，太后称令，安可相比？"

接着，清河王怿、御史中尉元匡、尚书崔亮、廷尉少卿均为太后辩护，张普惠引经据典，旁征博引，驳得群臣哑口无言。但这只是徒费口舌，胡太后一意孤行，安肯收回成命？此事便不了了之。

对于太后之弟胡详之事，太后牢记在心。昔日弟弟年少，顽皮嬉戏，不务正业，太后对他时加威训，略显苛刻。胡国珍放心不下，故临终嘱托胡太后，要善待胡详。

胡详，字元吉，是胡国珍与赵平君所生之子。胡国珍与太后之母皇甫氏无男孩，曾养兄真之子僧洗为子，后娶赵平君，生详。详与太后乃同父异母姐弟。胡国珍死后，胡详袭封。依例，世袭封位都要减邑，但胡太后为了父亲的嘱托，表示对弟弟之爱，令详独得全封。详历位殿中尚书、中书监、侍中，足见太后对之照顾与关心。

过了几个月，天象有变，出现月食。月食本为自然界的一种正常现象，是地球运行到月亮和太阳的中间时，太阳的光正好被地球挡住，不能射到月亮上去，致使月亮上出现黑影。然而，在科学不发达的古代社会，月食被视为不吉之兆。按五行之说，日为阳，月为阴，月食意味着将有灾难降临在女人身上。胡太后十分恐慌，身为一国之主的女人，更怕上天降罪于自己，她冥思苦想，找到一个替身，那就是被废出家的高太后。

高太后被废后，出家为尼，居于瑶光佛寺，若非大节庆，不得入宫，实际上就是被胡太后软禁在佛寺中。前几日，高氏上奏胡太后，求太后开恩，允许她回府探视母亲。适值太后心情愉快，便批准高氏所奏。高氏便回府看望老母武邑君。万没料到，天文有变，高氏心有惊悸，急忙返回瑶光寺。胡太后恐高氏对己不利，便想利用月食之机，除掉高氏，因为高氏的存在，终究是她的一块心病。

神龟元年（518 年）九月的一个傍晚，胡太后唤一心腹太监，密令道："朕派你前往瑶光寺，将此毒酒令高氏服下，不得有误。"

太监领旨前往瑶光寺，高氏正在打坐念经，见宫内太监来寺，迎将出来。

高氏见太监手捧食盘，食盘上放一壶酒，问道："公公来敝寺有何贵干？"

太监阴阳怪气地答道："奉太后之旨，赐你一壶美酒。"

高氏道："佛门重地，岂敢饮酒？"

太监威胁道："难道你想抗旨不遵吗？"

高氏知道酒非好酒，然而事到如今，喝是一死，不喝亦是死，不如饮下，一死了之，倒也图个痛快。她接过酒壶，一饮而尽。

次日早晨，胡太后面带悲容，对朝臣们道："昨夜高氏得急病，暴亡于瑶光寺，朕对此表示哀痛。"

说罢，还流下几滴鳄鱼的眼泪，并下令道："故废太后高氏礼敬佛法，出家为尼，应用尼礼安葬。"

于是，命人以尼礼棺殓高氏，草草治丧，将灵柩送至北邙山，埋葬了事。内外百官明知此乃太后所为，无人敢言。胡太后越发肆无忌惮，为所欲为了。

三、叔嫂偷情乱宫闱

胡太后临朝称制后，在政治上为所欲为，生活中亦是放荡不羁。除了射猎、登山、宴游外，还有一种特殊的嗜好，那就是偷情。

世宗元恪崩后，年仅二十有余的胡太后正值青春妙龄，她活泼善动，白天除处理朝政外，还可以做些其他活动，但到了晚间，陪伴她的只有孤寂与落寞。寒床独衾，引起她无尽的相思与愁怨。想起世宗在世时，二人时常欢愉无比，共度良宵。如今，劳燕分飞，年纪轻轻，独守空房，怎么让人不哀伤？她时常靠念经诵佛来打发漫漫长夜，然而，佛经怎能牵住她多情多欲的心？情欲的烈火在她心中熊熊燃烧着，令人难以忍耐。有时她像发情的母兽，无端地咆哮，借以发泄难耐的情欲。为满足自己生理与欲望的需要，她开始留心身边的男人，寻找一个能满足她的男人。她终于找到一个合适人选，那就是自己的小叔子清河王元怿。

清河王元怿，字宣仁，是孝文帝元宏诸多儿子中长相最为出众的一个，身材魁梧，五官端正，眉清目秀，相貌堂堂。自幼便聪明敏慧，高祖孝文帝非常喜欢他，曾夸赞他道："此儿风神外伟，黄中内润，长大后，定是国之栋梁。"

随着年龄增长，他出落得越发英俊。不仅貌美无比，而且博涉经史，有文才，能言善辩。他性情宽柔，善解人意，喜怒不形于色，是一位刚柔相济、世上难找的美男子。世宗初，拜侍中，后为尚书仆射。他颇有政治才干，明于断决，甚有声名。

肃宗即位初，迁为太尉，以其才华，为胡太后所重用，委以朝政，将其比作西周之周公、西汉之霍光。元怿为不负太后所望，竭心辅政，以天下为己任，孜孜不倦。当时元怿年仅30岁，与胡太后年龄相仿，如此年轻有为，正合胡太后之意，她安肯放过？

胡太后以元怿为心腹，二人经常一起议政、宴游，耳鬓厮磨，难免不生私情。元怿为人端正，与太后在一起，从未有轻佻之举，胡太后却屡送秋波，百般勾引，想使元怿就范。

在一个金秋送爽的夜晚，胡太后带领侍女及太监到清河王府夜宴。元怿不敢怠慢，鞍前马后，为太后准备。宴会开始了，胡太后对元怿道："贤弟，今夜不必拘礼，我们是一家人，家礼相待便可。来，贤弟，坐在嫂嫂身旁，陪嫂嫂开怀畅饮。"

元怿岂敢拂太后之意？乖乖地坐在太后身旁陪酒。

酒宴设在王府后花园中，满园鲜花，香气四溢，浓郁袭人，令人陶醉，再加上明月当空，更使人流连忘返。酒席之前，在元怿为太后斟酒之际，太后眼含深情，脉脉地注视着元怿那张端庄可爱的脸，借着酒力和夜色，不停地眉逗目挑，频送秋波。元怿如同木头人一般，端坐如常，不加理会。元怿是个精明之人，并非不识风情的愚讷之辈，太后的举动早已收入他的眼帘，他只是不愿与嫂偷欢，行那苟且之事。于是，假装不见，虚与周旋。

酒过三巡，菜过五味，胡太后内心的欲火已难以忍耐，她双颊绯红，故作愁态，叹息着说道："如此良辰美景，明月鲜花，美酒佳肴，令朕想起先皇。

朕与先皇度过多少如此良宵，如今只剩下朕一人。朕如月中嫦娥，住的是人间天堂，但难慰相思孤单之苦。贤弟，你是朕最信任、最喜欢的人，若能伴朕共度良宵，朕将快乐终生。"

说罢，做出醉态，依偎在元怿肩上。大庭广众之下，这还了得？

元怿急忙用手扶住太后，低声道："陛下，您喝醉了，让臣扶您上轿，回宫去吧。"

胡太后娇声娇气地说道："朕头晕，你扶我上轿。"

元怿无奈，战战兢兢地搀扶太后，送上轿，连哄带劝，终于将太后送走。

胡太后回到宫中，对元怿十分恼恨，没想到他如此薄情寡义。但转念一想，或许在他府中，他不便表示，便假装清高。明夜宣他进宫，看他是否真会无动于衷。主意想定，强耐欲火，等待明夜。

次日夜晚，太后香汤沐浴，令人熏香卧榻，准备对元怿强行求欢。她密令心腹太监道："你速去清河王府，宣清河王入宫见朕，事要隐秘，不得张扬。"

太监偷偷溜出宫，直奔清河王府。元怿已经安寝，闻听太监来府，急忙迎出，惊问道："夜已至深，不知公公何事来见。"

太监道："太后宣王爷进宫，面见太后。"

元怿犹豫片刻，问道："太后宣臣进宫，有何要事？"

太监道："奴才不知，只奉旨行事。"

元怿鉴于太后昨日夜宴之事，心有余悸，但又不敢抗旨不遵，只好穿戴整齐，随太监入宫。

太监领元怿直接来到太后的寝宫，太后身着薄如蝉翼半明半暗的睡衣，雪白如玉的肌肤若隐若现。她双目含情，凝视元怿，元怿跪拜道："参见太后陛下，不知陛下何事，深夜宣臣进宫。"

太后看看身边侍女及夜值太监道："你们速速退下，若无朕命令，不得入内。"

侍女们都退下了，寝宫之内只剩下太后与元怿二人，太后轻轻走到元怿面前，双手将元怿搀起，娇嗔地说道："难道非得有事才能召你吗？你就不能陪陪嫂子度过这漫漫长夜吗？"

元怿觉得很窘迫，手足无措，自知中了太后之计，又不敢离去。太后令元怿坐在床榻上，太后满脸绯红，依偎到元怿怀中，撒娇道："我好寂寞，别太绝情，陪我共度长夜，于你何损呢？"

元怿望着怀中如花似玉、倾国倾城、楚楚动人的美人，也不禁春潮涌动，便随遇而安，移篙近舵，宽衣解带，共度良宵了。胡太后真是久旱逢甘雨，那颗孤独寂寞之心，在元怿爱的雨露滋润下，心花怒放，欢愉无比。真是寂寞恨天长，欢愉嫌夜短，一夜狂欢，几番云雨，已是东方吐白、雄鸡啼晓了。胡太后难舍情郎哥，恋恋地说道："明夜再来，我与哥哥好好欢戏一番。"

昔日的小叔子变成了情郎哥，叔嫂偷情，同床共枕，共赴爱河。有了第一次，元怿便不再觉得难为情，把礼义廉耻忘得一干二净。从此后，元怿夜夜入宫，伴侍太后，几成习惯。胡太后更是片刻离不开情人，白天眼睛看着，晚上宫中伴着，日长时久，秽声淫名渐渐地传播开去，贻谤京师。只因元怿颇有才望，善于礼贤下士，笼络人心，辅政后也多有裨益，所以毁不掩誉，一时尚能免于受害。但时间一长，总不免被人抓住把柄，趁机讦讦，风度翩翩的公子，竟跳不出带刀的色圈。胡太后更是沉于淫色，不理朝政，最终引来一场流血政变，这是后话。后人作诗道：

> 雄鸣求牝已增羞，叔嫂何堪结凤俦！
>
> 才识妇人须尚德，飞扬荡逸总贻忧。

四、争奢斗靡吏治坏

胡太后初次临朝共计五年，在这五年里，她挥霍无度，一掷千万，毫不吝惜，经常无端赏赐王公大臣，用以笼络人心。

　　有一次，胡太后带领一百多名王公、嫔妃、公主等临幸左藏。左藏是北魏政权贮放财物的仓库，库中储藏着成千上万匹上等布帛、丝绸。大臣们见如此多而美的布帛，不禁啧啧称赞，羡慕不已。

　　胡太后见众臣子个个贪婪之相，心血来潮，下令道："今日朕心情好，大家进行一场背布绢比赛，谁背多少，朕便赐予多少。"

　　众人听太后如此说，高兴极了，也不顾是否有失体面，各自拣好的背，你争我夺，纷纷扰扰，最多的竟背了二百多匹，少的也背了一百多匹。个个汗流浃背，衣冠不整，丑态百出。只有两人与众不同，一个是长乐公主，只拿了二十匹；另一个是侍中崔光，只拿了两匹。

　　胡太后见二人如此，便问道："二位为何拿得如此之少？"

　　长乐公主道："我本一弱女子，拿多了拿不动，不拿又辜负圣意，所以只好少拿点，略表心意。"

　　崔光道："臣只有两只手，只能拿两匹。"

　　胡太后听罢，非常高兴，称赞道："崔卿真乃廉洁之臣。"

　　从此，崔光和长乐公主得了谦廉美名。

　　最可笑的是陈留公李崇、章武王元融，一刻不停地往身上背，腰弯得要触地，还往身上背，结果双双摔倒在地。李崇摔伤了腰，元融扭伤了脚，一副狼狈之相，引得众人大笑。胡太后见二人如此贪婪，怒骂道："狗奴才，身为大臣，如此贪婪，令天下人耻笑，朕没收你们所背之物，以示惩罚。你们二人空手回去吧！"

　　二人出尽丑相，结果一匹布也没得到，懊丧地回府了。当时有人作诗，讥讽二人道：

> 陈留、章武，伤腰折股。
> 贪人败类，秽我明主。

　　如此毫无节制、乱行赏赐，安能不使国库亏空？

胡太后每年捐献给佛教的钱财，更是不计其数，除大量营造佛塔外，还特派使臣宋云与僧徒慧生等人，前往西域，访求真经。宋云一行人西行约四千里，才出魏境，又历时两年，才抵达乾罗国，得佛经一百七十部而还。胡太后将求得的佛经分供各个佛寺，组织人力，进行翻译。为表示对佛之虔诚，还对僧尼施舍，靡费无数金银。王公贵族、宦官及羽林军，为迎合太后，在洛阳各处建造佛寺，所资费用，统由胡太后命库府拨给。

此时北魏朝廷，在胡太后带领下，已成为贪污腐化、崇侈斗富的场所。如吏部，是为朝廷选拔人才、储备人才的机构，如今已成了卖官的市场，被当时人叫做"市曹"。每个官职根据职位高低，明码标价。那些贪官污吏为得高官，拼命搜刮百姓，百姓穷困潦倒，生活在水深火热之中。

胡太后执政初年，元修义为吏部尚书。当时上党郡（治今山西长治）太守出缺，有个名叫高居的中散大夫，太后已经允许他优先补官，他便求补上党郡守。但是元修义接受了别人贿赂，将此官职授给行贿之人。

高居恼羞成怒，在公堂之上，大呼有贼，有人问他："光天化日之下，哪来的贼？"

高居指着元修义，气愤地说道："坐在这里的人，因为别人出了重价，便违背圣上旨令，不让我补官，这不是白日行劫吗？"

众人皆知此事，太后也充耳不闻，任臣下公开行贿受贿，卖官鬻爵。

河间王元琛，字昙宝，妃为世宗元恪舅父之女，高皇后之妹。他凭恃内外，求欲无厌，百姓患之，如同虎狼。时为定州刺史，贪婪至极，无人可比。

任满回洛阳后，胡太后指责他道："你在定州，什么都要，只差没有把中山宫搬来！"（中山是后燕的都城，北魏皇帝在那里有行宫）下诏免其官职。

元琛用数以万计的金宝贿赂刘腾，刘腾说服太后，胡太后又命他为秦州刺史。为了将损失的钱财补回来，元琛更是加倍地搜刮。北魏的官员，大多都在这种恶性循环中，掠夺着社会财富。这些人将劫掠来的财富用于奢侈和挥霍。

高阳王元雍，富甲全国，有僮仆六千，妓女五百，他一餐要花去万钱，是自汉晋以来诸王豪侈未曾有过的。河间王元琛心中不服，与之斗富。元琛家马圈里，养了十多匹骏马，马槽悉用金银玉石装饰；窗户上装潢精美，自诩为金龙吐旆，玉凤衔铃。他家宴会所用酒器，有水晶钵、玛瑙碗、赤玉卮等，全是绝无仅有的稀世珍品。

章武王元融羡慕已极，夸赞道："王爷之富，足可与石崇（晋大臣，以巨富豪奢名传后世）相比，只可惜无法相比了。"

元琛自豪地炫耀道："这有何惋惜，我不恨不曾见过石崇，只恨石崇不能见我。"

当时官僚们将此事当作美谈，相互传颂。胡太后听说后，不屑地说道："区区小富，何足挂齿，竟敢这般夸饰，难道他河间王比朕还富有吗？"

胡太后将国之财富视为己有，与大臣比富争侈，任情挥霍，浪费无度，元琛怎能与她相比呢？北魏统一北方后，经过文明太后与孝文帝的一系列改革，尤其是均田制的实行，使得北方经济有了较大幅度的恢复和发展。前几代皇帝厉行节约，严禁后宫侍女穿绸戴玉，几代的努力，使得北魏国库丰满。经胡太后临朝，视之若粪土，毫不珍惜，不久便消耗精光。主子挥金如土，臣子自然是蝇营狗苟。那些宗室权贵，虽由祖宗留下些积蓄，朝廷赏赉，博得若干财帛，但为数毕竟有限，要想争奢斗靡，免不得贪赃受贿，横取吏民。致使国库空虚，民众困乏，天下怨叛，北魏政权处在风雨飘摇之中。

胡太后执政期间，不仅贪污受贿泛滥成灾，而且吏制腐败，混乱不堪。神龟元年（519年），吏部尚书崔亮上书太后，在任官选吏中实行"停年格"，当官之人，不论才德，一律按年资顺序补官。有的大臣反对此议，认为这个办法不好，不论人才高下，也不管人品好坏，不合任官唯才唯贤的标准。崔亮也承认此建议有理，但"停年格"更符合当时官场现状。胡太后亦认为"停年格"作为权宜之计，可以实行，遂准奏。

征西将军张彝之子张仲瑀，初生牛犊不畏虎，见朝廷官吏冗多、武人干政，便上书给胡太后，请求酌量削夺选格，排抑武人。羽林军将士闻此消息，立即会集千余人，到尚书省吵骂，要求交出张彝长子尚书郎始均。门卫急闭省门，羽林军就向门内抛掷石块，砸打省门。张始均躲避在内，不敢出来。众人手持火把，直奔张彝家，把张彝拖出府外，一阵拳打脚踢，打得张彝体无完肤，嗷嗷嚎叫，并放火烧掉宅子。张仲瑀从北墙逃跑，张均始回来救父亲，向羽林军叩头乞恕，羽林军放过奄奄一息的张彝，却将张均始投入火中，活活烧死。张彝气痛交加，第二天便死了。

消息传到胡太后那里，她一面派人安抚羽林军将士，一边责怪道："张仲瑀也太不识趣，竟敢不自量力，招惹羽林军，真是自讨横祸。"

没过几日，下诏大赦，将杀人首魁释放，并宣布武人仍可依资入选。自此后，吏治更加败坏，无人敢问了。

第五章

幽北宫激流跌宕
救太后反抗蜂起

一、政变起被囚北宫

胡太后偷叔通奸，沉浸于男欢女爱之中，疏于政事，反对元怿的势力悄然结合，发动了一场杀元怿、废太后的宫廷政变，而这场政变的发难者正是为太后信任宠爱的太监刘腾及自己的妹夫元叉。

宦官刘腾，当年帮助胡太后除掉高氏，登上太后之位，临朝称制，太后对他格外宠任与爱护。授其崇训太仆，加中侍中，食邑一千五百户，并拜其妻为钜鹿郡主，每次召入宫内，赏赐仅次于诸公主和外戚。刘腾的两个养子，亦被授予郡守、尚书郎之职。一次刘腾得了重病，卧床不起，胡太后十分焦急，不停派御医前去诊治，自己亦亲自到病榻前探望。为防不测，胡太后迁刘腾为卫将军，仪同三司，余官如故，以谢其保护之勋。刘腾命不该绝，不久病愈，并因祸得福，得晋官爵。

刘腾自幼受宫刑，进入后宫，无从读书，目不识丁，只能写出自己的名字，但为人奸诈，有计谋，善解人意，故能讨得主子的欢心。他自恃太后恩宠，横行宫内，为官不检，任情肆虐，干预朝政。他挥霍无度，无人敢问。为讨太后欢心，他大兴佛寺，京城北侧的永桥、太上公、太上君及城东三寺，都是他一手主修的，钱财、人力当然从国库中出。

刘腾见太后与元怿出双入对，恩恩爱爱，尤其是元怿得到宠任与重用，深感嫉妒与仇恨。不久，刘腾因其弟之事与元怿发生冲突，他便怀恨在心，决定伺机除掉元怿。

元怿虽为太后情夫，但颇有才干，不畏权贵，敢于以法治罪。刘腾依仗自己的权势，欲奏其弟为郡带戍，但其弟才资太差，元怿拒不同意，致使其弟未谋得是职。刘腾认为，这是元怿冲他而来，口中不言，但把仇恨的种子埋在心中。

元叉，字伯俊，小字夜叉，江阳王元继长子，胡太后的妹夫。太后临朝，其妻胡氏被封为冯翊郡主,他更是春风得意,青云直上。为通直散骑侍郎,寻迁散骑常侍,光禄少卿,领尝食典御,转光禄卿。太后以妹之故,对元叉格外恩宠。

元叉长女不幸夭折,胡太后竟为这未成年的孩子下诏道:

> 叉长女,年垂弱笄,奄致夭丧,悼念兼怀,可赠乡主。

为安慰元叉,封其为侍中,余官如故,加领军将军。重权在握,兼总禁军,深为胡太后所信任。元叉才术空浅,轻浮荒淫,恃宠骄盈,志欲无限。所行不法,肆意妄为,无人敢管。清河王不畏其势,裁之以法,不肯容情,二人结下宿怨。

元怿与太后通奸,元叉轻其为人,欲以此为把柄,除去这个拦路虎。他与刘腾内外勾结,设下计谋,欲除元怿。二人觉得不便亲自出面,便找一个与元怿有仇之人——通直郎宋维代其出面。

宋维,字伯绪,广平列人(今河北肥乡)人,北魏名臣吏部尚书宋弁之子。少袭父爵,自员外郎迁给事中,因诣事高肇,高氏被诛,维亦出为益州龙骧府长史。他谎称身体有疾,不肯赴任,住在京城。清河王元怿辅政,因宋维乃名臣之子,举荐为通直郎。宋维虽出名门,颇涉经史,但浮薄无行,是个见利忘义的小人。元怿不忍视其胡为,经常斥责他,不留情面,宋维对此心怀不满。他见元叉是太后身边的红人,宠势日隆,便欲改换门庭,投到元叉门下。元叉探明内情,觉得有机可乘,便决定利用宋维,对元怿进行反戈一击。

一天,元叉和刘腾商量后,派人召宋维到王府来见。宋维受宠若惊,惶恐地来到元叉府,见元叉与刘腾在堂上高坐,急忙行礼拜见。元叉站起来,双手将宋维挽起,令其坐下,探问道:"宋公子乃清河王心腹之人,近来官运可好?"

宋维见元叉问及此事,正想发泄心中不满,来讨得叉之欢心,叹息说道:

"在人屋檐下,不得不低头啊!下官在他手下,恐怕永无出头之日了。"

　　元叉乘机挑拨道："你如此年轻有为，才做通直郎，真乃屈才。本王想重用于你，可恐清河王不悦，不敢贸然行事，你若想直上青云，必须挣脱清河王的缰锁，才得施展。"

　　宋维听说元叉要重用自己，心里十分高兴，但有清河王在，此事难成。他小心翼翼地询问道："王爷，不知有何妙计，能使小臣脱离清河王的控制？"

　　元叉道："只有扳倒他，你才有前程。"

　　宋维闻言，脸色惊变，慌忙说道："这如何使得？且不说清河王权高势重，下官人微言轻，就是太后那一关，也不会通过。"

　　刘腾插言道："这你尽管放心，太后那边，由本人为你出面，不会有问题。"

　　元叉威胁引诱道："这可是你出人头地的最好机会，有本王与刘公公为你做主，难道你还怕他清河王不成？再说事成之后，本王保你高官厚禄，荣华富贵。"

　　宋维有些动心，问道："如何才能扳倒清河王呢？"

　　元叉见宋维上钩，便低声对宋维说："只有告清河王谋反，太后才能相信。你是清河王心腹，别人不会怀疑你，此事定能成功。"

　　宋维同意，三人秘密商量计策，开始行动。

　　次日早朝，宋维上奏太后道：

　　"太后陛下，臣宋维冒死上奏，因关系到朝廷之安危、太后之生死，所以斗胆上言。昨日臣到清河王府，适值司染都尉韩书殊父子与清河王密谋，商议立清河王为皇上，图谋篡乱。臣不敢隐瞒，遂如实禀报。"

　　元怿是太后情夫，太后知道他对自己一片忠心，怎会造反呢？但事情不会空穴来风，必有缘故。且宋维乃元怿心腹之人，其言能假吗？事关重大，不能视为儿戏，遂忍痛下令，将元怿囚禁于宫西别馆，派禁军严守。将韩文殊父子送到刑部拷问。文殊父子闻之，吓得惊慌出逃，文殊父子一逃，太后便信以为真，下令悬赏捉拿。不久便捉拿归案，几经拷打逼问，终于弄清此案是假。胡太后见有人竟敢诬告自己的情郎，气恼至极，下令将诬告者宋维处以死刑。

　　元叉和刘腾见太后要治罪宋维，深恐宋维临危乱咬，便出面劝慰太后。元又劝胡太后道："陛下息怒，宋维虽罪该万死，但陛下试想，今日若杀了宋维，他日果有人真反，何人还敢禀报？望陛下三思。"

太后听罢，觉得言之有理，有些动心，刘腾乘机劝慰道："宋维乃无知小人，不能因他而坏朝廷大事和太后声望。此次若宽恕他，天下人必说太后娘娘宽宏大量，否则会说太后娘娘为清河王报私仇而置王法于不顾，枉徇私情，这样岂不得不偿失？"

胡太后碍于自己与清河王之关系，恐大臣对此事说三道四，只好忍住这口气，下令将宋维黜为燕州昌平郡守，此事便告完结。

元叉和刘腾见自己苦心策划的计谋没有实现，安肯罢休？一计不成再生一计。元叉对刘腾说："事已至此，清河王早晚会知道此事是你我二人指使，定不会放过我们。太后现在对他更加宠爱和信任，我们若不早下手，恐怕性命难保。"

刘腾道："有太后的庇护，难以除掉元怿，除非制服太后，才能得手。"

元叉恨恨道："事情既然这样，我们何不制服太后，令其还政于圣上，由你我辅政，岂不更好？"

刘腾赞同道："此计可行，我们内外配合，我负责幽禁太后，你负责捕杀元怿，事情定会成功。"

二人商议妥当，静观朝中动静，伺机行动。

时值神龟三年（520 年）七月，一天，胡太后清晨送走情人元怿，觉得心情烦躁，心慌意乱，眼皮也不停地跳。她以为自己一夜欢愉，没有休息好，便重返寝宫，想香香地睡个回笼觉，养养精神。她万万没有想到，这竟成了与情郎哥的永别。

刘腾一直派人监视着太后的行踪，所派之人回报，元怿独自出宫，太后回宫安寝去了。刘腾一见机会已到，便派心腹给领军将军元叉送信，同时将太后所在嘉福宫通往前殿的永巷门锁闭，钥匙亲自保管，并派人守卫，严禁任何人出入。

事先刘腾买通主食中黄门胡玄度、胡定，令其准备好毒药，放于肃宗元翊食物中，然后诬告此乃元怿令其所为。刘腾对二位太监道："事成之后，本公公定会重赏你们，否则绝无你们一天好过日子。"

刘腾乃太监总管，权势熏人，何人敢违抗他的命令？二人遂答应合谋。

刘腾锁住永巷门，太后不得出，遂令胡玄度、胡定下手。二人故作惊慌地来到皇上寝宫，皇上问道："朕之早膳为何还没送来？"

胡玄度跪在皇上面前，战战兢兢地说道："陛下恕罪，奴才不敢隐瞒。适才奴才为陛下送早膳时，遇见清河王，他令奴才在食物中放进毒药，并威胁奴才说，若奴才告诉陛下，他定将奴才处死，事情若成功，他做皇上，许奴才以高官厚禄。奴才不忍加害圣上，故冒死来禀圣上。"

肃宗年仅十一岁，安辨事情真伪？听说元怿要下毒害自己，吓得惊慌失措，正在此时，元叉觐见皇上，皇上以为来了救星，对元叉道："领军将军，快快救朕啊！"

元叉故作惊讶，问道："何事使陛下如此惊慌？"

肃宗结结巴巴地说："元怿要、要用毒药害死朕，想篡夺皇位！"

元叉见皇帝相信，故作气愤状，挑拨道："清河王亦太狂妄，自恃辅政有功，便欲谋取皇位。前次之事，若不是太后娘娘护着，哪有今日之事？陛下莫要惊慌，有臣在，定会让陛下安然无恙。陛下快上朝，逮捕元怿，否则后果不堪设想。"

此时的皇上对元叉言听计从，在元叉的胁迫下，也忘了进早膳，来到显阳殿，下诏召元怿入殿。元怿不知皇上何事独宣自己入殿，正犹犹豫豫地向里走，至含章殿，遇上元叉，元叉高声道："清河王请留步，不得入殿。"

清河王见元叉拦住自己的去路，便问道："圣上宣我入殿，将军何故相拦？难道你要造反吗？"

元叉嘿嘿冷笑道："元叉不想造反，而是奉诏捉你这个反贼！"

元怿再欲抗辩，元叉命早已埋伏好的宗士三十余人牵住元怿衣袖，捆绑起来，推入含章东省，并派数十人将其看护起来。

元叉回到显阳殿，肃宗问道："元怿为何还不进来？"

元叉道："元怿带刀闯殿，已被臣捉住，为保护陛下安全，将其关于含章东省。陛下应速下诏，召集公卿，定罪论处。"

皇上信以为真，说道："此事朕交付与你，你就看着办吧。"

元叉遂代皇上下诏，召集公卿，宣称清河王谋害皇上，图谋篡位，应以大逆论处。众公卿明知此乃元叉所诬蔑，但畏于元叉势力，莫敢抗议。独尚书右仆射游肇，仗义执言，力保元怿。

元叉与刘腾毫不理会，入对肃宗道："众公卿同意以大逆论罪，处元怿以死刑。"

皇上有何主见，含糊许可。

元叉来到含章东省，对元怿道："圣上已下诏，以大逆之罪处你死刑，你看如何？"

元怿知道此乃元叉所害，抗言道："速去禀报太后，我要面见太后，澄清是非，否则死不瞑目。"

元叉冷笑道："看来你只好到阴间去见太后了。至于你不愿瞑目，那么你就睁着眼睛，到阴曹地府中等你的情人吧！"

当即下令，处元怿死刑。就这样，元怿冤死在元叉、刘腾这些奸佞之徒手中，朝廷失去了一位才华横溢的栋梁之材，年仅三十四岁。"朝野贵贱，知与不知，含悲丧气，惊振远近。夷人在京及归，闻怿之丧，为之劈面者数百人。"

再说胡太后一觉醒来，乾坤已经倒转，一场暴风骤雨已经过去，元叉、刘腾替皇上起草诏书，对众公卿宣称，太后身有疾患，归政于皇上，于北宫静养。

胡太后闻讯后，气得暴跳如雷，自己的情人无端被斩，自己竟被囚禁，便想上殿与元叉算账，无奈宫门被锁，只好听天由命了。她被刘腾转移到北宫，宫门昼夜长闭，内外断绝。刘腾亲自把着北宫的钥匙，不许任何人探视，连皇上亦不准进去。胡太后失去了自由，不但失去游玩的机会，连饭食都只能从门洞中传递，免不得受些饥寒。

落到这步田地，胡太后感慨万千，害自己的人正是自己最信任、最宠爱的人，她私自泣叹道："悔不该养虎遗患、咎由自取啊！"

她曾无数次祈祷佛祖，保佑她脱离困境，然而佛祖亦无可奈何。一个威震内外的皇太后变成了一个可怜的阶下囚，过起朝不保夕的悲惨生活。从临朝称制，到变成阶下囚，胡太后整整风光五年，真是三十年河东，三十年河西，人生多变啊！她若能掌握好朝政，不放纵臣下，任其胡作非为，焉会有今天？胡太后悔之晚矣，只好在冷清的北宫中，在对元叉、刘腾的仇恨和对元怿的思念中打发光阴了。

二、救太后反抗蜂起

元怿被诛，太后被幽禁，元叉与刘腾掌握了朝政，肃宗成了二人手中的傀儡。元叉召太师高阳王元雍与之共同辅政，元雍原本就是墙头草，见元叉如此显赫，焉敢不从？从此唯元叉命是听，只会随声附和，不敢有一丝违抗。元叉慷国家之慨，重重赏他，岁禄万余，粟至四万，伎侍盈房，诸子高升，荣贵之盛，无人可比。元叉与元雍掌握外廷，刘腾控制内廷，内外勾结，把持朝政。肃宗呼元叉为姨父，政由叉出，从此后，专综机要，事无巨细，悉由元叉决定。但树欲静而风不止，胡太后虽被囚北宫，而她的嫡系心腹焉肯善罢甘休？一股股反元叉保太后的势力不断涌现，并不断地向元叉发动进攻。首先发动进攻的是中山王元熙。

元熙，字真兴，中山王元英之子，元英病故，熙袭封。颇好学，有文才，然轻躁浮动，做事莽率。娶于忠之女为妻，依仗于忠威势，骤擢为相州刺史，进号安西将军，秘书监。他素与清河王元怿友善，为元怿所亲昵。

神龟三年（520 年）七月，元熙莅任，时方初秋，忽遇狂风骤雨，天气奇寒，冻死二十多人、驴马数十匹。又有蛆生于庭，灾象险生。一天元熙夜寝，梦见一人对他说："任城王当死，死后三日外，君亦不免，如若不信，但看任城王家。"

元熙恍惚相随，来到任城王家，果见四面墙塌，不遗一堵。元熙正在惊叹，忽然被鸡鸣唤醒，方知是南柯一梦。回忆梦境，历历在目，恐非祥兆，便将此梦告诉亲友。大家都从旁劝解，说是梦不足凭。几日后，传来元怿被诬受戮，太后被幽禁，元熙怒不可遏，便欲起兵讨伐元叉、刘腾。他的妻子于氏知此事难成，便劝元熙道："将军休要急躁，难道将军忘了前日之梦？如若起兵，恐怕凶多吉少，望将军三思。"

元熙安听妇人之言？他对妻子道："吾食朝廷俸禄，如今太后有难，安可袖手旁观？休得多言，吾意已决。"遂在邺上（今河北临漳）起兵，声讨元叉和刘腾。

元熙的弟弟元略、元纂亦素为太后与清河王所重，官为黄门侍郎、司徒祭酒，见兄起兵，自洛阳投奔邺城。元叉派长史柳元章等佯装投降元熙，至邺后，暗中唆动部众造反，捉住元熙、元纂，飞报元叉。元叉派尚书左丞卢同，带着皇帝诏书，斩杀元熙、纂及元熙诸子。元熙将死时，留五言诗道：

> 义实动君子，主辱死忠臣。
> 何以明是节，将解七尺身。

并与知友告别道：

> 平生方寸心，殷勤属知己。
> 今从一销化，悲伤无极已。

他贻书僚友道："吾与弟并蒙皇太后知遇，兄据大州，弟则入侍，殷勤言色，恩同慈母。今皇太后见废北宫，太傅清河王横受屠戮，主上年幼，独在前殿。君亲如此，无以自安，故率兵民建大义于天下。但智力浅短，旋见囚执，上惭朝廷，下愧相知。本以名义干心，不得不尔，流肠碎首，复何言哉！"

元熙忠义有加，谋略不足，这次兵变就这样被平息了。

一波刚平，一波又起，胡太后的侄儿都统胡虔与备身张车渠等数十人欲谋杀元叉。

胡虔，字僧敬。太后父胡国珍早年无子，以兄胡真子僧洗为养子，僧敬乃胡真之孙。僧敬见姑母胡太后被幽禁，怒不可遏，便与备身张车渠谋划，诛杀元叉，迎奉太后临朝。不料事泄，僧敬与张车渠被捕。元叉处死张车渠等，僧敬被徙边，胡氏一族为官者亦多被免黜。

最精彩的一次政变是正始二年（521 年）三月右卫将军奚康生在禁中发动的。

奚康生，河南洛阳人，他的祖先是代（治今山西大同）人，世代为鲜卑拓跋部部落大人。性骁勇，有武艺，能搭十石之弓，箭无虚发。康生与元叉是转弯亲戚。康生子奚难，娶侯刚女为妻，侯刚子又为元叉妹婿。元叉因与奚康生互为姻亲，深相委托。累官为光禄卿，领右卫将军，与元叉同谋废胡太后，杀元怿。迁抚军大将军、河南尹，仍领右卫将军。元叉倚为心腹，令其宿卫禁中。但康生乃一介武夫，素性粗鲁，与元叉同值禁中，因言语不合，多有龃龉，积久遂成仇怨。二人心里都不安，唯恐对方陷害自己，也都等待机遇，除去对手。

胡太后自从被幽禁在北宫后，一直不允许任何人探视，皇上也不例外。皇上年仅十二岁，他多么想见见自己的母亲啊！转眼数月已过，他对母亲的思念日益加深，人渐消瘦，食欲不振。一天早朝过后，他对元叉道："朕昨夜彻夜未眠，母后深居北宫，不知身体是否安康，朕欲朝见母后，以尽孝道。"

元叉见皇上要见太后，心里有些不安。但见皇上近日精神恍惚，必是思亲所致，若不同意，恐怕皇上思念成疾。他沉吟片刻，对皇上说道：

"陛下稍候，容臣为陛下安排。"

皇帝见元叉同意，别提心中有多高兴了，他急急催促道："姨父，速去安排，越快越好。"

元叉到后宫与刘腾及侯刚商量，侯刚亦是胡太后心腹，因掠杀羽林军事，失去尚食曲御之职，颇为失意。元叉擅权执政后，侯刚阿附元叉，又因为姻亲，又引刚为待中、左卫将军，还领尚食典御。寻加仪同三司，领御史中尉，与元叉、刘腾互为勾结，狼狈为奸。

刘腾和侯刚听元叉说皇上要朝见太后，都觉此事不可大意。刘腾道："不能让陛下去北宫，那里的条件会引起皇上的反感。"

侯刚亦说："以我之见，朝见可安排在西林园，时值三月，春暖花开，景色宜人，令众大臣悉到西林园朝见太后，并举办个大型宴会，只要我们布置好防卫，人员众多，太后亦不能对皇上说什么，岂不更安全？"

元叉同意二人意见，便将这次朝见安排在西林园。

次日午后，刘腾打开锁了数月的北宫大门，将幽禁在那里的胡太后带到西林园，前呼后拥，护卫重重。胡太后不知为何把自己带到这里，又不便多问，茫然地坐在那里等待。过了片刻，只见皇上在文武百官的簇拥下向自己走来，胡太后惊喜万分。肃宗见到自己朝思暮想的母亲，双膝跪下，泪流满面。胡太后见到自己的儿子，亦不禁泪眼蒙眬。她急忙挽起儿子，搂在怀中，像怕别人抢走一般。宴会开始，肃宗坐在太后身旁侍饮，太后满腹的话却无法对儿子诉说。饮至半酣，武臣纷纷起舞，为太后助兴。

这时，右卫将军奚康生来到太后面前，跪拜道："臣愿为太后娘娘跳段力士舞，以助酒兴。"

说罢，对太后暗使个眼色，开始起舞。只见奚康生在阶下前后进退，左右折旋，每当面对太后时，他都举起双手，用脚顿地，作出执杀罪人形状。太后多么聪明，窥透其意，但因自己处于监禁之中，不便表示，便微笑着默视良久，二人心领神会，伺机下手。

夜幕降临，宴席结束，太后站起身来，拉着皇上的手说道："我们母子很久没有相聚，今晚共宿一夜，大臣们送我们回北宫。"

肃宗皇帝也渴望能陪伴母后一宿，便紧跟太后身边，向东北小门走去。侯刚见此，急忙上前拦道："陛下留步，朝见已毕，嫔御均在南宫候驾，怎可留宿北宫？"

奚康生上前，厉声指斥道："陛下乃太后之子，随太后去，有何不可？更何需请示别人？"

群臣吓得不敢言，胡太后便将肃宗皇帝带回北宫宣光殿。跟在后面的奚康生非常高兴，山呼万岁。元叉见皇上被太后抢走，这还了得，他指挥手下一拥而上，挤住殿门。康生夺过儿子奚难的千牛刀，挥手砍死挤在前面的元思辅，众人方才散开。

胡太后领着皇上回到宣光殿，左右侍臣，分立阶下。康生仗着酒胆，想到殿外传诏，执杀元叉。元叉早有准备，康生刚走出宣光殿，就被元叉擒住，锁于门下。两阶侍臣一片哗然。胡太后见此情景，也有些慌张。这时，光禄勋贾粲进来，禀报太后道："太后陛下，侍臣们惶恐不安，请陛下出殿抚慰，以安众心。"

太后以为好意，便起身下殿。不料，贾粲拉起肃宗，强行将皇上送回显阳殿。太后回来，皇上已被抢走，知道中了贾粲奸计。

贾粲，字季宣，酒泉（今属甘肃）人。高祖孝文帝太和年间（477—499年），坐事受宫刑，入后宫。颇涉书记，渐被赏识，累官至光禄少卿、光禄大夫。参与刘腾、元叉废太后之谋，在宫中负责观察皇帝动静，见皇上被太后夺走，心生一计，复将皇上夺回。

刘腾等见皇上复回显阳殿，迅速遣散众官，将北宫之门锁上，胡太后再次被幽禁。

奚康生被牵到门下省，由侍中、黄门、仆射、尚书等十余人，秉承元叉之意，连夜审讯，判处康生斩刑，其子难绞刑。草案呈入，元叉碍于侯刚情面，矫诏处康生死罪，如群臣所议。奚难免除绞刑，流放安州。康生见儿子免死，颇觉宽慰，慷慨赴刑。奚难哭拜辞父，康生慨然道："我没有造反，是为贼臣陷害，一死何辞！你也不必多哭了，记住此仇，好好保重，日后图报。"

然而，元叉安能留此祸根？免奚难一死，只是买侯刚之面子。就在奚难去往安州的途中，元叉密遣人致书行台，令其刺死奚难。奚难的一道冤魂直奔冥府，找寻父亲去了。

几次政变被平息，朝廷内部暂时获得平静。元叉和刘腾一面紧密注视宫中及朝廷动静，一面紧握朝政，升官晋爵。"又为外御，腾为内防，迭直禁闼，共裁刑赏。"刘腾进任司空。大小官员经常出入刘腾宅府，观察刘腾脸色，听从刘腾之命，然后各赴省府，依言办事。他与元叉共掌生杀大权，顺我者昌，逆我者亡，无人敢违。车骑大将军崔光亦随班进退，仰人鼻息，无补朝政，得升为司徒。元叉为显示自己权势，改封其父为京兆王，拜为太保。整个朝政乌烟瘴气，贿赂公行，吏治败坏，卖官鬻爵，贪污腐化，阶级矛盾和民族矛盾异常尖锐，有如一座火山，随时都可能爆发，将腐朽的北魏王朝化为灰烬。

三、元叉当政祸乱起

胡太后被幽禁北宫，元叉执掌朝政，他与刘腾内勾外连，北魏朝政变得更加腐败不堪。

刘腾自得势以来，横行朝野，位至司空公，身为宦官，竟位列三公，此乃亘古未有之事，实刘腾之首创。他密切注视着前朝与后宫，令中常侍贾粲秘密访察胡太后之动静。他权势熏天，成为炙手可热的人物。腾府前人流如市，有的人竟排队几日还见不到刘腾，真比见皇上还难。而所求见之人，无论为公事还是私事，所办之事都要根据所送贿赂的多少，来决定事情能办与否。天下之利，无处不占。

上至皇上的嫔妃，下至平民百姓，都在其敲诈盘剥之列，足见北魏政治已黑暗到何种程度！而那些寡廉鲜耻、见利忘义的势利之徒，竟纷纷投拜其门下，甚至认刘腾为义父，甘心做宦官的义子，溜须拍马，助纣为虐，为虎作伥，整个朝廷乌烟瘴气。

正光四年（523年）三月，刘腾死，年六十岁。这可是轰动朝野的大事，皇上赐其帛七百匹、钱四十万、蜡二百斤。令鸿胪少卿亲自操办丧事，宦官为其服孝者四十余人。到送葬之日，"杖经衰缟者以百数，朝贵皆从，轩盖填塞，相属郊野"，这可是北魏历史上所没有的事。皇上又追赠其为使持节、骠骑大将军、太尉公、冀州刺史。真是位极人臣，足以令远近侧目。

不仅刘腾如此，元叉的所作所为更是有过之而无不及。自从幽禁胡太后，"专综机要，巨细决之，威振于内外，百僚重迹"，他将肃宗皇帝徙于徽音殿，为防不测，又便住在殿右。出入禁中，都要令勇士持刀剑随从，无论公私之事，都严加防范。当有人求见时，都遥遥相对，这都是元熙和奚康生欲图之的结果。元叉不仅才术空浅，治国无方，而且骄奢淫逸，予夺任情。他在禁中别作库藏，收藏财宝。甚至有时将美女用轿抬入禁中，奸淫之后，再令人抬出，守卫们虽知此事，但无人敢言。如此胸无大志、贪婪荒淫的无赖小人治理朝政，国家安能不乱？

常言道："一人得道，鸡犬升天。"元叉当政，首先受益者便是其父江阳王继。江阳王继，字世仁，是道武帝拓跋珪子京兆王黎的曾孙，世宗时为青州刺史，因为强娶民女为家童妻妾，又以良人为婢，为御史所弹，免官失爵。胡太后临朝，因继是胡太后妹妹冯翊郡主的公爹，复继本封，寻除侍中，领军将军。因与太后有姻亲关系，遂平步青云，徙封京兆王，加侍中、骠骑大将军、仪同三司，领军如故。胡太后经常带着肃宗皇帝及文武大臣临幸继宅，置酒高会，通宵达旦。江阳王继成为胡太后身边红人。

及元叉得志掌权，升父为司徒公，仍加侍中。元继觉得自己父子权势过高，树大招风，便上表朝廷道：

> 继以蕃王，宿宦旧贵，高祖时历内外显任，意遇已隆。灵太后临朝，入居心膂，兼处门下，历转台司，叉又居权重，荣赫一世。臣请逊位，乞以司徒授崔光，免朝野诽议。

元叉见父亲不愿任司徒之职，特派侍中、安丰王元延明及给事黄门侍郎卢同前去敦劝，元继固让，遂转授为太保，侍中如故。看来朝中官职已成元叉囊中之物，可随意授予，并可转让。不久，又转授元继为太傅，侍中如故。史载其拜受之日，"送者倾朝，当世以为荣，有识者为之致惧"。

元继晚年更加贪婪，聚敛无已。他凭借元叉权威，大行贿赂。牧守令长新除赴官者，无不向元继行贿，以求庇护，所行不法，法官也不敢弹劾指责，成为天下之患，令百姓切齿。

元叉执政期间，不仅混乱朝政，无恶不作，而且贪贿纵奸，放走柔然之主阿那瑰，酿成边患，为北魏灭亡埋下祸根。

事情是这样的。柔然（亦称"蠕蠕"）是东胡的一支，是以渔猎为生的游牧民族，早期生活在今鄂尔浑河和土拉河流域，附属于拓跋部。拓跋部南迁后，柔然便进居阴山一带。这个民族勇猛剽悍，是北魏北部边境的最大边患。世宗时期，柔然库者可汗又遣兵攻打北魏沃野镇和怀朔镇，被北魏车骑大将军源怀打败。库者可汗死，子佗汗可汗嗣位。佗汗司汗屡次向北魏乞和，世宗皇帝不许。不久，佗汗为高车杀害，子伏跋可汗继位。他勇悍有武略，为父报仇，击破高车，国家转弱为强。伏跋有一幼子，名曰祖惠，忽然丢失，四处寻找，仍不见踪影。适有一女巫地万，入见伏跋，说祖惠现在天上，她能为伏跋召回。伏跋信以为真，便在大泽之中为地万搭好帏幄，祷祀天神。地万喃喃诵咒，一天一夜后，果见祖惠从帐中出来，并自言为天神摄去，才遣其回来。伏跋大喜，封地万为圣女。地万经常出入伏跋营帐，姿态妖淫，百般勾引，伏跋亦乐得移船就蒿，二人枕席风光，胜过妾妇。伏跋待地万如天仙，当即册封为可敦（即王后），大加宠爱。

祖惠渐渐长大，他私下对母亲说："我是人身，怎能上天？地万将我藏于家中，教我诳言，欺骗大汗而已。"

他的母亲正恨地万，便将祖惠之言转告伏跋。伏跋被地万迷惑，焉能相信？摇头说道："地万乃圣女，能料事如神，未卜先知，你等何必谗妒呢！"

地万闻知此事，非常害怕，便偷偷将祖惠杀死。祖惠母亲怎肯甘休，将此事泣诉伏跋母侯吕陵氏，侯吕陵氏乘伏跋外出打猎，将地万拘住绞死。伏跋回来后，地万已死，他不胜悲愤，想尽诛参与此事者。侯吕陵氏竟会同群臣杀死伏跋，立伏跋弟阿那瑰为可汗。

阿那瑰为汗后，伏跋族兄发兵攻打阿那瑰。阿那瑰战败，与弟弟乙居伐投奔北魏。时正值正光元年（520年）九月，元叉刚囚禁胡太后，执掌朝政。他好大喜功，不计后果，替皇上下诏封阿那瑰为朔方郡开国公，蠕蠕王，食邑一千户。

元叉以为这样，便可笼络住阿那瑰之心，永保北境之安宁，他哪里知道，这是养虎为患。阿那瑰在洛阳住了几月，留心观察北魏朝政，知道元叉乃北魏掌权之人。他私自贿赂元叉百金，求元叉派援兵拥送他回国讨叛。尚书右丞张普惠闻知此事，上书谏阻道："蠕蠕久为边患，今其内乱，正是求之不得之事，万万不能派援兵助阿那瑰使其再强大起来。"

然而元叉受人贿金，怎能不替人办事呢？他对张普惠的谏言置之不理，派怀朔都督杨钧率骑兵二千，亲自护送阿那瑰回国。

阿那瑰回国后，再为可汗，这无疑放虎归山。不久，阿那瑰便突入魏境，要求朝廷赈给灾粮。元叉派尚书右丞元孚持节抚劳，阿那瑰竟将元孚拘留，率众南攻，到处剽掠，直至平城附近。元叉急派尚书令李崇率大军北征，阿那瑰才率众北遁。但从此后，他便不停骚扰北魏边境，成为北魏最大边患，并最终由此引发了北魏北边六镇人民的大起义。

所有这些都是由于元叉贪贿引起的，而元叉能有今天，是由于胡太后任人唯亲的结果。胡太后虽然养疽为患，自食其果，被自己最信任、最重用的人所囚禁，受了五年监禁之苦，但是，这与她给北魏历史带来的危害及给广大人民造成的灾难是无法比拟的。元叉执政五年，将北魏政权固有矛盾不断激化，各民族人民大起义随后蜂拥而起，拉开了北魏灭亡的序幕。

第六章

破樊篱再度临朝
逞淫欲广置面首

一、布局设计出樊笼

星移斗转，时光飞逝，转眼便是正光四年（523年），骄横一世的刘腾寿终正寝，司徒崔光也病故了。元叉独掌朝政。他沉湎于酒色，淫宴无度，见到妇女，无论长幼，亦无论姑姊，只要稍有姿色，便逼令欢淫。从此经常居家不上朝，或出游忘返，放松了对胡太后和皇帝的防卫。被囚禁的胡太后却每时每刻悉心观察着周围的变化，随时准备冲破樊篱，再度临朝，重登宝座。当她见刘腾已死，元叉忙于淫色，无暇防卫宫廷的情形，高兴万分，悉心为再度临朝做准备。

一次，元叉出游，胡太后召皇帝与群臣相见，皇帝问胡太后道："母后，何事唤儿及群臣朝见？"

胡太后满脸悲容，露出伤感已极、万念俱灰的神态，唉声叹气道："人生苦短，元叉隔绝我们母子，禁止我们往来，母不见子，幽禁深宫，毫无自由，我留在宫中还有何用？空有太后之名，还不如削发为尼，到嵩山修道，闲居在寺院之中，陪伴佛祖，聊尽余生。"

说着说着，眼泪如断线珍珠，顺着脸颊滚落下来。肃宗见母后可怜兮兮的样子，未免动了怜悯之心，当即叩头劝阻道："母后，这万万使不得。您身为天子之母，怎可出家为尼？如若那样，岂不让天下人笑儿不忠不孝吗？"

群臣也纷纷跪下哀求。胡太后故作绝情，置之不理，并吩咐侍女道："速去取快剪来，我立即削发。"

肃宗越发慌急，拦住侍女，再三苦劝。太后故做坚持，不肯依从。群臣轮番劝慰，太后毫不动心。群臣无奈，见天色已晚，便对肃宗道："陛下今夜不妨留宿北宫，多陪陪太后娘娘，为太后排解排解，好好劝慰劝慰。"

肃宗皇帝想不出更好的办法，只好陪母亲过夜。

是夜，太后见无人监视，便与儿子进行彻夜长谈。太后说："想当年，你父皇年近而立，尚无子嗣，心中焦急，而后宫众嫔妃，无人愿生子。因为祖宗旧制，子贵母死，大家为保性命，宁愿生公主、诸王。我当时只是个承华命妇，却挺身而出，祈祷上苍，保佑能为皇上生个嗣君，好延续大魏社稷。苍天有灵，我有幸生下你，并被立为皇太子。你父皇格外高兴，破除旧例，免我一死。天有不测风云，在你五岁时，你父皇就不幸驾崩。你荣登皇位，群臣见你年幼，劝娘临朝听政。谁知元叉和刘腾这些奸佞之徒，忘记我们母子对他们的恩惠，欺负我们孤儿寡母，竟发动政变，将娘幽禁在这北宫之中。他们权倾朝野，你虽说是皇上，可事事受制于他们，天下人只知有元叉，哪里还知道你皇上啊。"

胡太后为说服肃宗元翊，说尽了元叉的坏话。此时的元翊年已16岁，多少懂得些是非曲直，心中对元叉的专横跋扈早已不满，经过母后的开导，对元叉的痛恨更加明确、更加强烈了。

适时，元翊身边侍从密报说，元叉曾派他的弟弟元洪业，与武州人姬库根，暗中招兵买马，准备起事，夺取帝位。元翊越听越怕，询问太后道："事情迫在眉睫，母后您看这如何是好？"

胡太后见皇上信以为真，说道："元叉图谋篡逆之心已非一日，早晚必将为乱。但目前他势力庞大，心腹众多，还不能惊动他，必须先稳住他，慢慢解除其权力，才能除掉他，否则会打草惊蛇。目前他还不会有大的举措，先麻痹他，让他放松警惕，到时伺机而行。"

元翊觉得母后的意见很好，决定按母后的办法去做。

等到元叉回朝，皇帝哭着对元叉说："姨父，昨日去北宫朝见母亲，母后欲出家为尼，无论朕如何劝阻，母后都不肯回心，这可如何是好？"

元叉听说太后要出家，心中暗喜，这岂不免去心中忧患和烦恼，遂劝皇帝道："陛下休要伤心。天下至孝，莫大于顺，无顺则无孝。既然太后欲削发为尼，陛下不妨顺从之，使太后如愿，得侍佛祖，也好伸陛下孝顺之风。"

皇帝含含糊糊地应允下来，至于其他事情，他一字不露，深埋在心。

试想，胡太后年纪刚刚将近四十，还是华装艳服，盛鬃丰容，情欲旺盛之年，正所谓徐娘半老，风韵犹存，焉肯出家为尼，断绝七情六欲，独对青灯呢？她不过以此为名，蒙蔽元叉，使其放松警惕罢了。而元叉终日忙于寻花问柳，无暇细想，真以为几年的监禁生活使胡太后无心问政，要皈依佛门了呢，便放松了对胡太后的监视。于是，胡太后便经常出入外殿，甚至有时携肃宗出游，无人敢于阻拦。胡太后的野心开始急剧膨胀，伺机准备下手。

孝昌元年（525年）正月，徐州刺史元法僧据城反，害行台高谅，自称宋王，年号天启，并叛魏投梁。元法僧是元叉亲族，同为道武帝拓跋珪之后，原为龙骧将军，益州刺史。素无治干，贪虐无度，杀戮自任，朝野恨之。然而却得到元叉的赏识，举荐他为安东将军、徐州刺史。不料，元法僧不为元叉争气，竟举城叛归南梁，这便授胡太后以口实，胡太后抓住此事不放，不时地敲山震虎，元叉心里不安，颇有愧悔之色，因有把柄握于太后之手，所以他对太后也就忍让三分。

高阳王元雍身为丞相，位居元叉之上，元叉执政时，总摄内外，与元叉同决庶政，但觉得权力不及元叉，所以暗加妒忌。此时见太后获得自由，有再度临朝的希望，急忙改弦易辙，投入胡太后的阵营中。一次，太后携肃宗出游，往幸洛水。元雍乘机邀胡太后和皇帝到府上，开宴畅饮。饮至太阳偏西，元雍起身对太后说："太后陛下，臣有要事与太后陛下相商，此地不便详谈，请太后陛下和圣上与臣到书房相商。"

胡太后与肃宗随元雍进入书房，密谈了好长时间才出来，随从的官吏无人知道他们谈了些什么，只见太后出来，面露笑容，下令道："宴会到此结束，起驾还官。"

几天后，元雍与皇帝一起去朝见胡太后，元雍向太后奏道："元叉父子，权位太重，致使大臣多有疑虑和怨词，朝野上下，议论纷纷，有危社稷。太后陛下能否劝元叉辞去些职位，以安众心？"

胡太后借事生风，把元叉召来，对他说道："如今朝野上下，对你怨词很多，闹得人心惶惶，元郎若果效忠朝廷，何不辞去领军之职，以他官辅政呢？"

元叉听太后欲令其辞去领军将军之职，这就意味着自己丧失兵权，安肯甘心？

他问道："臣若辞去领军之职，以太后之见，何人适合此职呢？"

胡太后怕元叉对自己起疑心，便笑着安慰道："元郎放心，朕早已想好人选，侯刚最适合此职。"

元叉听说以侯刚代己，便放下心来，因为侯刚是自己的心腹，听自己指挥。他叩拜道："臣愿解除领军将军之职。"

胡太后见元叉中计，心里非常高兴，为安慰元叉，授元叉为骠骑大将军，开府仪同三司，兼尚书令，仍守侍中之职。解除元叉兵权，扫除了通往临朝的一大障碍。

胡太后为了把持肃宗，供自己驱使，便自己做伐，将自己的侄女胡氏嫁与肃宗，立为皇后。胡氏乃胡太后从兄冀州刺史胡盛之女，姿貌平庸，肃宗并不喜欢，但母亲之命，怎能违抗，只好依命而行。不久，肃宗又纳一姓潘的女子为充华，号称外邻，专房宠幸。潘氏绝色倾城，容能媚主，最得皇帝的欢心，骄纵无比。潘充华之言，无不听从。肃宗身旁太监张景嵩和毛畅见皇帝如此宠爱潘充华，便尽力讨好潘充华，以便利用她替自己出气。因为他们与刘腾、元叉有旧怨，自己在皇上面前人微言轻，便转求于潘氏。

他们屡次到潘充华处进言，声称元叉要谋害潘充华。潘充华既娇且惧，向肃宗泣诉道："陛下，元叉势力熏天，居心叵测，数次扬言，欲害妾身，并图谋不轨，欲篡帝位，妾深为忧虑，请陛下早些留意，千万不要让他得逞！"

肃宗屡次听过母后的教诲，此时又听心上美人如此说，如何不气恼，因而视元叉为眼中钉、肉中刺，恨不得即日把元叉除掉。他对胡太后道："母后，元叉如此咄咄逼人，何不早日除之，以防不测？"

侍中穆诏亦进言道："太后陛下，元叉之事，不可再拖，恐怕夜长梦多，危及社稷啊！"

胡太后摇摇头道，

"此刻时机尚不成熟，这如同拔掉一棵大树，支干不除，即使砍断主干，亦会复生。元叉党羽还很强大，必须逐个翦除，才能动得元叉。"

肃宗认为此话有理。不久，便调侯刚出京，为豫州刺史，这就翦除了元叉的一条左臂。事隔不久，又调贾粲出京，为济州刺史，把元叉的右臂也除去，一切准备就绪，就等瓮中捉鳖，罢黜元叉了。

二、再度临朝除政敌

正光六年（525年）四月，胡太后终于结束了五年的幽禁生活，东山再起，第二次临朝称制。再度临朝的第一件事便是对敌人元叉和刘腾论罪，她召集群臣，历数元叉和刘腾之罪，下诏追削刘腾爵位，将元叉除名为民。

群臣议论纷纷，既然刘腾、元叉所犯之罪已达到是可忍、孰不可忍的程度，篡夺之心，人人皆知，为何处罪如此之轻呢？原来元叉见太后再度临朝，自知不妙，便派夫人冯翊君胡氏到太后那里去求情。冯翊君见到太后姐姐，痛哭流涕，做出痛不欲生之状，乞求道："妹自知元郎罪该万死，但望姐姐看在妹妹薄面上，免他一死，难道姐姐就忍心见妹妹如此年轻就守寡，孤独地过完后半生吗？"

胡太后见妹妹哭得如此伤心，于心不忍，毕竟是手足之情嘛。她拉着妹妹的手说道："我有心免你元郎一死，但恐怕众臣不服，说我有私情，那该如何是好？"

冯翊君见姐姐有些动心，趁机说道："以姐姐神威，何人敢不服？再说姐姐下道诏书，纵使大臣有议论，那也枉然。"

胡太后动了怜悯之心，说道："那就试试看吧。"

遂命人起草诏书，免除元叉一死。众臣见太后如此袒护亲戚，当然不服，反对最激烈的便是清河国郎中令韩子熙。

韩子熙，字元雍，昌黎棘城（今属辽宁）人。高祖孝文帝时冠军将军、齐州刺史，魏昌侯韩麒麟之孙。少自修整，颇有学识，素为清河王元怿所重，举为郎中令。清河王为元叉所害，久不得葬，子熙为之哀泣，发誓道："清河王若不得复封，以礼迁葬，吾将终身不仕。"

及胡太后返政，韩子熙见为清河王报仇的机会到了，焉肯轻易放过元叉？他见太后如此轻罪地发落元叉，极为不满，怀着满腔愤怒，言词犀利地上书，要求对刘腾掘棺暴骨，诛灭五族。同时，严惩元叉党羽。

胡太后为韩子熙忠心所感动，拜子熙为中书舍人。下令掘开刘腾棺冢，散露骸骨，并没收其全部财产，将其养子悉徙于北裔，并于途中杀之，为天下人出口恶气。对于元叉心腹，亦不放过，遣使追杀贾粲，将侯刚贬为征虏将军，不久便病死家中，征任城王元澄之子齐州刺史元顺还朝，授职侍中。

元顺，字子和，精于经史，笃志爱古，淡于荣利，起家为给事中，寻迁给事黄门侍郎。当时元叉威势尤盛，凡有迁授，都得登门道谢。元顺不愿登门，只遣人送去拜表。元叉见元顺如此高傲，问顺道："卿为何不来见我？"

元顺义正辞严道："天子富于春秋，委政宗辅，叔父宜以至公为心，举士报国，为何卖恩，责人私谢，这岂是天子所希望的！"

元顺为人耿直，敢于直言，不愿阿附，不为元叉所喜欢，出之为平北将军、恒州刺史。元顺对元叉说："如今北部边镇告紧，为国之患，愿为都督，为国捍卫北疆。"

元叉怀疑元顺有阴谋，不愿授予兵权，推辞道："此乃朝廷之事，非我一人能定。"

元顺大怒，说道："叔父把握朝政，生杀由己，自言天之历数应在你身，哪里还有什么朝廷！"

元叉气恼极了，出元顺为安东将军、齐州刺史。所以二人结下深仇大恨。

太后返政，征元顺为侍中，亲友们纷纷出城迎接，祝贺元顺高升回朝。元顺见太后如此偏袒元叉，叹息道："何喜可贺？我不患不入朝，但恐入而复出啊！"

一日，元顺随皇帝到内殿朝见太后，太后赐令旁座。元顺拜谢后，见太后右侧，坐着一位中年妇女，仔细辨认，乃是太后的妹妹，元叉之妻冯翊君。当即气上心头，用手指着冯翊君，对太后说："陛下为何眷念妹妹，而不正元叉之罪名，使天下人不能大伸怨愤！臣昨日看中山王元熙家出葬，不但宗亲哀其冤，行路士女，看见一家七丧，莫不流下同情之泪，如此之冤，陛下为何置之不管？"

胡太后无言以对，默然不答。元叉之妻潸然泪下，元顺见此状，便退出内殿。

在此之前，咸阳王元禧谋逆被诛，他的儿子多投奔南梁。其中一子名叫元树，被梁朝封为邺王，得知太后返政，特地给北魏公卿写了一封信，揭露元叉的罪恶。信中写道：

"叉本名夜叉，弟罗实名罗刹，两鬼食人，非遇黑风，事同飘堕。呜呼魏境！罹此二灾。恶木盗泉，不息不饮，胜名枭称，不入不为；况昆季此名，表能噬物，暴露久矣，今始信之。"

北魏公卿得了此书，立即进呈给胡太后。胡太后因妹妹乞请，仍不忍诛杀元叉。她顾左右而言他，并说道："刘腾、元叉，从前曾向朕索要铁券（一种免死牌），希望不死，朕幸亏没有给他们。"

胡太后讲这些，无非是想把事情搪塞过去，偏韩子熙等不依不饶，不除元叉，誓不罢休。他对太后道："元叉罪大恶极，事关生杀，与赐不赐给铁券无关，既然陛下并未赐给他铁券，为何还知罪而不诛呢？"

胡太后沉默不语，显得很不高兴。

宦官张景嵩、毛畅为除元叉出过力，此时见太后迟迟不肯诛叉，并且外面纷纷传言，说元叉欲入朝参知政事。

张景嵩等非常恐惧，他不断说服肃宗，背着太后，下诏派右卫将军杨津密往叉府，杀死元叉。肃宗被他说动，诏书已成，还未实行，元叉的妻子得知，星夜入宫，密告胡太后道："张景嵩、毛畅与清河王子衒欲废太后，图谋不轨。"

太后信以为真，便召来毛畅，责问之。毛畅道："此纯属诬告，奴才安敢有此心？"

说罢，将诏书拿出，交给太后，并说明事情缘由。太后读之，知其并未想废己，也便作罢。元叉妻对二人怀恨在心，不断间构于太后，太后疑惑，便出毛畅为顿丘太守，出张景嵩为鲁郡太守，清除一股反元叉的势力。

不久，又有人揭发元叉和他的弟弟元爪谋反，想派其党羽围攻京都附近诸县，攻破城池，烧掠抢夺，使内外震动，并先派他的从弟元洪业率六镇降户在定州（今河北定县）起兵。又令人勾结鲁阳（治今河南鲁山县）诸蛮侵扰伊阙（指伊阙关，今河南洛阳南伊阙山上），元叉兄弟在京为内应，起事日期已经定好，并获元叉手书。

胡太后因元叉是自己妹婿之故，不忍心处之。黄门侍郎李琰之谏太后道："元叉之罪，与刘腾不相上下，刘腾掘棺散骨，因何对元叉如此宽容？太后岂不示天下以私，群众安能信服？"

黄门侍郎徐纥见太后如此犹豫不决，几次欲谏，均未言而止。众大臣纷纷上书，要求处斩元叉，固执不已。肃宗因大臣、宦官及爱妾潘充华之言，亦欲除之，乃对太后说："母后，元叉罪恶滔天，民愤已极，不容宽赦，望母后以天下为重，从大臣之言，为民除害。"

胡太后无奈，她实在没有办法阻挡来自四方的压力，只好对不起妹妹，赐元叉及其弟元爪于家中自尽。但为安慰妹妹，追赠元叉侍中、骠骑大将军、仪同三司、尚书令、冀州刺史。

元叉死后，其父京兆王元继也被废归家，回想一生多么风光，如今竟落到这种地步，多么悲惨！他郁郁寡欢，不久便病死。可怜元叉之妻、胡太后的妹妹冯翊君，费了多少周折，流过多少眼泪，仍没有保住夫君的性命，弄得自己年纪轻轻就要独守空房，寡居度日，寂寂寡欢。虽然胡太后对妹妹百般安慰，但她仍难解忧怀。

元叉有个弟弟名曰罗，字仲纲，以俭素著称。他善结名士，与当时才子如王元景、邢子才、李奖等过往甚密，望倾四海。元叉当朝专政时，官至都督光南青三州诸军事。元叉被诛，元罗未受牵连。他见嫂嫂年轻美貌，便有盗嫂之心。冯翊君每日愁眉不展，泪水涟涟，元罗看在眼里，疼在心上，经常到嫂子的房间里嘘寒问暖，劝慰关怀，极尽温柔。并时常用语言暗示对嫂子的爱恋之情，冯翊君难耐寂寞，见元罗年轻有为，且才华横溢，并懂得体贴关怀人，便有些动心。她不便明言，时常双目含情，暗送秋波。二人你来我往，勾搭成奸，情同伉俪。胡太后闻知后，一笑了之，真不愧为姐俩，均有与叔偷情的本事，淫行竟如此相同，令人惊讶！

三、纵淫欲广置面首

胡太后再度临朝后，改年号为孝昌，竟将从前被幽禁的苦楚撇诸脑后，忘得一干二净。她不励精图治，重振朝纲，而是醉于欲海，荒淫无度。昔日的情人清河王元怿已被元叉所害，五年禁宫生活，受尽相思之苦，无人能安慰她、满足她。如今重获自由，当务之急是为自己找个美貌情郎，以发泄自己炙热难耐的淫欲。这一次，她找到她年轻时的情人——郑俨。

郑俨，字季然，荥阳（今属河南）人，相貌堂堂，一表人才。无论仪态还是风度，都不逊于清河王。曾为司徒胡国珍参军。胡太后回府省亲时，偶然发现这位容貌不凡的美男子，便眉目传情，暗相勾引。郑俨亦乐得有如此美貌女主的宠爱，遂勾搭成奸。每次太后回府，便偷偷临幸这位情郎哥，但有清河王在身边，对郑俨的需求不甚强烈，遂无人知晓其事。

太后返政，清河王已死，太后复想起昔日与自己有过情交的郑俨，便提拔他为中书舍人，引入宫闱。老情人相见，分外亲热，轻车熟路，同床共枕，彻夜欢娱。朝朝暮暮，如胶似漆，出双入对，宛如夫妻，众人皆知，亦无须遮掩与回避。胡太后将郑俨视为掌上明珠，只能独享，郑俨已有妻室，太后将他留在身边，不许回府。如有事回府，太后便派个小太监随去监视，只许郑俨与其妻谈些家常，不许施与柔情，更不许在家中过夜。身为太后，依仗手中权势，如此明目张胆地抢人丈夫，还如此蛮横无理，真是自古少有！郑俨无奈，只好勉从遵命。

胡太后越老越淫，她觉得单单郑俨一个面首，已无法满足她日益强烈的欲望，面首应多多益善，遂广为延纳，又将徐纥、李神轨等人引入宫闱，与之交欢。

徐纥，字武伯，乐安博昌（今山东博兴）人。家世寒微。自幼好学，有名理，以文词见称。察举为孝廉，高祖元宏拔为主簿，世宗时为中书舍人。此人善于趋炎附势，谄附权臣赵修，迁通直散骑侍郎。及修诛，徐纥被徙枹罕（今甘肃临夏）。太傅清河王元怿因其有文才，遂相重用，复为中书舍人。元叉害元怿，出之为雁门太守。太后返政，因为徐纥曾为元怿所重，复起为中书舍人。徐纥见郑俨为太后心上红人，便曲事郑俨，郑俨将其推荐于太后。太后见其机智能辩，善解人意，并且颇具才华，便纳入宫闱，昼夜享用。

郑俨、徐纥和平相处，共享太后秋色。郑俨因徐纥有智谋，倚为谋士，徐纥因郑俨最受太后宠爱，曲意奉承，二人共为表里，权倾内外。郑俨为通直郎、散骑常侍、平东将军、武卫将军、华林都将、右卫将军、中军将军、中书令、车骑将军，舍人，常侍如故，欲集天下所有官职于一身。徐纥亦迁为给事黄门侍郎，总摄中书门下之事，军国诏命，莫不由之。二人为太后心腹，参断机密，势震朝野，时人称之为"徐郑"。

太后另一面首李神轨，顿丘（今河南清丰）人，胡太后权臣李崇之子。受父爵为陈留侯，由给事中迁员外常侍、光禄大夫。累出征讨作战，颇有将领阳刚之气，为太后所喜欢。从他身上，太后享受到郑俨、徐纥这些文弱书生身上所不具备的东西，所以对他格外宠爱。李神轨恃宠而骄，势倾朝野，后迁征东将军、武卫将军、给事黄门侍郎，常领中书舍人。

郑俨、徐纥、李神轨倒也不相互争风吃醋，轮流侍寝，太后乐得享受，与之彻夜交欢。

胡太后不仅放纵淫欲，而且不忘旧日所好，经常带领群臣，到处游幸。她不顾自己已是明日黄花，经常打扮得妖冶华丽，与她的身份及年岁极不相符。

侍中元顺当面劝谏道：古礼规定，妇人无夫，自称未亡人，首不戴珠玉，衣不饰华彩。陛下母仪天下，年近不惑，如此过分修饰打扮，有失礼制与体面，将如何垂训后世呢？

　　元顺当着众人之面如此直言，胡太后觉得很难为情，她无法回答元顺，只好默然不语。待还宫后，太后将元顺召至面前，诘责道："千里迢迢，朕将你召还入宫，难道朕就是为了召你回来当众羞辱我的吗？朕待你不薄，视为心腹，无人不晓，你为何这般与朕过不去？"

　　元顺不卑不亢，大声对太后说："陛下既然不怕天下人耻笑，却对臣的几句忠言耿耿于怀，忌恨于心，臣实在不解。"

　　太后见元顺不屈服，一时也驳不倒他，遂息事宁人，微笑着说道："罢了，罢了，此次朕不怪你，但绝不允许有第二次。"

　　元顺亦不回答，转身退下了。胡太后表面虽如此说，但内心却对元顺十分怨恨。身边的城阳王元徽和中书舍人徐纥见此，便趁机对元顺进行谗毁。

　　元徽，字显顺。"粗涉书史，颇有吏才。"世宗时，袭父封，为城阳王。肃宗即位，封右将军，凉州刺史，元徽因路途遥远，固请不肯莅位。改任后将军、并州刺史。有政绩，累迁尚书左仆射，车骑将军、仪同三司。元徽居于宠任，却无所事事，与郑俨之徒，狼狈为奸。为人奸诈，外似柔谨，内多猜忌，睚眦之忿，必思报复。其妻于氏与广阳王元渊通奸，元徽恨之入骨。适元渊自定州被征为吏部尚书，兼领中军。元顺拟诏书，辞颇优美，元徽便怀疑元顺为元渊同党，记恨在心。见太后对元顺有怨怒之意，焉肯放过这报复元顺的大好机会？便与徐纥对元顺进行恶意诽谤。

　　胡太后对元顺不为自己留情面怀恨在心，再说，留元顺在身边说三道四，破坏自己好事，多有不便，遂听从元徽与徐纥之计，出元顺为护军将军、太常卿。

　　元顺至西游园向太后辞行，见元徽、徐纥立于太后两侧，便明白了事情原委。他怒火中烧，用手指着徐纥骂道："你这个贼人，就是魏国的宰嚭（战国时吴国奸臣），魏国不亡，此人不死，想必老天也没什么公道！"

　　徐纥做贼心虚，面露窘相，欲灰溜溜逃走，元顺又呵斥道："你本是个刀笔小人，只应充当书吏，侥幸高居，为何辱没中书之职，坏我大魏之名声？"

　　话虽是对徐纥而言，但是说给太后听的。太后佯作不闻，不置一词。徐纥恐慌退出，元顺也气冲冲地退殿，众人不欢而散。

胡太后之侄胡僧敬见姑母如此宣淫于朝，便召集亲族，涕泣谏太后道：

"昔日为救姑母，不惜冒谋叛之名，以死相救，期望姑母重执朝纲，振救大业。不料姑母重返朝政，不思振作，重用奸佞之徒，示天下以淫政，陛下母仪海内，岂可轻脱如此！"

胡太后听罢此言，非常恼怒，出僧敬为泾州刺史。太后原来好以家人礼与亲族宴戏，至此觉得无颜，不再宴戏。

自太后复临朝，忙于淫欲，无暇理政，"自是朝政疏缓，威恩不立，天下牧守，所在贪惏。郑俨汙乱宫掖，势倾海内；李神轨、徐纥并见亲侍，一二年中，位总禁要，手握王爵，轻重在心，宣淫于朝，为四方之所厌秽。文武解体，所在乱逆，土崩鱼烂，由于此矣"。北魏王朝至此走向衰亡。

第七章

献忠诚道元被害
恨猜忌宝鋆起事

胡太后执政时期，北魏王朝开始走向衰落和灭亡，朝政腐败，官吏贪婪，贿赂公行，小人当道，主昏臣贪，荒淫侈靡。南方边境时时受萧梁侵逼，北方各民族起义此起彼伏，内外交困，苟延残喘。《魏书·肃宗纪》载：

> 魏自宣武以后，政纲不张。肃宗冲龄统业，灵后妇人专制，委用非人，赏罚乖舛。于是衅起四方，祸延畿甸。

然而给北魏王朝致命一击的，还是北方六镇各族人民的反抗斗争。

当年拓跋魏进入中原后，北方柔然（或称茹茹、蠕蠕）逐渐强大起来，占有大漠之地，东至朝鲜，西接焉耆，北至漠北，南临大碛，成为北魏的劲敌，时时骚扰北魏边塞。北魏为了防止柔然，在世祖拓跋焘时，就在平城外围，筑塞环卫平城。并陆续在这一带设镇防守，共有六镇，即沃野（今内蒙古五原北）、怀朔（今内蒙古固阳南）、抚冥（今内蒙古四子王旗东南）、武川（今内蒙古武川西）、柔玄（今内蒙古兴和北）、怀荒（今河北张北县北）。这就是历史上著名的北魏六镇。初设镇时，北魏统治者非常重视，皆选拓跋部贵族或中原强宗豪族为将士，进行镇守，政府给予优待。以后，由于拓跋部成员的阶级分化，且政权稳定，边任渐轻。特别是迁都洛阳后，北方六镇军人的地位逐步下降。担任士兵的府户，备受奴役，六镇士兵苦不堪言，他们受着中原贵族官僚和本镇将吏的双重压迫，阶级矛盾、民族矛盾异常尖锐，所以，反对北魏统治的人民大起义，首先在北方六镇爆发了。

正光四年（523年），柔然主阿那瑰攻打到柔玄、怀荒二镇之间，怀荒镇民请给予粮廪，镇将于景固执不给。

于景，字百年，权臣于忠之弟。元叉当政，于景谋废元叉，元叉黜为征虏将军，怀荒镇将。为官贪婪残暴，民愤极大。于景不肯给饷，镇民不胜其忿，杀死于景，拉开六镇人民大起义序幕。

正光五年（524 年）三月，沃野镇人破六韩拔陵杀死戍主，再举义旗，据境称王，年号"真王元年"。四月，高平镇（今宁夏固原，六镇之外）酋长胡琛自称高平王，起兵响应破六韩拔陵。六月，秦州人莫折大提据州起兵，杀刺史李彦，自称秦王。南秦州（今甘肃成县西北）人孙掩、张长命等据城起兵，杀刺史崔游，以响应莫折大提。孝昌元年（525 年），柔玄镇人杜洛周起义于上谷（治今河北怀来）。孝昌二年（526 年），五原降户鲜于脩礼起义于定州。脩礼死后，葛荣代统其众。起义烽火燃遍北魏北疆，已成燎原之势。其中势力较大的有破六韩拔陵、莫折大提、杜洛州和鲜于脩礼等几支队伍。

破六韩拔陵是匈奴后裔，久与鲜卑族杂居。起义后，华夷之民，纷纷响应，先后攻下武川镇和怀朔镇。北魏朝廷派临淮王元彧和李淑仁兵分两路，进行围剿，大败而归。至此，西至高平，东至河北长城内外，都在起义军控制之下。北魏随即改派李崇为大都督，率领广阳王元渊、抚军将军崔暹，前来镇压，亦是大败而回。孝昌元年（525 年），胡太后返政，不惜引狼入室，求助于柔然阿那瓌，镇压起义军。阿那瓌自武川西攻沃野，大败破六韩拔陵军，拔陵义军二十余万降于朝廷，被分散于冀、定、瀛三州就食。这支起义军暂时挫败，不久又东山再起。

莫折大提是羌族人，由于秦州刺史李彦政刑残虐，在下皆怨，州民薛珍等杀之，推大提为首领，号称秦王，攻下高平镇。大提病死，其子莫折念生继之，号称天子，年号天建。念生派兵攻取岐州、泾州、凉州等地，势力迅速壮大。他们几次打败朝廷军队，斗争一直延续到孝昌三年（527 年），莫折念生部下常山王杜粲，叛变投敌，将念生合门杀死，投降于萧宝夤，起义失败。

响应破六韩拔陵的敕勒酋长胡琛和部将万俟丑奴起兵于高平，称高平王。孝昌元年（525 年），魏将萧宝夤和崔延伯率十二万之众前来围攻，被义军打败。后胡琛被破六韩拔陵杀死，万俟丑奴继统义军。莫折念生死后，其部众亦归万俟丑奴，所以势力更大。

　　萧宝夤屡次被起义军打败，引起胡太后的不满，孝昌三年（527年），胡太后派御史中尉郦道元前往关右监督，引起萧宝夤的反抗，这又给北魏政权以沉重打击。

　　萧宝夤，字智亮，南齐明帝萧鸾第六子，东昏侯萧宝卷之弟。萧衍围攻南齐，攻克建业（今南京市）。萧宝夤投奔北魏，时为世宗景明二年（501年），世宗给萧宝夤以礼遇和重用，官至使持节、都督东扬南徐兖三州诸军事、镇东将军、东扬州刺史、丹阳郡开国公、齐王，并配兵一万，镇守淮南。屡次请于世宗，要求率兵攻打萧衍。永平四年（511年），世宗以之为使持节、假安南将军，别将，与萧衍作战。临行前，世宗亲自在东堂为他饯行，对宝夤道："萧衍送死，屡犯吾边。卿忠规内挺，孝诚外亮，欲报亡国之仇，鞭尸吴墓，戮衍江阴，故授卿以总统之任，仗卿以克捷之规，应努力为之。"

　　宝夤对曰："仇耻未雪，枕戈俟旦，虽无申包之志，敢忘伍胥之心。今仰仗圣上神谋，俯厉将帅，共心协办，誓灭此贼。"

　　从此，萧宝夤握重兵，屡次与萧梁作战。直到胡太后临朝，方召还京师。

　　当萧衍筑浮山堰，欲灌寿阳时，胡太后又派萧宝夤为使持节、都督东讨诸军事、镇东将军，进攻淮堰。就在萧宝夤驻淮堰时，梁武帝派人捎去他的亲笔书信，劝其降梁，许以重利。

　　萧宝夤接信，有过一番踌躇，但还是决定将信呈交于太后，以示自己对朝廷的忠诚。胡太后看罢萧衍之信，表面上下诏嘉奖萧宝夤的忠诚，但内心却对萧宝夤产生阴影。

　　及关中大乱，胡太后授萧宝夤为开府、西道行台，到关中地区镇压人民反抗。由于关中人民反抗斗争十分激烈，萧宝夤出兵累年，糜饷添兵，不知多少，但始终不见成效。有司处宝夤死罪，胡太后开恩，将其废为庶人。

　　人民斗争烽火愈燃愈烈，而北魏朝廷中已无将可派，能征善战的老将李崇已病逝，雍州行台杨椿又上书报病，请人相代。胡太后无奈，只好将还算比较能作战的萧宝夤再次请出，授使持节，都督雍泾岐南豳四州诸军事、征西将军、雍州刺史、假车骑大将军、开府、西讨大都督，自关以西，都受其节度。

杨椿卸任还乡，正遇其子杨昱将要还京城，椿谓昱曰："太后陛下以萧宝夤为雍州刺史，虽除他之外，已无更适合的人选，但他的僚佐，应遣些心腹之人，怎可任其独行？此乃太后百虑之一失。交任之时，吾观宝夤不以雍州刺史之职为荣，赏罚决于己，不依常宪，恐怕他已有不臣之心。如若那样，关中危在旦夕。你今赴京，将我的意见启禀于太后，并转禀宰辅，另派长史、司马、防城都督。想要稳定关中，必须再派三位有力之人，胁制宝夤。如不派人前往，必将酿成大祸。"

杨昱还京后，将父杨椿意见禀明胡太后。胡太后正忙于与面首们寻欢作乐，既然已将萧宝夤派出，哪还管得其他许多。她对杨昱道："卿之所言，朕已知了，但宝夤忠于朝廷之心，可鉴日月，毋庸多疑。"将此事置之不理。

萧宝夤此次出任雍州刺史，确实心中对朝廷充满怨恨。自己多年转战南北，竟曾无辜被罢官，心里焉能不恨！后又听说杨椿之言，更有些惊恐不安，深悔当年不听梁主之劝，归于南朝，如今落到此种地步。太后陛下一旦翻脸，恐怕性命难保。他思前想后，决定伺机铤而走险。

正在萧宝夤徘徊观望之际，宫廷内部的一次争权夺势的斗争，将萧宝夤推上反叛之路。

御史中尉郦道元，字善长，范阳（今北京市）人，地理名著《水经注》的作者。素号严猛，不避权威。司州牧、汝南王元悦宠恋小吏邱念，食同桌，寝同床，即今日之同性恋。邱念倚汝南王之权威，多行不法。道元收捕念，押于牢狱，欲处以重刑。汝南王悦闻讯后，急忙入宫，求救于胡太后。胡太后听信悦的一面之词，下敕令，赦免邱念，而郦道元不等赦令至，先处死邱念，并弹劾元悦纵奸枉法，胡太后置之不理。悦失爱宠，焉能不恨道元？他想出一计，奏请胡太后调道元为关右大使。关右为萧宝夤的势力范围，若将道元派去，势必激怒萧宝夤，好借刀杀死道元。想好计策，便禀白太后道："太后陛下，关中扰攘，连年不息。雍州刺史握重兵，心存观望，臣恐其生变。陛下应遣重臣前往监督，以防不测。"

前有杨椿之言，胡太后又听元悦如此说，便有些动心，遂问道：

"以卿之见，何人适合前往？"

元悦见胡太后中计，乘机道："御史中尉郦道元刚直不阿，不畏权贵，最适合此行。"

胡太后根本没想元悦此话目的，便同意其建议，任命郦道元为关右大使，前去监督萧宝夤。

萧宝夤闻知胡太后派郦道元为关右大使，知道胡太后对自己已起疑心，此次派郦道元前来，自己恐怕凶多吉少。他越想越怕，越想越气愤，召来心腹柳楷，问道："太后之意已十分明显，事情危急，我将如何是好？"

柳楷答道："大王为齐明帝子，天下属望，何必居于人下！女主昏庸，亲信小人，大王危在旦夕，此时不反，更待何时！况近有谣言：鸾生十子，九子鳏，一子不鳏，关中乱。此言正应于大王身上，乱训为治，大王当治关中，已无疑义。"

萧宝夤听罢柳楷一番话，决计叛魏。他密遣部将郭子恢潜伏在阴盘驿，等道元路过时，将他刺死。萧宝夤上报朝廷，言道元被贼人所害，胡太后不辨是非，令萧宝夤捉拿凶犯。不久，萧宝夤叛魏，自称齐帝，改元隆绪，都于长安。并且百官都督，被服衮冕，出祀南郊，行即位之礼，关中地区又出现了一个皇帝，这对北魏来说，无疑雪上加霜，难以应付。

萧宝夤称帝后，遣郭子恢东攻潼关，张始荣围攻华州刺史崔袭。胡太后闻知萧宝夤反叛，急得如热锅上的蚂蚁，急忙派尚书仆射行台长孙稚率军倾巢出动，攻打宝夤。当时北地人毛鸿宾与其兄遐纠集乡勇，讨伐宝夤，宝夤派大将军卢祖迁等击遐，被遐杀死。宝夤又派其将侯终德攻打毛遐，正逢郭子恢被官兵打败，长孙稚又派其子子彦破张始荣于华州。终德见宝夤已无希望，便返师回长安，欲图宝夤。军已至白门，萧宝夤才发觉，与终德交战。事出仓促，兵卒涣散，未战先逃。宝夤战败，携带妻子、少子及部下百余骑，从后门仓皇出逃，投降于万俟丑奴。萧宝夤虽被打败，但北魏的损失是十分严重的。萧宝夤这支队伍是北魏唯一能与起义军抗衡的军队，至此分崩离析，彻底瓦解，北魏朝廷再也无力与起义军抗争，整个关中地区都成了起义军的势力范围。

面对汹涌澎湃的各民族人民大起义，以胡太后为首的北魏统治者束手无策，一筹莫展。肃宗元翊发下诏书，要御驾亲征。

只可惜，只是纸上谈兵，连个作战部署和行军路线都未想好，诏书一下，就算了事。哪管前线如何，每日在销金帐中，与潘贵嫔寻欢。小的临危不惧，老的也等闲视之。胡太后整日淫乐于后宫，任凭各处败报频传，只管云雨享乐，毫不忧虑。一切军事，都委任给城阳王元徽以及面首郑俨、徐纥，任凭他们随意处置。如此情形，焉有不败之理？

第八章

纲纪废烽烟四起

弑君主太后逆行

一、烽烟四起枭雄兴

朝廷无将可派，六镇皆叛，进占关中，朝廷危机四伏。在此情况下，崛起一乱世枭雄，尔朱荣。

尔朱荣，字天宝，北秀容（山西朔县）人，他的祖先居于尔朱川，因以为姓。世代为第一领民酋长。他的高祖尔朱羽健曾率领契胡武士1700人，帮助拓跋珪攻取中山，可知尔朱氏即为契胡酋长。因功受封北秀容方圆三百里之地。至尔朱荣的父亲尔朱新兴时，"家世豪擅，财货丰赢。……牛羊驼马，色别为群，谷量而已。朝廷每有征讨，辄献私马，兼备资粮，助裨军用"。因此，深受高祖孝文帝的赏识。

尔朱荣相貌出众，一表人才，智谋过人，善于射猎和阵法，号令严肃，无人敢犯。传说荣与其父游于天池之上，忽闻箫鼓之声。父新兴对荣说："古时相传，凡闻此声者皆至公辅。我今年已衰暮，看来应于你身，你应好自为之。"

荣深记此言。父死后，尔朱荣继承祖上之业，有部曲八千家，马万匹。受封为直寝、游击将军。正光年间（520—525年），四方兵起，天下大乱，尔朱荣认为伸展自己才华，实现理想愿望的时机到了，遂散畜牧，招募义勇，给其衣马，发展自己的势力，扩充队伍。他广结豪杰死士，发愤为雄。于是侯景、司马子如、贾显、段荣、窦泰等，先后趋附，整日里练兵储械，待时出发。这乃是北魏朝廷一大隐患，不比那四方草寇，剽掠无定，而是一支有据点、有实力的隐蔽敌人。

随着实力增强，尔朱荣帮助北魏朝廷抵抗过柔然，镇压过内附胡民乞扶莫于、南秀容牧子万子乞真、并州牧子素和婆仑崄等的反抗，又打败了敕勒人斛律洛阳和费也头牧子的联合起义，深得胡太后之欢心，进号平北将军、光禄大夫，假安北将军，为北道都督。寻除武卫将军，加使持节、安北将军、都督恒、朔讨虏诸军，假抚军将军，进封博陵郡公，增邑五百户。胡太后没有看穿尔朱荣的野心，对之不加任何防范，任其扩充发展势力，并想借助其力量，平息内忧外患。这无疑是以虎驱狼，后患更甚。许多大臣都看到这一点，劝胡太后改张易弦，及早防备，而胡太后却自鸣得意，置若罔闻，使这乱世枭雄发展壮大起来。

永安元年（528年）七月，万俟丑奴号称天子，设置百官，得波斯国所送狮子，因建年号为神兽。直到永安三年（530年），才被尔朱荣镇压，万俟丑奴与萧宝夤被俘，被杀于洛阳，起义失败。

回头再谈破六韩拔陵起义失败后，其部众被安置于冀、定、瀛三州，还有一部分在幽州、恒州。不久，这些部众再度于华北内地举起义旗，反对北魏王朝的统治。

孝昌元年（525年）八月，柔玄镇人杜洛固率众起义于上谷，年号真王，攻没郡县，南围燕州。北魏朝廷派幽州刺史常景为行台，攻打义军。第二年，杜洛周攻克幽州，俘虏了行台常景和刺史王延年，声势日盛，再向南发展。武泰元年（528年），杜洛周攻克定州、瀛州。二年二月，葛荣火并了杜洛周，洛周部下皆转归葛荣所有。

孝昌二年（526年）正月，六镇降户中的又一支五原降户鲜于脩礼，率领北镇流民，起义于定州，建年号为鲁兴元年。朝廷派长孙稚为大都督，与河间王元琛带兵镇压，被脩礼大败，长孙稚和元琛逃走。朝廷改派广阳王元渊为大都督，以章武王元融，及将军裴衍为副，出击脩礼。由于元渊与朝中执掌兵权的城阳王元徽有奸妻之仇，元徽诬陷元渊，对胡太后道："广阳王以爱子握兵在外，其心不可测，恐有异图。"

胡太后对元徽言听计从，便下密诏令章武王元融监视元渊。元融气愤不过，将太后密诏拿出给元渊看。元渊心中恐惧，上表太后，指责元徽谗害功臣，并及己身。请求太后调徽出外，然后得免牵掣，方可效死击敌。胡太后忙于寻欢，对元徽深信不疑，遂将元渊上表置之不理。元渊见太后不用己言，越加疑惧，事无大小，不敢自决。如此状态，安能作战？人无斗志，连营转栅，日行十里。

八月，正当鲜于脩礼与元渊军相峙时，义军内部叛徒元洪业杀死脩礼，欲降于元渊。葛荣起来杀死元洪业，继续率领义军进行战斗。葛荣率领义军与广阳王渊、章武王融大战于白牛逻（河北蠡县南），临阵斩融。渊身处险境，外有强敌追击，内有奸人构陷，弄得进退彷徨。城阳王徽乐得落井下石，密令侍中元晏，弹劾元渊盘桓不进，坐图不轨。太后下诏，悬赏捉拿。参军于谨是元渊谋士，听说此事，便对元渊道：

"今女主临朝，昏晦不明，信用谗佞，殿下所行被怀疑，若无人代殿下申明，恐遭奇祸！谨愿只身归罪，宁让其诬谨，也不让其诬殿下！"

元渊与于谨洒泪告别。谨星夜入京，自投牓下。有司奏于太后，太后立即召入，亲自审问。于谨从容奏对，为元渊辩诬，并说明前线战况，胡太后为之动容，不由得怒气全消，并释放了于谨。

元徽见计谋未得逞，又致书定州刺史杨津，秘密嘱咐杨津，除掉元渊。元渊被葛荣大败，退保定州。杨津派都督毛谥等，夜袭元渊住宅，元渊未及防备，率领左右数人，仓皇出逃。行至博陵郡界，被葛荣部下俘获处死。葛荣随即号称天子，国号为齐，年号广安。

元渊死后，胡太后特授博陵郡公尔朱荣为安北将军，都督恒、朔二州军事，倚为北方长城，掌握北魏兵权。

孝昌三年（527年），葛荣攻克殷州、冀州。武泰元年（528年），又攻取了沧州，占有幽、冀、定、殷、瀛、沧诸州，有众数十万，号称百万，向南直取洛阳。京都危在旦夕，胡太后不思御敌，而在策划新的宫廷阴谋，这无疑是雪上加霜，加快了北魏王朝的灭亡。

二、母子反目害肃宗

胡太后耽于放纵，不思朝政。此时肃宗已是19岁的成年人，随着年龄增长，神智日开，对母后专权，帷薄不修，耳闻目睹，心怀不满。胡太后对已长大成人的肃宗开始防范与怀疑，肃宗对太后已非像昔日那样言听计从，时有抵触，母子二人感情上出现裂痕，并且随着时间的推移，日益加深。

胡太后自知行为不检，很担心大臣向肃宗传播自己的秽事，严格控制皇帝身边之人，一旦发现他们与皇帝关系密切，便格杀勿论。通直散骑常侍谷士恢，深受肃宗宠爱，终日陪伴在皇帝身边。太后视之为眼中钉，唆使手下诬告谷士恢欲谋篡逆。太后不问青红皂白，趁机下诏，勒令他自尽。还有个叫密多的道人，能说胡语，常常出入殿廷，为皇帝讲授佛法。太后疑其利用传经授道，给皇帝出谋划策，便派人跟踪密多道人，并于城南大巷中杀之。然后贼喊捉贼，下诏悬赏捉拿凶手，为道人报仇。此外还有左右鸿胪少卿谷会、绍达，均因受皇帝宠爱，招致杀身之祸。

肃宗年纪不小，焉不知太后之计？他怀恨在心，不便发作。胡太后与肃宗之间的嫌怨更深了。

胡太后见肃宗日有主见，并对自己心怀不满，甚是忧虑。她的情夫徐纥见太后整日愁眉不展，便问道："何事使陛下忧心忡忡，龙颜不悦？"

胡太后叹息道："子大不由母。如今的皇上已非昔日，口虽不言，心却对朕极为不满。朕恐他日，必将嫁祸于朕。"

徐纥出计道："陛下若想长治久安，何不早做打算，以免后患？"

胡太后探询问道："徐郎有何妙计？"

徐纥神秘地说道："听说潘充华即将临盆分娩，太后何不立其子为太子，早登皇位，令皇上为太上皇，颐养天年？"

胡太后摇头道："皇上正值华年，安肯退位为太上皇？再说潘充华所生，怎可断定即是皇子呢？"

徐纥笑了笑，说道："这有何难。昔日显祖献文皇帝不也是 18 岁便让位于高祖，自己做太上皇了吗？再说潘充华所生，无论是男还是女，只要陛下封锁消息，将其藏匿起来，别人安知男女？"

胡太后点头称赞道："此计甚妙，徐郎智谋过人，赛过诸葛也。"

不日潘充华生产，所生乃一女婴。胡太后另辟一宫，令其居住，并派人严密把守起来，对外宣称潘氏生一皇子，便立为皇太子，改元武泰，大赦天下，朝野欢庆三日。

肃宗见太后密藏潘充华，并急立太子，恐其中有诈，对己不利。他知道这定是徐纥、郑俨两个小人所出之计，不除此二人，自己永无宁日。但如何除去二人呢？他们是母后心上之人，朝中大臣均听命于太后，无人效命于自己。他思前想后，觉得有一个人比较适合，那就是驻守北方边镇的尔朱荣。肃宗草拟一份密诏，令贴身太监送到北边。

尔朱荣在北边秣马厉兵，虎视眈眈，随时准备挥师南下，夺取朝政。他的队伍在镇压六镇人民起义中发展壮大，谋士如云，猛将如雨，精骑上万，他的野心也日益膨胀。当他见葛荣吞并杜洛周，挥师指向洛阳时，便上表胡太后，请自发骑兵，东援相州。胡太后虑其难制，没有准奏。尔朱荣另辟他途，将自己的女儿送入宫中，太后册封其为贵嫔，进尔朱荣为骠骑将军，都督并、肆、汾、广、恒、云六州军事，寻复进位右光禄大夫、开府仪同三司。尔朱荣未获出师之名，遂按兵不动，等待时机。

适时，尔朱荣得一重要谋士，就是高欢。高欢，字贺六浑，渤海蓨（今属黑龙江）人。是一个鲜卑化汉人，世代入仕慕容氏。久居北边，与鲜卑人杂居，故习其俗，逐渐鲜卑化。他先投怀朔镇杜洛周，葛荣吞并杜洛周，复归葛荣，转而投尔朱荣。

一次，高欢随尔朱荣来到马厩，马厩之中有一匹烈马，专喜噬啮，荣令欢修剪马鬣。高欢不加羁绊，用剪刀慢慢剪，马竟纹丝不动。剪毕，欢对尔朱荣道："驾驭恶人，就如同此马一般。"

尔朱荣暗暗点头，将高欢带入室内，屏去左右，问高欢道："天下纷扰，以你之见，吾将如何处之？"

高欢道："闻公有马十二谷，以色分群，这些马将作何用？"

尔朱荣道："有话直言，无用保留。"

高欢道："方今天子愚弱，太后淫乱，奸佞擅命，朝政不行。公雄才大略，如乘时奋发，入讨郑俨、徐纥而清帝侧，霸业可举鞭而成，此贺六浑之意也。"

尔朱荣闻言，大喜道："此言正合吾意。"

二人促膝密谈，自日中至深夜，高欢才趋出。从此后，每遇军事，必与高欢商谋。

并州刺史元天穆是北魏宗室，与尔朱荣很是投契，尔朱荣询问道："吾欲挥师洛都，铲除奸佞，以清帝侧，你看如何？"

元天穆道："主上阇弱，太后擅政，荒淫无道，奸佞当朝，暗无天日，公不起兵，更待何时？"

帐下都督贺拔岳从旁怂恿道："主公休要犹豫，末将愿为先锋，直捣京城！"

尔朱荣见部下均赞同起兵，便部署兵马，聚集义勇，北捍马邑，东塞井陉，准备南向入都。

万事俱备，只欠东风，而东风却适时送到。肃宗身边太监奉皇帝之命，送密旨于尔朱荣。尔朱荣接到密旨，见皇上召他入京，铲除徐纥、郑俨，正中下怀，欣喜万分，终于找到出师之名。他星夜准备兵马，次日便打着"除奸佞，清君侧"的旗号，以高欢为先锋，浩浩荡荡地向南进发。

大军行至上党（今山西长治），忽然接到皇帝密敕，禁止尔朱荣入都城。尔朱荣不禁踌躇不决，是继续南下进军京城，还是北还边镇呢？高欢见状，劝尔朱荣道："明公今日骑虎难下，犹如上弦之箭，有进无退，还有何疑虑！"

尔朱荣觉得此言有理，决定明日继续南下。次日清晨，京都传来哀诏，说肃宗暴崩，立嗣子为皇帝。尔朱荣见朝中有变，遂驻军观望几日。又过数日，传到太后诏令，说肃宗并无子嗣，前所立者乃皇女，今另立临洮王宝晖世子元钊为帝。几道迷离恍惚的诏敕，使尔朱荣非常气恼，猜知此事必是太后和她的情夫们所为，遂上抗表，声言要亲赴京城，调查皇帝死因。

肃宗元翊年仅19岁，素无疾患，为何忽然暴崩？原来事情出在郑俨、徐纥身上。二人不知从何处探听到皇帝写密诏，召尔朱荣进京，诛杀他们，郑俨、徐纥惊慌失措，见尔朱荣果真挥师南下，知道这是冲他们而来，遂找太后说："陛下，听说皇上密召尔朱荣入京，欲囚禁陛下，亲揽朝政，并声言诛杀臣等，以清君侧。如今尔朱荣已挥师南下。臣想，尔朱荣醉翁之意不在酒，他只不过以清君侧之名，行篡逆之实，若他得逞，陛下不仅要受前时监禁之苦，而且还恐性命难保，望陛下果断处之。"

对于尔朱荣引军南下，胡太后亦是心惊胆战，正在不知如何是好，见情夫如此之问，便征求二人意见道：

"不知二位有何高见？"

郑俨道："目前只有一个办法，不知陛下是否忍心。"

胡太后道："我们命都不保，还有何不忍心的？你尽管直说。"

郑俨见胡太后如此说，便直截了当道："事情是由皇上引起，如今只有除去皇上，另立君主，才能使尔朱荣进军无名，退回北镇。"

胡太后听郑俨要除掉皇帝，面惊失色，皇帝毕竟是自己亲生之子，母子之间虽有嫌隙，但尚未达到此种地步。她沉默不语，过了片刻，询问道："除此之外，还有其他良策吗？"

徐纥道："除此之外，别无良策。陛下若不想再受监禁之苦或杀身之祸，只能下此狠心，永绝后患。"

胡太后明白，皇帝已长大成人，亲政是早晚之事，他若亲政，绝无自己好日子过，自己的那些面首们更是性命难保。她思虑再三，为了自己今后能随心所欲，享乐人世间的荣华与欢乐，决定忍痛割爱，除掉自己的亲生儿子。想至此，便对郑俨、徐纥道：

"此事你们俩看着办吧。"

郑、徐二人见太后同意了，便密令皇帝身边侍从，用毒药将肃宗毒死。可怜那肃宗，年仅 19 岁，便死在自己亲生母亲手中。肃宗的一生可哀可叹，枉为皇上，从始至终，都是傀儡，未曾亲政。自己刚有点主见和想法，便惨死在母亲手下。胡太后心狠如毒蝎，元翊的诞生，为她带来人世间最大的欢乐与权力，她想永远占有元翊，不许他违背自己的意愿，更不许他有自己的主见。当她发现元翊竟敢背着她，偷写密诏，召尔朱荣入京，威胁到自己的权力和生命时，她便不惜牺牲亲生儿子。

　　肃宗被毒死后，胡太后急忙立假太子为皇上。但她终虑纸包不住火，事情早晚会泄密，几天后，她见朝臣无甚反应，人心已安，便更立临洮王元宝晖之子元钊，年仅三岁。太后下诏，向天下解释立元钊为皇帝的理由，同时欲以升官晋爵，堵住百官之嘴，来掩饰其谋害皇帝，欺罔天下之罪，掩饰其立三岁顽童，以达到其继续临朝听政之目的。皇帝忽变皇女，真是荒唐世道荒唐多。胡太后以为诏书一下，便会天下太平，万没想到，尔朱荣不买她的账，竟敢给她上抗表。胡太后接到尔朱荣的抗表后，惊慌失措。她知道今日的尔朱荣已非昔日可比，拥兵十数万，铁骑万余，非朝廷所能抗衡。她一面派尔朱荣从弟尔朱世隆带着敕令，到尔朱荣那里抚慰尔朱荣，劝尔朱荣北上还镇，一面为故主元翊准备隆重葬礼，赐谥号为孝明皇帝，庙号肃宗。妄想用此息事宁人，劝尔朱荣回心转意，但这无异与虎谋皮，尔朱荣志在夺权，焉肯回头？

　　朝廷的命运和胡太后的生命危在旦夕。

第九章

嫁河伯沉尸河阴
天下乱北魏覆亡

一、尔朱起兵逼京城

尔朱世隆带着胡太后的诏敕，去安抚尔朱荣，令其北上还镇。行至晋阳（今山西太原），正与尔朱荣大军相遇。兄弟相见，自然进行一番叙谈。尔朱荣详细询问朝廷情况，尔朱世隆为其详细分析了朝廷现状及尔朱荣在朝廷的地位，对尔朱荣道："现朝廷已无军队能与兄长抗衡。兄长应乘此时机，进军京都，杀奸佞，废淫后，另立新主，救民于倒悬，方为天下之盼。"

尔朱荣听罢，点头道："女主昏淫，害死圣上，奸佞当途，朝纲大乱，天降大任于吾，吾必尽力拯救朝廷，救国家于危亡。女主命我北返边镇，这只是痴心妄想，断难从命。贤弟，你亦无须返回朝廷，留于军中，助兄一臂之力。只须几日，为兄将直抵京都，杀佞臣，立新君，到时定勿忘贤弟之功劳。"

尔朱世隆摇头道："兄长此言差矣，朝廷现在对兄长只是怀疑而已，故遣弟前来，一是为安慰兄长，二是试看兄长的反应。兄长若将我留于军中，正中妖后之计，他们便知兄长已反，朝廷就会调集所有兵马进行防卫。到那时，兄若想迅速占领京城，恐怕就要费一番周折。不如先让世隆回去，我可以安慰麻痹太后，令其放松警惕，疏于防范。另外还可以继续为兄侦察朝中动静，以防不测。"

尔朱荣觉得尔朱世隆所言有理，便派人将世隆送回京都。

尔朱世隆还京后，胡太后急忙召见，她急切地问道："大将军接朕诏敕后，有何反应？军中情况如何？"

尔朱世隆早已想好对策，他慢条斯理地回答道："回禀太后陛下，尔朱大将军接到陛下诏敕后，深感惭愧，他多谢太后陛下的恩宠，并让臣替其谢罪。前日之抗表乃大将军一时糊涂，听信小人之言而写的，望太后开恩，勿要怪罪。大将军言，其军队连日行军，疲惫不堪，需休整几日，定遵太后之意，返回北镇，望太后宽心。并令臣代祝太后龙体安康，万岁，万岁，万万岁！"

尔朱世隆一番话，说得胡太后心花怒放，心中一块巨石落了地，她真以为尔朱荣听信了她的胡言乱语，回心转意，回北方去了。从此，她更是肆无忌惮地彻夜欢淫，不做任何防守。

尔朱荣送走尔朱世隆后，暂时按兵不动，悄悄地为进京都、立新君做准备。废幼主，杀妖后，这都不是难题，可立谁为新君，却颇要费一番周折。此次所立新君必须听自己指挥，又多少有些名望，这样才能稳住局面。他思谋良久，亦未定主意。

他叫来心腹元天穆，问道："以你之见，此番入京，立何人为新君更适合？宗室之中哪位王子适于此任？"

元天穆本平文帝拓跋郁律的后代，是远房宗室，有将领之气，素为尔朱荣所重，二人结拜为兄弟，尔朱荣以兄待之，故问于他。天穆对宗室诸王较为了解，遂对尔朱荣道："高祖子孙已无人可立，仅存于世者唯汝南王悦，今已投奔南朝萧衍。将军只好在显祖献文帝的子孙中选一新君，既符合大统，又有利于将军。"

尔朱荣问道："献文帝的子孙中何人合适？"

元天穆思考片刻，答道："在献文帝诸子中，彭城王勰夙有忠勋，扶幼主，匡社稷，名传后代。他的第三子子攸，近封为长乐王，听说他较有声望，不如拥立他，以服天下。"

尔朱荣也赞成道："子攸是献文皇帝嫡孙，名正言顺，正适合继承大统。但不知他可否愿意。"

元天穆道："大将军不妨先派人前往洛阳联络，顺便打探朝中情况，然后再起兵，岂不更稳妥？"

尔朱荣觉得有道理，便听从元天穆的建议，派从子尔朱天光、亲信奚毅及仓头王相进京，找尔朱世隆商议废立之事，并设法争取元子攸的同意。

尔朱天光一行人偷偷潜入洛阳城，找到尔朱世隆，说明来意。尔朱世隆对天光道："如今朝中以为大将军即将北返，未做任何防范，你等速回军中，让大将军立即起兵。"

　　尔朱天光道："大将军命我面见长乐王，将事情敲定，再行起兵。"

　　尔朱世隆遂带着尔朱天光偷偷拜见元子攸。元子攸是彭城王元勰之子，李妃所生，一表人才，风神秀慧，姿貌甚美，素为肃宗所亲待。他听说尔朱荣欲立他为帝，自然乐于从命。皇帝乃至高无上的象征，何人不向往呢，他恨不得立即登上皇帝的宝座。他急不可耐地问尔朱天光道："大将军何时能进京？"

　　天光答道："王爷耐心等待，不出几日便会有结果，到时臣自然会来接王爷前往。"

　　事情定妥后，尔朱天光回军中复命，并建议道："现在万事俱备，事不宜迟，将军应火速起兵。"

　　尔朱荣听罢，没有立即做出反应，而是沉默不语。原来，尔朱荣见元子攸同意做皇帝，他又有些犹豫。元子攸年纪不小，且很有主见，如立他为帝，将来他能听自己摆布吗？如不立他为帝，改立谁呢？他找来心腹高欢，对他说明自己的想法。高欢道："从前魏立皇帝，必做宗室可立者铜像，像成则立，否则目为不祥，应即罢议。明公不妨学之。"

　　尔朱荣便援例卜吉，也将显祖献文帝子孙一一铸像，多半未成，惟长乐王子攸成。

　　尔朱荣仰天叹道："此乃天意也！"

　　其实，尔朱荣心中所想绝非如此，他非常想做皇帝，过把皇帝瘾，但又恐众人不服，所以改立傀偏，但心中总有失落之感。现在既然是天意，暂且按天意行事吧！遂下令大军起程，浩浩荡荡地向京都洛阳进发。

　　再说胡太后，自从听了尔朱世隆禀报后，便高枕无忧，与情人们尽情偷欢去了，哪里还管什么朝政。正当胡太后沉浸在欢梦中时，忽然传来战报，说尔朱荣大军起兵，但不是北还边镇，而是直逼京都。这消息如同一声惊雷，将胡太后从醉生梦死中惊醒，她慌了手脚，心知上了尔朱世隆的当，她大声喊道："来人啊！速去将尔朱世隆捉来，给我凌迟处死。"

　　下官急奔尔朱世隆府邸，早已是人去楼空。原来尔朱世隆闻听尔朱荣起兵后，知道胡太后绝不会放过他，便连夜带家眷逃出京城，至上党（今山西长治），与尔朱荣大军相会。

胡太后见尔朱世隆已逃跑，气得简直发了疯，但大敌当前，生气是没用的，她连夜召集文武百官，商议防守作战与退敌之计。大殿之上，鸦雀无声，大臣们面面相觑，无人言语。因为朝中有些大臣对太后弑杀皇上、假立皇女、骄奢淫逸早已不满，不愿为其效力，而有些大臣只知贪赃枉法，胡作非为，大敌临头便贪生怕死，不敢出声。

胡太后不断问道："众爱卿，尔朱荣犯上作乱，今已逼近京城，京都难保，你们有何退敌妙计，速速说来，朕会重重有赏。"

众大臣仍沉默不语。胡太后见状，既伤心又气恼地说道："朕平日待大家不薄，如今国难当头，为什么就无人能替朕分忧解愁呢？难道你们就眼睁睁地看着国家灭亡，朕被辱杀吗？难道国家灭亡对你们有什么好处吗？你们这些忘恩负义之徒，难道你们就白食国家俸禄吗？"

说至此，胡太后不禁落下几滴伤心的泪来。但无论太后怎么说、怎么哭，大臣们就是不出声，无人在此关键时刻挺身而出，去冲锋陷阵，救国家于危难，足见北魏官吏腐朽到何种程度！这也是胡太后平日放纵的结果。胡太后无奈，只好泪眼蒙眬地望着自己的情人徐纥，因为平时徐纥足智多谋，今天一定能为自己想出好的计谋。

她近乎哀求地问道："徐爱卿，你有何退敌良策？"

这位偷情老手虽诡计多端，敢偷皇太后，毒死皇帝，但在大敌当前之际，却胆小如鼠，贪生怕死，所以迟迟不肯言语。现太后点到自己头上，只好硬着头皮，出班奏道："臣以为，尔朱荣乃一区区小胡，擅敢称兵作乱，纯是自寻死路。陛下休要惊慌，杀鸡焉用宰牛刀，不用外调军马，只用在朝文武宿卫，出外控制险要，便绰绰有余。陛下马上派人分守关隘，以逸待劳，臣料尔朱小儿千里迢迢而来，士马疲敝，粮草短缺，我们先守而不战，不出数月，就能剿灭。"

胡太后听罢，明知徐纥在说大话，但除此之外，已别无他法，这样总比束手就擒要好，遂用徐纥之计，派她的另一个情夫黄门侍郎李神轨为大都督，率主力抵挡尔朱荣。另派郑先护、郑季明等去守通往京都的河桥，武卫将军费穆屯小平津，等待尔朱荣大军的到来。

二、沉尸黄河嫁河伯

尔朱荣率领大军进入河南境界，密遣使者到京城洛阳，迎元子攸出城。元子攸和哥哥彭城王元劭，以及弟弟霸城公元子正，跟随使者偷偷渡过黄河，来到尔朱荣军中。军中将士见元子攸到来，一齐跪拜，争呼万岁。元子攸心花怒放，实现了做皇帝的梦想，遂率大军继续南进。他实在等不及到京都登基，便在南进途中称帝，筑坛受朝。既然做了皇帝，就要封赏大臣，进元劭为无上王，元子正为始平王，授尔朱荣为侍甲、都督中外诸军事兼尚书令领军将军，封太原王。并传诏天下，谕令效顺。这样，尔朱荣进军京都，可谓"名正言顺"了。

尔朱荣率军逼近洛阳，守护河桥的郑先护素与元子攸友善，见元子攸已到，遂与郑季明商量道："元子攸已被尔朱荣立为皇帝，如今大军逼境，太后及新君性命难保。太后素荒淫无道，我们没必要为之效命，不若开门迎接尔朱大将军，也许能捞个一官半职，否则枉费性命。你看如何？"

郑季明点头道："太后大势去矣，我们只好自寻出路了。"

二人遂偷偷打开城门，将尔朱荣的军队迎入城内。驻守小平津的武卫将军费穆更是早早投降，尔朱荣兵不血刃地进了洛阳城。

胡太后听说尔朱荣的军队已进城，吓得六神无主，命人去找她的三个情夫，哪承想，她的三个心上人都是薄情郎。平日身前身后，寸步不离，讨取太后的欢心，此时都已逃之夭夭。原来，昨夜徐纥得知尔朱荣进城的消息，他知道自己若落在尔朱荣手里，必被千刀万剐，不得好死，所以，他也不顾他的太后情人，竟谎称太后诏敕，连夜打开殿门，从御马圈中牵出十余匹好马，带着家眷细软，东奔兖州（今属山东）。郑俨亦如法炮制，带着家眷逃回故里。李神轨发觉不妙，也忘记了抵抗之命，狼狈夜逃。

胡太后见三个情郎哥都弃她而去，万分伤心，如今她真正是孤家寡人了，呼天天不灵，唤地地不应，惶惶如丧家之犬，不知所措。后宫之内，一片惊乱。众嫔妃、夫人、宫女们个个哭天喊地，如同无头苍蝇，四处乱闯。也忘记自己是金枝玉叶，纷纷收拾东西，准备出逃。胡太后见状，十分恼怒。她踌躇良久，想出个办法来。

她将肃宗后妃全部召集来，对众人道："如今尔朱荣的军队已攻进城，我们已无处可去，如若落到那些野蛮胡人手中，我们生不如死。现朕为你们找条出路，你们众姊妹集体出家为尼，到寺庙中讨个清静，渡过难关。"

那些风华正茂、如花似玉的嫔妃们听到太后此言，失声痛哭，但又无可奈何，只好落发为尼了。胡太后见众人落发已毕，自己亦拿起银剪，把头上的玲珑宝髻，一下剪掉。她以为，自己做了尼姑，了却尘间烦恼，便可免去罪恶，省得尔朱荣追究。哪知烦恼青丝剪得太迟了，尔朱荣怎肯如此轻易地饶恕她？

尔朱荣入城后，一面下令百官出迎新主，一面派骑士入宫，将太后和幼主元钊掳到黄河岸边。文武百官接到尔朱荣的命令，焉敢不从，急忙捧着玺绶，备好法驾，到河桥恭迎新主元子攸。胡太后见了尔朱荣，连哭带叫，云山颓倒，粉面戚然，跪在地上苦苦哀求道："老身自知罪孽深重，愧对祖先，愿从此了却尘世恩怨，一心向佛，用残生弥补今生罪过。望将军网开一面，放老身一条生路。"

尔朱荣见胡太后青发已去，满面泪痕，心中更是气恼，责问道："你身为天下之母，不修母仪，淫乱后宫，宠信郑俨、徐纥等奸佞小人，残害忠臣，弑杀先皇，恶贯满盈，难道还想求得宽恕吗？"

胡太后诡辩道："老身妇道人家，无甚远见，为郑俨、徐纥所蔽，一时糊涂，才做出些恶事来，至于皇上的死，与老身无关。皇上是老身亲生之子，常言道：虎毒不食子。我怎能害自己儿子呢？这都是郑俨、徐纥所为，望大将军明察！"

胡太后此时已顾不上情夫，将所有罪责都推到情夫身上，装出一副受害者的样子，以期博得尔朱荣的同情和宽恕。身旁的小皇帝元钊只是个三岁小孩，哪里见过这种阵式，吓得哇哇大叫，哭得尔朱荣心烦意乱，一时性起，拂袖站起，大声吼道："来人啊，将太后和元钊拉出去，沉入黄河，让胡氏做河伯之妇吧！"

黄河岸边，浊浪滔天。众兵士拉着呼天抢地的胡太后和幼主元钊，强行将他们推进滚滚东流的黄河水中。胡太后从此嫁与河伯，到另一个世界寻欢作乐去了。

胡太后死后，她的妹妹冯翊君并没有忘记这位太后姐姐对自己的恩德，派人将太后尸体捞出，安葬在双灵佛寺内，实现了她生前愿望，从此与佛祖长相陪伴了。

中兴二年（532年）十一月，北魏末代皇帝元脩以后礼改葬胡太后，并谥其为"灵"，故亦称其为灵太后。

胡太后的三个情夫各有所终。

郑俨逃回故里后，他的从兄郑仲明为荥阳太守，郑俨对郑仲明道："今天下已大乱，兄何不起兵，割据称王？"

仲明听从郑俨的意见，据郡而反。郑俨与仲明不久被部下所杀，并传首京师，他终于没有逃出被杀的厄运。

徐纥逃到兖州后，联络其弟北海太守献伯、青州长史季彦，太山太守羊侃起兵，围攻兖州。后被高欢所攻，举家投奔萧衍，成为一叛国之臣。

唯一与太后死于河阴的就是李神轨。他奉太后之命与尔朱荣作战，刚出河桥，便不战而败。后尔朱荣令百官候驾于河阴，他亦前往，被杀。

至此，胡太后的一切都永远地结束了。

胡太后的一生，有过坎坷，更有过辉煌。她是个多才多艺、活泼开朗的女性。她若生活在民间，会很幸福地走完人生的旅程，然而命运将其推向血雨腥风的政治舞台，她实无管理朝政、运筹帷幄的政治才能，自身带有重情轻信的弱点，终于把走向衰落的北魏政权送进了坟墓，自己亦悲惨地沉尸黄河，葬身鱼腹。多么悲哀的结局！那么，谁是这场悲剧的导演呢？那就是永远诱人、令人神志丧失的权力。试想，胡太后若不贪恋权力，第一次被禁锢后，自知无政治手腕与才华，急流勇退，远离权力这个妖魔，何至如此地步，不得善终呢？然而，历史不容假设，这就是人性的悲剧，历史的悲剧！她永远难以摆脱罪责！

三、群雄混战北魏亡

胡太后死了，然而她给国家和人民带来的灾难还没有结束。从此后，北魏政权陷入军阀混战的局面，直至灭亡。北方人民再次饱受战乱之苦，关中地区繁荣经济被摧毁，城市被毁灭，人民转死沟壑，白骨蔽于原野，这是一次历史性的浩劫。

尔朱荣将胡太后与幼主沉入黄河后，仍觉气愤难消，这时，投降于尔朱荣的武卫将军费穆献媚道：“明公此番入京兵马不足万人，今长驱向洛，兵不血刃，成功太速，没有显出明公的威风，不足以震慑天下。现京中有文武官吏，不下数百，兵民更是不可胜计。他们若知公之虚实，必轻视明公，将伺机而愚动，对公不利。今日若不大行诛罚，示他们以颜色，重新培植亲党，恐怕他日明公北还边塞，人马未过太行山，朝廷中内变便要发生，到时可就悔之晚矣。”

费穆的一番话正中尔朱荣的心思，他久居边塞，对京城官吏忌恨入骨，正想趁此之机，给他们些颜色看看，煞煞他们的威风，以显示自己不可抗拒的威力。遂听信费穆之计，发泄自己内心的不满。

他将此意说与亲将慕容绍宗，并征询道：“将军你看如何？”

慕容绍宗摇头说道：

“明公，此事万万行不得。胡太后荒淫失道，宠幸奸佞，小人当道，淆乱四海，杀害忠良，所以将军才兴师问罪，入宫廷，诛奸佞。公始入宫，群臣无过。公若无故杀戮朝臣，不分忠佞，恐怕引起内乱，令天下人对明公失望，对明公成就天下之大业有害而无利，请公三思！”

尔朱荣一心想成霸业，他深信武力是至高无上的，至于人心，它屈服于武力。此时的尔朱荣已被嫉妒仇恨的烈火烧红了眼，他哪里听得进去别人的意见，遂命令新主元子攸，下诏召集在朝所有官员，立即到陶渚拜见皇上，并且要即日祭天。

满朝文武官员及在京的地方官员们听说新皇上要召见，心情惶惑不安，不知是福是祸。有的人认为新皇上即位，要实行封官受赏，有的认为皇上要对臣僚进行教训，总之，心情不一，但又都不愿错过有可能升官的机遇，便纷纷前来。

尔朱荣见官员已来齐，便下令骑士道："给我将百官围住，休要放跑一个。"

骑士们听令，便将文武百官团团围住，尔朱荣站在前面，威风凛凛，大声呵斥众臣道：

"你们这些贪生怕死之徒，白食国家俸禄。国家丧乱，先主暴崩，女主昏淫，奸佞当道，统由你们这些朝臣贪虐，未能匡弼所致。现昏淫的女主已去，留你们亦无用，罪应诛罚，送你们到另一个世界陪伴你们的太后去吧。来人啊，给我杀！"

王公大臣们听尔朱荣要杀他们，才知道上当，吓得魂飞魄散，脸如死灰，仓皇逃窜。尔朱荣遣骑士入围杀戮，见一个杀一个，也不问有罪无罪，统统割下首级。自丞相高阳王雍、司空巨平公钦、仪同三司东平王略，以及广平王悌、常山王邵、北平王超、任城王彝、赵郡王敏、中山王叔仁、齐郡王温等，凡元氏宗室，在朝任职的，统统杀死。就是以直声卓著的元顺，时为左仆射，也难逃此劫。公卿以下，遇害多达两千余人。还有百余名朝士，迟到数刻，亦被尔朱荣的军队围住。

尔朱荣问道："谁能为本将军作禅位文？能者免死！"

话音刚落，侍御史赵元则急忙应道：

"下官愿为。"

尔朱荣令手下释放赵元则，剩下的朝士均被杀戮。

此时的尔朱荣已丧心病狂，他不愿再为人臣，见朝臣都已死光，便想乘机登上皇帝的宝座，过把皇帝瘾。他大声疾呼道："奉天承运，元氏当灭，尔朱氏当兴，寡人也该做皇上了。"

军士听罢，跪倒在地，三呼万岁。尔朱荣见无人反对，便遣将士数十人，持刀入行宫，杀死彭城王劭、始平王子正，将新皇元子攸迁居河桥之下，囚禁起来。

这就是震惊历史的"河阴之变"。经过尔朱荣的大肆杀戮，朝中几乎无人，好好一座繁华京都，经过孝文帝以来几十年的苦心经营，此时变成杀人刑场，尸血满地，惨不忍睹，整个城市变成了坟墓。

元子攸被囚，忧愤交并，他的皇帝美梦就要破灭，他托人向尔朱荣转达道："帝王迭兴，盛衰无常。今四方瓦解，将军投袂起师，所向无前，这是天意，原非人力所能致此！我生不辰，遭际衰乱，本不敢妄觊天位，只因将军见逼，勉强承统。若天命已归将军，不妨早正位号。就使推让不居，存魏社稷，亦当更择亲贤，善为辅弼。我但求保全生命，不必多疑！"

尔朱荣闻言，便与将佐幕僚商议即位之事。高欢劝尔朱荣道："天授大命于将军，将军不受天承运，立即大统，更待何时？"

众人皆劝尔朱荣称帝，唯独将军贺拔岳不同意，他进言道："将军首建义兵，志除奸逆，大勋未立，遽有此谋，恐未必邀福，反足速祸呢！"

尔朱荣觉得贺拔岳之言有理，便有些犹豫，他思虑再三，决定自制铜像以试命运。他制铜像四次，均未成。他不甘心，又令功曹参军刘灵助卜筮吉凶。灵助问卜，均是不吉。尔朱荣叹道："此乃天意，不可违背！我若不吉，天穆如何？"

尔朱荣见自己无希望称帝，转而欲立元天穆，刘灵助道：

"天穆亦不当立，只有长乐王方应吉征。"

尔朱荣深信神灵，见神不佑他，便放弃称帝之想，再立元子攸为帝，自己掌握实权而已。

尔朱荣掌握了北魏朝政，他所立的新主孝庄帝元子攸成为他手中傀儡。孝庄帝以荣为使持节、侍中、都督中外诸军事、大将军、开府、兼尚书令、领军将军、领左右、太原王，食邑二万户，几乎集天下官衔于一身。尔朱荣见军国已定，欲还镇晋阳。适时葛荣围攻邺城，尔朱荣便率军前去镇压。

葛荣横行河朔，无人敢当，所向披靡，遂骄傲起来。他见尔朱荣孤军来战，蔑视地说："区区一军，怎能敌我！你们准备好长绳，来一个，缚一个，不得有误！"

如此骄盈，焉能不败！他下令将士列阵数十里，西向等待。结果误中尔朱荣奸计，葛荣被杀，起义失败。尔朱荣又镇压了河北邢杲和万俟丑奴等起义，进封为柱国大将军、天国大将军。

尔朱荣独揽朝政，在洛阳翻手为云，覆手为雨，显得不可一世，但政治上却十分孤立。他肆杀成性，不得人心。

当尔朱荣忙于杀胡太后及大臣，立孝庄帝时，北海王元颢南奔萧衍南梁政权，得到萧衍重用，立之为魏主。萧衍答应出师北魏，帮助元颢打败尔朱荣。永安二年（529年），萧衍派大将陈庆之帮助北海王元颢攻入洛阳，孝庄帝北投镇守晋阳的尔朱荣，京都洛阳再一次遭到洗劫。尔朱荣派车骑将军尔朱兆、大都督贺拔胜率兵反攻，元颢败死，孝庄帝重返京都。

永安三年（530年）九月，孝庄帝因不堪忍受尔朱荣的专横，设计杀死尔朱荣及元天穆。尔朱荣的侄子尔朱兆等率兵攻入洛阳，将年仅24岁的孝庄帝吊死，掌握了朝政。尔朱荣的从弟尔朱世隆等先立长广王元晔，后改立广陵王羽之子元恭为帝。北魏政权名存实亡，各傀儡皇帝是军阀混战的挡箭牌，争来抢去，频繁更迭，如同走马灯一般。

尔朱荣手下实权人物高欢见尔朱荣已死，便另立门户。他诱说尔朱兆将统率六镇流民的权力交给他。中兴元年（531年），高欢立章武王元融之子元朗为帝，进攻尔朱氏。几年后，尔朱氏在北方的势力烟消云散，北魏皇帝成为高欢手中的傀儡。

尔朱氏败死后，高欢废元朗而立广平王元怀第三子元脩为帝，即孝武帝。永熙三年（534年），元脩不胜高欢的凌逼，投入新崛起的军阀宇文泰怀抱，占据长安。孝武帝出走，增强了长安的声势。高欢感觉到在政治上吃了亏，屡次请求孝武帝回来，并表示悔过自新。孝武帝不愿意，也不敢回来。这时，北魏在北方统治阶级中，还没有完全丧失号召力，元氏子孙也还能起到一些傀儡作用。高欢按住心性，另立清河王元亶之子元善见为帝，即孝静帝。并将都城从已变为废墟的洛阳迁到高欢的势力范围中心邺城（今河北临漳），这就是历史上的东魏政权。次年，宇文泰在长安立南阳王元宝炬为帝，建立西魏，北魏灭亡。

北魏政权始建于登国元年（386年），道武帝拓跋珪即位代王，改国号为魏，建立各种制度，拓跋氏正式建立了国家。经过几代人的南征北战，终于在太延五年（439年）统一了黄河以北的广大领域，使北魏成为足以与南方刘宋抗衡的统一政权，中国北方出现了相对稳定的政治局面。文明太后和孝文帝元宏统治时期，在汉族士大夫的帮助下，实行了闻名于历史的孝文帝改革，无论在政治上还是经济上，北魏政权都有了质的飞跃，北方经济从西晋末年到五胡十六国的摧残中，得到恢复和发展，人民生活有了相对的改善，国库有了充足的积蓄。

然而，所有这一切，都葬送在胡太后手中。以胡太后为首的统治集团，不思进取，躺在祖先留下的财富上，任情挥霍，侈靡无度。终于将所有的社会财富挥霍殆尽，重新将人民推向水深火热之中。腐败的朝政激化了社会各个方面的矛盾，导致各族人民大起义。统治阶级内部亦因权力和财富分配不均，也纷纷举兵反叛。在各种力量的推动下，胡太后终于沉尸黄河，北魏政权灭亡，也使北方社会分崩离析。胡太后乱政的唯一后果，就是将统一二百年之久的北方，再次推向分裂，广大人民再次陷入军阀混战的深渊。胡太后将永远是历史的罪人！

胡太后生平大事年表

永平三年（510年）三月，胡氏生皇子元诩于宣光殿，胡氏被册封为充华。

延昌元年（512年）十月，立元诩为皇太子。

延昌四年（515年）正月，世宗元恪驾崩，皇太子元诩即位。二月，尊高皇后为皇太后，胡充华为皇太妃。赐死司徒高肇。三月，出高太后为尼。徙居金墉城。八月，胡太妃被尊为皇太后，开始临朝称制。

熙平元年（516年），北魏与梁争夺淮堰。

熙平二年（517年），胡太后幸伊阙石窟寺，即日还宫。

神龟元年（518年）四月，胡太后父司徒胡国珍薨。九月，害死高太后于瑶光寺。

神龟二年（519年）正月，胡太后改葬文昭皇太后高氏。九月，胡太后幸蒿高山。

正光元年（520年）七月，元叉、刘腾幽胡太后于北宫，杀清河王元怿，元叉、刘腾擅政。

正始四年（523年）二月，司空刘腾死。

正始五年（524年）三月，破六韩拔陵反。四月，高平胡琛反。六月，秦州莫折大提反。

孝昌元年（525年）四月，胡太后复临朝称制。

武泰元年（528年）正月，潘充华生皇女，胡太后秘言皇子。二月，肃宗元诩驾崩，假皇子即位。未几，改立临洮王之子元钊即位。四月，胡太后与幼主被尔朱荣沉于黄河。

310